AF239001

btb

ELISABETH ÅSBRINK

Ich verzeihe nicht

Eine jüdische Familiengeschichte

Aus dem Schwedischen von
Hedwig M. Binder

btb

Die Originalausgabe erschien 2020 unter dem Titel
»Övergivengeten« bei Polaris Bokförlaget, Stockholm.

Sollte diese Publikation Links auf Webseiten Dritter enthalten,
so übernehmen wir für deren Inhalte keine Haftung,
da wir uns diese nicht zu eigen machen, sondern lediglich auf
deren Stand zum Zeitpunkt der Erstveröffentlichung verweisen.

Das Zitat auf S. 151 f. von Endre Ady wurde ins Deutsche übertragen
von Wilhelm Droste.

1. Auflage
Deutsche Erstveröffentlichung Mai 2023,
btb Verlag in der Penguin Random House Verlagsgruppe GmbH,
Neumarkter Straße 28, 81673 München
Copyright © der Originalausgabe 2020 by Elisabeth Åsbrink
Published by agreement with Hedlund Agency
Covergestaltung: Semper Smile nach einem Entwurf
von Miroslav Sokcic/Mono-Studio
Coverfoto: Johan Bergmark
Satz: Uhl + Massopust, Aalen
Druck und Einband: CPI books GmbH, Leck
SL · Herstellung: sc
Printed in the EU
ISBN 978-3-442-77336-7

www.btb-verlag.de
www.facebook.com/penguinbuecher

ICH WURDE FLUCHTBEREIT GEBOREN. Noch bevor ich alt genug war, um zu wissen, was geschehen war, wusste ich, dass es wieder geschehen konnte.

Die Sonne soll gestrahlt haben an jenem Apriltag in Göteborg, an dem ich im Sahlgrenska-Krankenhaus geboren wurde. Als mein Vater mich sah, nannte er mich sofort Kati, ein ungarischer Name. Entsprechend der Logik meiner Familie erhielt ich deshalb den englischen Namen Katherine. Ich schätze, ich wurde mit einem Lächeln empfangen. Die Familie bestand aus meiner Mutter, meinem Vater und meinen beiden Schwestern, zehn Jahre älter und in der früheren Ehe meiner Mutter geboren. Ich schrie bald Tag und Nacht vor Hunger, weil meine Mutter eine so effektive Schlankheitskur machte, dass ihr Körper keine Milch mehr produzierte, und so bekam ich Haferschleim aus der Flasche.

Während meiner ersten sechs Lebensjahre wohnten wir in einer Vierzimmerwohnung in Kallebäck in einem Haus des Millionenprogramms, dann in Haninge, wiederum in einer Wohnung in einem Haus des Millionenprogramms, und schließlich in einem neu gebauten Reihenhaus in Hägersten in Stockholm. Unsere geografischen Wechsel folgten dem Wech-

5

sel meines Vaters vom Medizinstudenten zum Assistenzarzt und danach seinem Bestreben, Facharzt zu werden. Doch all das – Adressen, Grundrisse und Stadtteile – sind nur Informationshäppchen, Faktenfragmente, die über unser Leben eigentlich nichts Wesentliches aussagen. Entscheidend war die Einsamkeit. Sie stand säulengleich zwischen uns. Unsere Schritte hallten wie von Marmor umgeben. Unsere Herzen schlugen wie gebrochen. Doch damals wusste ich das nicht.

Nicht einmal dann, als die Einsamkeit wuchs und immer größeren Raum einnahm, als sie sozusagen alle Familienmitglieder an die Wand drückte, wie wenn in dem Reihenhaus ein Luftballon aufgeblasen würde, nicht einmal dann konnte ich wissen, worin die Einsamkeit eigentlich bestand und wie sich ein Familienleben ohne sie ausgenommen hätte. Wir wurden also von innen heraus voneinander getrennt.

Ursprünglich wollte ich dieses Buch *Einsamkeit* nennen. Es ist Literatur, und deshalb ist alles, was erzählt wird, wahr. Es lässt sich aber genauso gut als Familiengeschichte, Dokumentarroman oder schlicht und einfach als Buch bezeichnen. Mein Plan war, dem Schatten, der mich mein ganzes Leben begleitet hat, ein für alle Mal einen Namen zu geben. Ich wollte ihn definieren, ganz einfach verstehen, und langsam ging mir auf, dass die Einsamkeit eher ein Symptom war, weniger die eigentliche Krankheit, sie war eine Folge, eine Konsequenz, und deshalb musste ich das Buch umbenennen.

Das Zentrum des expandierenden Einsamkeitsuniversums meiner Kindheit war meine Mutter Sally. Ich betete sie an. Mein Vater betete sie an, und mit ihrer blendenden Laune, den großen graugrünen Augen und dem vollen dunklen Haar war sie wirklich anbetungswürdig. Ihr Gesichtsausdruck veränderte sich von einer Sekunde auf die andere, sie las Zeitungen, Bücher, diskutierte über das Tagesgeschehen, liebte Opern, und wenn sie Spaß hatte, konnte sie sich kaputtlachen. Betrat sie einen Raum, änderte sich die Atmosphäre und erhielt einen Mittelpunkt. Meine Schwestern und ich standen natürlich in ihrem Schatten. Doch das ist normal.

Die Einsamkeit meiner Mutter lag gut verborgen. Auf den ersten Blick konnte niemand etwas davon ahnen, im Gegenteil. Man sah eine überaus strahlende Frau, die als Englischlehrerin arbeitete und viele Bekannte hatte und die nie Nein sagte, sei es zum Feiern oder zum Tanzen. Nur wir, die wir mit ihr lebten, wussten, dass diese Oberfläche dünn war wie eine Schicht korallenfarbener Nagellack. Darunter lauerten Unruhe und Wut, bereit zum Ausbruch. Unruhe weswegen, Wut auf wen?

Um meine eigene Einsamkeit zu verstehen, musste ich die meiner Mutter verstehen.

Und um meine Mutter zu verstehen, musste ich ihre Mutter, meine Großmutter Rita, verstehen.

Meine Nachforschungen führten mich weiter zu ihrem Vater, meinem Großvater. Wer war dieser Mann, dem ich nie begegnet bin?

Manchmal kommt mir eine sich wiederholende Begebenheit aus jungen Jahren in den Sinn, ich nehme an, man nennt das

7

Kindheitserinnerungen. Meine Mutter machte zum Nachtisch Streusel-Pie und servierte ihn mit einer aus *Bird's custard powder* zubereiteten Vanillesauce. Das süß duftende Pulver wurde in einer Blechdose in den Farben Klarblau, Signalrot und Grellgelb verkauft. Einerseits mochte ich Vanillesauce sehr gern, doch andererseits bereitete mir die Dose wegen ihrer Hässlichkeit Unbehagen.

Das Vanillepulver wurde mit warmer Milch aufgeschlagen, musste abkühlen und kam dann mit einer ein Zentimeter dicken Hautschicht, die wie ein Wachssiegel auf der lauen hellgelben Sauce lag, auf den Tisch. Um diese glänzend zähe Haut gab es einen Wettkampf, wenn wir, meine Mutter, meine Schwestern und ich, ein Stück davon haben wollten. Gerechtigkeit schrieben wir groß. Stimmen wurden laut. Eine von uns musste aus der Küchenschublade ein scharfes Messer holen. Die Vanillehaut wurde sorgfältig in Stücke geschnitten und als besonderer Leckerbissen auf die Teller verteilt. Die Schwestern beschuldigten sich gegenseitig, das beste Stück gestohlen zu haben. Wer die kleinste Portion abbekommen hatte, brach in Tränen aus. Meine Mutter wurde böse. Die Blechdose funkelte heftig wie ein Wutausbruch. Erst mit zehn Jahren wurde mir klar, dass es mich vor dieser Haut ekelte, und ich nahm nun die Rolle der Beobachterin ein.

Welten gehen zugrunde. Ganzheiten explodieren. Diese Aussagen sind ungenau, so umfassend und generell, dass die Worte kaum wirklich Bedeutung zu tragen vermögen, dessen bin ich mir bewusst. Eine Autorin sollte eindeutig und genau sein. Trotzdem nehme ich diese Aussagen als Ausgangspunkt – weil sie wahr sind. Es ist schon vorgekommen, dass der Alltag gesprengt wurde, nur spitze Fragmente eines Daseins übrig blieben, Projektile, die durch die Generationen schneiden. In einem Bergstädtchen in Spanien. In einer übervölkerten Stadt im Osmanischen Reich. In einer Mietwohnung in Budapest. In einem ruhigen Haus in einem Londoner Vorort. In einer fünfköpfigen Familie mit Katze in Stockholm. Eine Sprengung hängt mit der anderen zusammen, sie führen bis zu mir, und ich wurde fluchtbereit geboren. Deshalb schreibe ich.

Das Buch nannte ich *Ich verzeihe nicht.*

Rita

London, 1. Dezember 1949

Um halb sechs am Morgen des 1. Dezembers 1949 wird Rita klar, dass sie sich geirrt hat. Das gefällt ihr nicht. Ihr wird zudem klar, dass sich alles verändert hat, aber eigentlich nichts anders geworden ist. Auch das gefällt ihr nicht.

Sie hatte noch nicht aufwachen wollen, doch die Nacht verließ sie. Warmluftströme hatten sie aus ihren Träumen in ein graudiesiges Tageslicht geholt, das durch den Spalt zwischen Vorhang und Wand fiel. Indem sie die Augen nicht öffnete, hatte sie versucht, die Dunkelheit festzuhalten. Sie wollte die Nacht in sich tragen, sie besitzen und zugleich besessen werden, als wäre die Nacht ein Kind, das einer Mutter ja nicht nur gehört, sondern sie auch ganz in Anspruch nimmt. Zugleich wollte sie selbst das Kind in der Nacht sein, geschützt, versunken, verschwunden. Doch das war an diesem Morgen ebenso unmöglich wie an allen anderen. Wer kann eine Nacht festhalten? Der Tag wartete weit offen. Das wusste Rita, auch wenn sie noch immer mit geschlossenen Augen in ihrem Bett in dem Haus in der Grange Park Avenue 37 im nördlichen London lag. Soeben war das Milchauto die Straße entlanggefahren und hatte wie üblich vor jedem Haus gehalten, um seine weiße Fracht abzuliefern; im Schlaf hatte sie die Glasflaschen anheimelnd klirren hören.

Der Übergang vom Halbschlaf zum Wachen dauert vielleicht eine halbe Sekunde. Trotzdem erscheint er wie eine mühsame, zig Kilometer lange Steigung. Das Kaleidoskop der Träume muss erlöschen, die bunten Körnchen, die sich zu einem Einzelbild nach dem anderen formen, müssen sich auflösen, Zeitrechnung und Reihenfolge frei fließende Eindrücke ersetzen. Die Nacht besteht aus anderen Räumen als den wirklichen, wo stets auf dem Weg nach anderswo Gestalten vorbeigehen. In ihren Träumen steht Rita oft am Fenster und schaut über dichte Weizenfelder oder Wiesen mit fruchtstrotzenden Apfelbäumen hin. Der Überfluss auf der anderen Seite des Fensters erscheint unerreichbar, dennoch fühlt sie sich getröstet. Es kommt vor, dass ihr ertrunkener Bruder Emil sie besucht, als wüsste der arme Kerl nicht, dass er seit vierzig Jahren tot ist. Er wirkt traurig, auch wenn er lächelt. Manchmal hält sie seine Hand. So haben sie einen Moment zusammen, in dem sie einander ernst anlächeln, ohne ein Wort zu sagen. Rita mag die Unerklärlichkeit der Nacht. Selbst im Wachsein sehnt sie sich manchmal nach dem großen Feld mit den hellgrünen Halmen, nach seinem freundlichen Rauschen. Von derlei träumt Rita, vom Gesang eines Weizenfelds.

Obwohl sie die Augen noch geschlossen hatte, wusste sie, dass ihr Mann im Bett daneben lag, und an seinen Atemzügen hörte sie, dass er noch schlief, umgeben von Traumbildern, die von einem anderen Licht erleuchtet und von anderen Gestalten bevölkert waren als ihre. Er lag etwa zwanzig Zentimeter entfernt, doch der Abstand zwischen ihnen hatte längst seine Messbarkeit verloren. Wir sind uns nahe genug, um außer Sichtweite zu sein, hatte sie gedacht. Das war ihr sehr recht.

Schließlich hatte sie die Nacht losgelassen. Sie hatte sich aufgerichtet, ihre Brille aufgesetzt und festgestellt, dass die Welt so aussah, wie sie sie am Abend zuvor zurückgelassen hatte. Der Frisiertisch stand noch in der Ecke. Ihre Haarbürste lag neben dem Kästchen aus ungefärbtem Glas, in dem sie den Schlüssel zum Aufziehen der Schlafzimmeruhr und eine blassrosa Perle von einer zerrissenen Halskette verwahrte. Das Kästchen schimmerte im schwachen Morgenlicht. Der Deckel war mit einem sich aufbäumenden Pferd graviert und hatte eine Vertiefung, in der Rita, wenn sie sich die Haare bürstete, ihre Zigarette ablegte. An der einen Wand sah sie die Kommode mit den sechs Schubladen, an der anderen den Kleiderschrank. Auf beiden Seiten des Betts stand ein Nachttisch mit einem halb ausgetrunkenen Wasserglas. Der Morgen war identisch mit dem voraufgegangenen, ganz so, wie sie ihn haben wollte. Der Tag sollte stabil stehen. Alles würde bleiben, wie es war. Rita war in ihre Pantoffeln geschlüpft, hatte ihren Morgenrock angezogen und die dick gefütterten Vorhänge zurückgezogen. Draußen hatten sich die Wolken auf die Hausdächer gesenkt, sodass der ziegelfarbene Vorort verschwommen und diffus dalag. Das sieht staubig aus, hatte sie gedacht, die Welt müsste mit einem Lappen blank gewischt werden. Ansonsten war alles wie immer. Die Häuser gegenüber mit ihren Treppenstufen vom Gehsteig aus und den weiß gestrichenen Dachrinnen wirkten hochmütig, eine Nachbarsfamilie konnte sich seit Kurzem ein Auto leisten, einen Morris Minor, und der Familienvater parkte ihn jeden Abend an exakt derselben Stelle vor seinem Tor, damit ja keine Zweifel aufkamen, wer der Besitzer war. Auch an diesem Morgen hatte er, Nebeltropfen auf dem glänzenden dunkelblauen Lack, dort gestanden.

Es ist also der 1. Dezember 1949, und Rita steht wie üblich am

15

Schlafzimmerfenster im ersten Stock ihres Hauses und schaut hinaus auf die Straße mit den soliden Doppelhäusern und den Streifen von Grün dazwischen. Sie beobachtet den Dunst, der die Grenze zwischen Ziegeln und Bäumen verwischt und den Vorort in ineinanderfließende Farbflecke verwandelt, und in ebendiesem Moment wird ihr klar, dass sie sich geirrt hat. Der Tag mag aussehen wie alle anderen Tage, der Morgen vorgeben, mit dem voraufgegangenen Morgen und allen Morgen davor identisch zu sein, aber das ist nur Schein.

Bist du jetzt froh?, hatte er gefragt, als sie zum Feiern auf dem Weg zum *Ye Olde Cherry Tree* waren. Rita wusste, dass er keinen weiteren Streit vom Zaun brechen wollte, doch die Wut hatte ihr den Mund verschlossen und die Gedanken eingesperrt, sodass sie unmöglich antworten konnte. Um den Augenblick nicht zu zerstören, hatte sie genickt, hatte es sein lassen, die gehörige Antwort zu geben, nicht an diesem Tag, nicht, nachdem sie es endlich hingekriegt hatten. Sie vermied es aber, seinem Blick zu begegnen.

Es hatte immerhin stattgefunden. Sie hatten einen Termin gebucht. Er hatte seinen Bruder angerufen und gesagt, dass er nicht ins Büro kommen werde, und dann hatten sie sich festlich gekleidet und waren mit dem Bus drei Stationen bis Enfield gefahren.

Das Ganze ist allerdings schwer zu fassen, denkt Rita. Nicht weil es so großartig, fantastisch und glücklich gewesen wäre, *der glücklichste Tag ihres Lebens*, ganz und gar nicht, sondern weil es trivial und prosaisch daherkam, wie eins der undramatischsten Dinge, die zwei Menschen zusammen tun können. So alltäglich, dass das Gehirn das Ereignis gar nicht aufnehmen und in Erinnerung behalten möchte. Doch nun hat es also stattgefunden, gestern hat es stattgefunden. Sie haben sogar eine Bescheinigung erhalten, mit dem Stempel der Stadtteilverwaltung, das Kuvert liegt ungeöffnet bei den unbeglichenen Rechnungen in der Diele. Ist sie jetzt froh? Sie fragt sich selbst, wie sie da so steht und auf die Straße der Farbflecke schaut, auf diese Dezemberpalette aus Ziegelrot, Wintergrün und Morgendunstgrau. Bist du jetzt froh, sagt sie laut zu sich selbst, während er noch schläft und ihre Antwort nicht hören kann.

Sie beobachtet, wie sich der Dunst verzieht und die Wolken den Rückzug zum Himmel oder wo immer Wolken zu Hause sind, antreten, als wären sie es plötzlich leid, das Dasein der Leute zu verwischen. Sie hat kein Verlangen nach dem Tag, doch er wartet. Sie hat kein Verlangen nach der Arbeit, doch es ist an ihr, sie zu erledigen. Sie hat kein Verlangen nach der Abfolge, doch sie fügt sich. Ihr wirkliches Zuhause sind die gewohnten Gedanken, die kommen und gehen. Trotz deren Einförmigkeit bereiten sie ihr verlässliche Freude, wie die Befriedigung, die Reisende empfinden, wenn sie auf einem Bahnsteig stehen und wissen, dass die Züge fahrplanmäßig eintreffen. Denn auch das ist sicherlich eine Freude?, denkt Rita. Keine feuerwerksprühende Euphorie, kein konfettiwirbelnder Der-Krieg-ist-aus-Taumel, sondern ein ruhiger, kontrollierter Jubel über die Tatsache, dass die Welt sich als zuverlässig erweist. Die Wirklichkeit überführt ihr Misstrauen, und genau diese Freude hat sie besonders gern. Es ist nicht alles Champagner und Tortenglasur, denkt sie. Zum Glück.

Von der Eiche auf der anderen Straßenseite fallen ein paar Blätter. Rita sieht sie fallen, und da fällt auch sie – ins nächste Geheimnis. Was gestern stattgefunden hat, darf nie bekannt

17

werden. Es muss für den Rest ihres Lebens in den Mantel des Schweigens gehüllt bleiben, das verlangt sie, das verlangt ihre Schande. Er muss schwören, zu niemandem je ein Wort darüber zu verlieren, niemals. Niemand darf erfahren, dass sie es *endlich* getan haben, weil dann klar wäre, dass es nicht schon vorher geschehen war. Nichts wird, wie man meint, denkt Rita. Nicht mal eine Hochzeit.

Sie geht zur Küche hinunter, wobei unter dem weinfarbenen Teppich der Treppe gedämpft die Bretter knarren. Die Katze steht vor der Küchentür und miaut. Rita öffnet die Tür, und wie ein roter Luftzug huscht das Tier hinein, beleidigt, weil es warten musste. Rita zündet sich eine Zigarette an und geht die Zeitung und die Milchflaschen holen. Sie reißt die Haustür weit auf, und wie Wasserspritzer einer großen Welle schlägt ihr der kühle Morgen ins Gesicht, streicht ins Haus und verdünnt die Nachtluft, diese dumpfige Atemluft dreier schlafender Menschen. Mit der Zigarette im Mundwinkel bleibt Rita ein Weilchen dort stehen und schaut auf die Straße. Die Luft ist jetzt klar und ganz still. Die eigentliche Aufgabe der Luft im Dasein ist es, denkt Rita, sich von den Vögeln durchfliegen zu lassen.

Sie lässt den Blick über die Nachbargärten schweifen, einige davon nach der neuesten Mode mit Plastikblumen und farbenfrohen Gartenzwergen versehen, andere mit sorgfältig gestutzten und beschnittenen Buchsbäumen. Sie betrachtet ihren eigenen *front garden* mit den Hortensienbüschen. Trotzig halten sich deren Blüten, als würden sie den Winter nicht akzeptieren, sind zwar verblasst und spröde wie Papier, aber dennoch kugelrund und in voller Blüte. Niemand sonst hat solche Hortensien, so dicht und so zahlreich. Zuerst blau, tiefrosa, blassrosa und kühl lila, werden sie schließlich gelb und trocken und gleichen zunehmend Aufzeichnungen nach einer Nacht voller Träume. Im Sommer überfluten die Hortensienbüsche die Mauer zum Gehsteig, und haben Passanten kurze Ärmel, zeichnen ihnen die Zweige dünne weiße Kratzer auf die Arme. Es kommt vor, dass sich aus der Nachbarschaft jemand beschwert, und Rita hört dann zu und nickt und versteht, aber zurück schneidet sie ihre Hortensien nie.

An diesem Morgen, an dem die Welt zu sein scheint wie immer, aber eigentlich nichts beim Alten ist, möchte sie alles sehen: die über die Steinmauer kriechenden Schnecken, gleich an der Pforte die hellgelbe Rose, die noch immer vereinzelte neue Knospen bildet, und die auf der Wasseroberfläche in der Regentonne treibenden Insekten, schmale schwarze Streifen aus Tod und durchsichtigen Flügeln.

Ich bin reich, denkt sie. Die Eichen stehen still, die Milch hinterlässt im Glas einen weißen Film, und unter den Büschen rascheln die Heckenbraunellen. In meinem Garten wachsen Hortensien, mit ihrem Grün überfluten sie die Welt. *Der Herr ist mein Hirte, mir wird nichts mangeln.* Mir mangelt nichts, denkt sie. Mir mangelt nichts, außer etwas, von dem ich nicht weiß, was es ist.

Der Rauch der Zigarette steigt zum Himmel. Auch das Dunkel in mir ist eine Art Glück, denkt Rita, und für einen ganz kurzen Moment glaubt sie es.

Jetzt ist auch er wach und aufgestanden, ihr Mann. Rita hört das Wasser durch die Rohre fließen und weiß, dass er das Waschbecken zu gleichen Teilen mit Wasser aus dem Warmwasserhahn und aus dem Kaltwasserhahn füllt und sich anschließend systematisch von Kopf bis Fuß wäscht, jeden

Morgen in gleicher Weise: Alltäglichkeit des Alltags, Gewöhnlichkeit der Gewöhnlichkeit. Zwei Jahrzehnte schon hört sie dieses Geräusch. Ihre Zigarette ist heruntergebrannt. Sie sollte hineingehen, doch sie hält die Haustür offen. Mutter müsste mich sehen, denkt Rita. Meine Pforte und meinen Garten, meine Haustür und meine Diele mit dem Telefontisch, mein Wohnzimmer, meinen Teppichboden, mein Esszimmer und meine Küche, meine drei Schlafzimmer und mein Badezimmer. Sie müsste den elektrischen Kamin mit den Holzscheiten sehen, die von innen heraus brandgelb leuchten, als wäre ihr Feuer echt, und das Klavier, auf dem die Mädchen die Musikstücke üben, die sie aufhaben. Sie müsste den konkaven Wandspiegel im goldenen Rahmen sehen, der die Welt so viel größer und runder macht, als sie tatsächlich ist. Hätte ihre Mutter all das sehen können, wüsste sie, dass nichts vergebens war. Ritas Dasein in dem Haus in der Grange Park Avenue 37 ist das Endziel aller Aufopferungen. Ich komme aus dem Streben, denkt Rita. Das Streben ist mein Ausgangspunkt.

Statt in die Küche zu gehen und Frühstück zu machen, nimmt sie einen Rechen und fängt an, das Laub unter den Hortensien zu entfernen. Nur fünf Minuten, denkt sie, nur eine kleine Weile. Unversehens fühlt sie sich wie eine Diebin, und das erheitert sie. Sie bestiehlt ihre eigenen Routinen, die *Pflicht* an sich, dieses Rückgrat ihres Daseins, doch heute will sie nicht aufrecht stehen und ihre Pflicht tun, sie hat keine Lust. So einfach ist das. Sie ist ein Fünf-Minuten-Robin-Hood, der dem Wintermorgen etwas wegnimmt und sich selbst gibt. Außerdem mag Rita das Gefühl, wenn der eiserne Rechen durch feuchte Erde kratzt, mag das Knirschen der Steinchen und der trockenen Blätter, sie genießt die mechanische Bewe-

20

gung, die diese Arbeit erfordert, die Wiederholung an sich, die den Gedanken freien Lauf lässt, weil der Körper mit anderem beschäftigt ist.

Jetzt, da ihre Mutter seit Langem tot ist, erinnert sich Rita mit größerer Zärtlichkeit an sie. Doch ihr Geheimnis, die Schande, hätte ihre Mutter niemals akzeptiert. Du bist die Tochter deines Vaters, hätte Emilia gesagt. Darin hatte stets ihr strengstes Urteil bestanden, das denkbar schlimmste: dass eines ihrer acht Kinder auch nur im Geringsten dem Vater glich. Rita hört jetzt die Stimme ihrer Mutter in sich, und die Schande pocht, als wäre sie nie begraben worden, als brächte Rita nicht jeden Morgen damit zu, sie mit Alltag zu übertünchen. Sie hört Emilias starken deutschen Akzent, der sich, wenn sie aufgebracht war, noch verstärkte, und die Worte tönen wie eine Kirchenglocke: Die Sünde entspringt der Schlechtigkeit, sie hat zur Folge, auf ewig von Gott getrennt zu sein, und an allem ist *dein Vater schuld.*

Die alten Blätter im Beet sind zusammengerecht. Rita würde gern hier stehen bleiben, nur mit dem Pfeifen der Dompfaffen in den gestutzten Eichen der Straße, als wäre sie selbst einer dieser aufgereihten Bäume, stumm und wortlos, bis die Stimme ihrer toten Mutter verebbt. Doch sie muss ins Haus. Tee kochen, Brot toasten, außerdem muss Yvonne los zur Schule.

Sieh dich um, sagt sie zu sich selbst.

Ich bin hier. Nichts unterscheidet dieses Haus von den anderen Häusern in der Straße, nichts unterscheidet mich von irgendeiner anderen Frau, die in ebendiesem Augenblick im Morgenrock und in Pantoffeln dasteht und ihrer Familie Tee kochen soll. Es ist meine rote Katze, die mir um die Beine streicht, während ich an der Spüle stehe, es sind meine Hände, die die Speisekammer öff-nen und ein Glas Marmelade herausnehmen, ich bin es, die das Brot so dünn schneidet, dass es die ganze Woche reicht, es ist meine lichtgelbe Küche. Bald kommt mein Mann die Treppe he-runter, und meine Tochter liegt wie an allen anderen Schulta-gen noch im gleichen tiefen Morgenschlaf im Bett, und ich werde sie wecken und mich um die Wärmflasche an ihren Füßen küm-mern, die kalt und wabbelig ist wie ein totes Reptil, und das Mädchen wird wieder einschlafen, bis ich ihr die Decke ganz wegziehe, sodass sie friert und einfach aufstehen muss. Das ist mein Leben.

Und so ist es. Ihr Mann kommt die Treppe herunter. Er nimmt *The News Chronicle* und sitzt dann wie jeden Morgen tief in Artikel und Meldungen versunken da. Trinkt seinen Tee. Rita kratzt mit einem Messer verbrannte Stellen vom Toastbrot. Schwarze Krümel fallen in das weiße Spülbecken. Das Radio läuft. Sie geht nach oben, um ihre jüngere Tochter zu wecken. *Alles ist, wie es sein soll.* Die alltäglichen Rituale sind ihr Leben, und das zugige Haus ist ihr Reich, sie steckt nachweislich mit-tendrin. Wie kommt es dann, dass sie trotzdem Zweifel hat?

Sechzig Minuten später ist das Haus leer. Sie hat Yvonne Tee gegeben und sie auf den Weg geschickt. Er, Ritas frischgebackener Ehemann, hat sein Stück Käse gegessen, seine Morgennieser geniest und ist dann zur U-Bahn gegangen. Hut auf. Kuss auf die Wange. Brennende Zigarette. *See you tonight, sweetie.* Zwölf Stunden Arbeit warten in der Stadt auf ihn, und ebenso lange Zeit warten auf Rita Arbeit samt Einsamkeit im Haus.

Sie jätet Unkraut zwischen den Steinplatten vor der Haustür. Mit einem schmalen Spieß in die Erde zu stechen und sie so aufzubrechen, dass Löwenzahn und Grasbüschel mitsamt Wurzeln hochkommen, verschafft ihr Befriedigung. Der Spieß bricht auch die Gedanken aus ihr heraus.

Der grauhaarige Mr Harris macht mit seinem weißen Terrier den ersten Spaziergang des Tages. *Good morning.* Ein Fremder fährt auf dem Fahrrad vorbei, die Aktentasche hinter dem Sattel festgeschnallt. *Good morning.* Mit der leeren Einkaufstasche, die ihr am Arm baumelt, und umgebundenem Kopftuch kommt Mrs Brooks daher. Sie ist heute früh dran, denkt Rita, während Mrs Brooks mit übertrieben lebhafter Handbewegung von der anderen Straßenseite herüberwinkt. Die Frau ist nicht ganz dicht, denkt Rita, die die bisherigen Äußerungen der Nachbarin nicht gerade beeindruckt haben. Außerdem hat deren Tochter Yvonne mal fett genannt. Rita begnügt sich mit einem Nicken als Gruß und macht sich daran, welke Blätter aus dem Rosenstrauch zu schneiden. Sie möchte weder ein paar Worte übers Wetter wechseln noch über die Rationierungen klagen. Nicht heute. Mrs Brooks, die ihren Schritt verlangsamt hat, um die Straße zu überqueren, ändert fast unmerklich ihre Richtung, weil sie begreift, dass Rita nicht beabsichtigt, sich für ein Plauderstündchen an die Pforte zu stellen, und geht schnell weiter, als müsste sie pünktlich irgendwo sein. Ihr Lächeln ist erstarrt. Wie die Haut auf gekochter Milch, denkt Rita. *Good riddance.*

Normalerweise sitzt Rita um diese Zeit am Küchentisch und schreibt einen Einkaufszettel, heute aber ist sie langsam. Sie bewegt sich neben ihren gewöhnlichen Schritten, geht sozusagen neben sich her, zur Erde gedrückt, mit tief hängenden Wolken. Dieser Tag ist anders als andere Tage.

Sie recht die Gartenabfälle zusammen und hebt sie in einen Korb, den sie zum *back garden* mitnimmt. Unter der Milde und Stille schneidet ein kühler Luftstrom. Das Grün steht reglos und irgendwie abwartend. Wissen die Blätter, dass sie bald abfallen werden?

Sie beschließt, den Haufen anzuzünden. Der Gedanke, ein Feuer zu machen, ermuntert sie. Es ist befreiend zu sehen, wie das lebendige Feuer aufsteigt und rußige Ränder bekommt, und zu riechen, wie sich der Rauch in Dezemberduft verwandelt, so als würde auch ihr eigenes Dunkel in Flammen stehen und zu Ascheflocken werden, die wie schmutziger Schnee durch die Luft wirbeln. Das Feuer hält sich mithilfe dürrster Stöckchen und eines Streichholzes. Die Feuchtigkeit, die noch im Laub sitzt, wird in eine dicke graue Säule umgewandelt, die unbehindert senkrecht nach oben in den windstillen Vormittag steigt.

Ein Gruß an die höhere Macht, denkt Rita. Ohne Vermittlung, denkt sie, besser als eine Sonntagspredigt. Nur ich, das Rauchsignal und der gestrenge Herrgott, zu dem Mutter täglich so intensiv gebetet hat.

Beim Feuermachen wird ihr plötzlich das in ihren Adern fließende Blut bewusst, siebenunddreißig Grad warm, und wie dieses Blut und ihre Lunge, die den mit Rauch vermischten Sauerstoff einzieht, ihren Körper warm und in Bewegung halten. Sie lebt an diesem frischen Morgen. Diese offenkundige Tatsache, an den meisten anderen Tagen eine Selbstverständlichkeit, macht sie heute unverhofft froh, als blitzte im Dunkeln ein Feuerwerk auf: Hier ist sie! Rita gibt es, und den Tag gibt es, und sie sind eins. Sie steht fest mitten in dem Rauch und der Stille, in schweren Schuhen und mit klopfendem Herzen. Nichts kann diese Frau und das Dezemberlicht voneinander trennen. Bald schon werden sie die Form verlieren, altern, verblassen und sich in etwas anderes verwandeln, aber jetzt noch nicht, *nicht jetzt*. Jetzt brennt das Feuer, das Blut fließt, die Luft ist von einem Gruß erfüllt, der nach toten Pflanzenteilen riecht, und die Botschaft — an die Dompfaffen und Schnecken, an den Brombeerstrauch, der sich an den Holzzaun krallt, an den Frost, der wie ein unterirdisch wachsender Gletscher den Erdboden durchzieht, an die Bäume und ihre Kronen, die sich mit den Wolken unterhalten, und an die Ohrwürmer und Hummelköniginnen, die in der Erde vergraben schlafen, an alles, was die wesentlichsten Bestandteile dieses Dezembertages ausmacht – ist die, dass sie, Rita Gertrude, existiert.

25

Der Laubhaufen ist klein und brennt schnell herunter. Anschließend stampft sie auf die Asche und gießt sicherheitshalber eine Kelle Wasser aus der Regentonne darüber. Die letzte Glut zischt und erlischt.

Rita zieht vor der Küchentür die Schuhe aus, geht hinein und schenkt sich einen Schluck *Famous Grouse* ein. Sie zündet sich eine Zigarette an und setzt sich an den Küchentisch. Vielleicht wird der Morgen wie üblich, wenn sie alles macht wie immer? Sie nimmt die Zeitung, liest die Schlagzeilen (Privatimport von Zucker, Geleegerichten und Trockenobst aus Irland soll verboten werden), beachtet auch die Inserate, *HP Sauce improves all meals*, und bleibt an einem leicht sarkastischen Artikel über vier Männer hängen, die in einem BBC-Studio über die perfekte Frau diskutiert haben. Die Zeitung vermerkt, dass in der Sendung keine Frauen zu Wort kommen durften, fasst das Ideal der Herren aber gleichwohl zusammen: Die perfekte Frau zeige Sympathie (alle Männer wünschen sich Mitgefühl), sie erweise sich als stabil (eine Gattin wird nicht in der einen Minute liebevoll sein und in der nächsten Wutausbrüche bekommen), und sie sei liebenswert. Doch Rita kann sich nicht konzentrieren. Sie denkt an Vidal, ihren frischgebackenen Ehemann.

Zwanzig Jahre lang hat das Geheimnis, das herumzutragen er sie gezwungen hatte, *ihre Schande*, sie wie eine Krankheit, eine chronische Entzündung der Wut, gequält. Sie hat sie ständig gespürt: jeden Morgen, jeden Abend, jeden Werktag, jedes Wochenende, jeden Moment des Beisammenseins und jeden Moment des Alleinseins. Sie hat das Geheimnis gehütet, niemandem auch nur den geringsten Fingerzeig gegeben, wie es die Gedanken zu einem Stacheldrahtknäuel aufrollte, und es sollte auch niemand je erfahren. Sie hat über die Schande nicht

26

sprechen können, ist sie doch ein Beweis ihrer Erniedrigung – auch jetzt noch, wo es vorbei ist. Oder auch nicht, denkt Rita. Sie war so dumm. Sie, sonst immer realistisch und vernünftig, immer mit beiden Beinen auf der Erde, hat sich einem Wunschdenken hingegeben. Hat tatsächlich geglaubt, das Geheimnis würde, wenn sie heirateten, verschwinden, in Wirklichkeit aber ist es nur vom nächsten ersetzt worden. Nichts hat sich geändert. Die gestrige Trauung bringt keine Erleichterung und setzt keinen Schlusspunkt. Erzählt sie der Welt, dass sie jetzt verheiratet sind, wird die Welt verstehen, dass sie es bisher nicht waren. Die Wut pocht weiter.

Die Asche ihrer Zigarette fällt auf den Küchentisch. Rita hat vergessen zu rauchen, vergessen, die Asche abzutippen, vergessen, dass sie einkaufen gehen muss. Was ist heute los mit mir? Es kommt, wie's kommt, denkt sie weiter. Sie pfeift darauf, die Speisekammer durchzugehen, um zu sehen, was fehlt, und schreibt auch keinen Einkaufszettel. Sie möchte nicht an die Schmutzwäsche denken, die sortiert werden will, und nicht daran, wie sie damit übers Waschbrett schrubbt, nicht an Spülen auf Spülen, sie möchte nicht an der Mangel stehen und drehen, obwohl sie es normalerweise genießt, wenn die Knitterfalten sich in Glätte verwandeln, sie möchte nicht mit Wäscheklammern und Leine dastehen, sie möchte nur eins: zurück in den Garten vor dem Haus, zur Stille des Tages und zur Arbeit mit der Erde.

27

Bei jeder britischen Volkszählung hat Rita eine neue Namens-
version erhalten. Einmal haben die Behörden sie Frederika genannt. Ein anderes Mal hat sie den Namen Frieda erhalten, und
im nächsten Dokument machte die Stille Post der Volkszählung sie zur Rida. Dieser Name sollte sie in vielen offiziellen
Schriftstücken begleiten, obwohl sie eigentlich Rita heißt. Rita
Gertrude Blitz.

Sie wurde am 6. Oktober 1900 geboren, vielleicht auch 1901.
Es sind unterschiedliche Jahreszahlen festgehalten, was zeit
ihres Lebens über ihr tatsächliches Alter für eine gewisse Verwirrung gesorgt hat. Zwischen den wenigen Hinterlassenschaf-
ten der Mutter hatte sie jedoch ein dünnes Blatt Papier gefunden, das bestätigt, dass sie 1899 geboren wurde. Demnach hat
die gestrige Hochzeit, diese triviale Mittwochstrauung vor zwei
Zeugen aus der Stadtteilverwaltung von Enfield, sechs Wochen
nach ihrem fünfzigsten Geburtstag stattgefunden. Und was für
eine Braut sie doch war – mit Kaiserschnittnarben und einem
bald sechzigjährigen Mann! Was ist jetzt die Frage?, denkt
Rita, während sie die heruntergewehten kleinen Zweige und
die Stöckchen, die den Elstern aus dem Schnabel gefallen sind,
vom Weg zur Pforte beseitigt. *Bist du jetzt froh?*

Rita möchte nicht an ihre Hochzeit denken. Der Akt ist registriert, bezeugt und erledigt, wie sie es immer haben wollte, und trotzdem wünscht sie, er wäre nie geschehen. Der gestrige Tag sollte gar nicht existieren, denkt sie und drückt den Rechen so tief ins Beet, dass sie einige Gelbsterne mit herauszieht. Mittwoch, der 30. November 1949, ist ein Stück Luft und eine Zeitstrecke, die aus der Zeitrechnung herausgeschnitten gehört. Unter allen dreihundertfünfundsechzig Tagen des Jahres sollte dieser Tag ein Nicht-Tag werden, eine Pause zwischen den Herzschlägen, ein Atemstillstand. Niemand würde doch wohl bei so vielen Tagen ausgerechnet diesen 30. November vermissen, wenn er verschwände? Den Hochzeitstag wird sie nie feiern, egal, wie lange sie verheiratet sein werden.

Sie lässt an Ort und Stelle den Rechen fallen und geht in den Überschuhen zwei Schritte in die Diele. Auf dem Telefontisch liegt ein Kalender, in den sie Ereignisse und Arztbesuche einträgt, der ganze November auf dreißig weißen Feldern ausgebreitet. Sie nimmt eine Schere aus dem Schränkchen und setzt sie dort an, wo die Zahl 30 gedruckt steht. Sticht damit hinein, sodass es im gestrigen Tag ein Loch gibt. Dann schneidet sie sorgfältig an den Linien entlang, die Mittwoch, den 30. November, von den umliegenden Tagen abgrenzen. Die Nächte, denkt sie. Ich schneide an den Nächten entlang.

Sie geht wieder in den Garten, stellt sich an die Pforte und lässt den gestrigen Tag in der offenen Hand liegen. Als der Wind plötzlich durch die kahlen Äste der Eiche fährt, nimmt er den Papierfetzen mit, und sie sieht ihren Hochzeitstag verschwinden, frei umherflattern, ohne Halt zu finden. Fort.

Bald ruft Mabel an. Um elf Uhr hat sie in der Arbeit Rauch-
pause, und seit zwanzig Jahren ruft sie um dieselbe Uhrzeit
an, ohne dass sie über etwas Besonderes reden. Den größeren Teil ihres Lebens haben die Schwestern sowohl die Nächte
und die Tage als auch Bett, Brot und Hunger geteilt. Sie hängen aneinander, und obwohl sie jetzt erwachsen sind, die eine
fünfzig, die andere vierundfünfzig Jahre alt, die eine Hausfrau
in einem Vorort und die andere Telefonistin in der Stadt, gibt
es keinen Grund, die Bande zu lockern. Manchmal fragt sich
Rita allerdings, ob Mabel das Telefonieren nie leid wird, wo sie
doch den ganzen Tag nichts anderes macht. Und manchmal
wünscht sie, mit ihr tauschen zu können, dass Mabel es wäre,
die alles bekommen hätte, was eine Frau haben soll, *Mann
und Kind und Haus*, und sie, Rita, zur Arbeit ginge, unsichtbar
und von der Masse der Menschen in London verschluckt, die
jeden Morgen und jeden Abend auf den Straßen und Gehsteigen entlangströmt. Den Schmutz, das Gedränge und den Lärm
vermisst Rita nicht, doch sie vermisst die Arbeit. Buchhaltung
war ihr Fall gewesen und hatte ihr richtig tiefe Befriedigung
verschafft – ihr Gehirn hatte seine Freude an der Ordnung, an
den sorgfältig gebildeten Zahlen, die einander nach einer klaren Logik gaben und nahmen, an den geraden Kolonnen der

verschiedenen Ausgabeposten, den gespitzten Bleistiften und nicht verhandelbaren Summen in roter Schrift. Auch vermisst sie die Pausen und den Klatsch mit den anderen Mädchen. Bei ihrer Arbeit in einer der großen Londoner Vermittlungen, wo sie lange Tage vom Summen Hunderter laufender Gespräche umgeben ist, von Worten, die in elektrische Impulse verwandelt, kreuz und quer transportiert und dann auf unbegreifliche Weise in Worte zurückverwandelt werden, sitzt Mabel zwar mitten in einem permanenten technischen Wunder – doch das ist nichts für Rita. Telefongespräche lassen sich nicht anfassen. Mabel dagegen staunt immer noch über ihre Rolle als Vermittlerin von Stimmen, Dörfern, Städten und Erdteilen, obwohl sie das schon seit mehr als zwanzig Jahren macht. Aber Mabel ist auch ganz generell eine Person, die gern staunt, denkt Rita.

Kaum setzt die Uhr im Wohnzimmer zu ihren elf klingenden Schlägen an, läutet das Telefon. Rita nimmt den Hörer ab und fasst gleichzeitig in Worte, was sie sagen wird, wenn Mabel fragt, wie es gestern war. Wie immer, wird sie antworten, es gab nichts Besonderes, ein gewöhnlicher Mittwoch. Doch Mabel denkt an etwas anderes.

»Was ist mit Sally?«, fragt sie. »Ich habe seit zwei Wochen nichts von ihr gehört. Wie geht es ihr? Ich habe gelesen, dass es in dieser Gegend ungeheuer viel schneit im Winter. Hat sie denn einen warmen Mantel und Schuhe? Begreifst du, warum sie sich Schweden ausgesucht hat?«

Rita begreift ihre ältere Tochter nicht – sie weiß nur, dass das Mädchen, ein Vulkan an Willen, nicht zu beeinflussen ist, und dass Sally beschlossen hat, London zu verlassen, um ausgerechnet in Schweden als Englischlehrerin zu arbeiten, doch bei Mabels direkter Frage tritt Rita ihre Verteidigung an.

»Sie möchte die Welt sehen. Wir sind auch gern gereist, wenn wir die Möglichkeit dazu hatten, erinnerst du dich?«

»Nur nach Deutschland, und bloß zum Wandern. Wir haben nicht monatelang weit weg im Nirgendwo gearbeitet.«

Tatsache ist, denkt Rita, dass die Abwesenheit ihrer erwachsenen Tochter eine Erleichterung darstellt. Niemand zankt mehr am Sonntagmittagstisch, es werden keine hitzigen Diskussionen um geliehenes Geld geführt, und es kommt zu keinen Auftritten und turbulenten Abgängen. Sally und ihr Vater können sich nie darauf einigen, wann das Geld zurückzuzahlen ist und mit welchem Recht er sie fragt, was sie eigentlich damit mache. Auch braucht Rita in der von Zigarettenrauch vernebelten Küche keine langen Gespräche über sich ergehen zu lassen, dass sie Sally nicht liebe. Natürlich liebt sie ihre Tochter. Doch Sally hat ganze Anklagelisten von Fehlern, die Rita begangen habe, und Rita findet nie die Worte, sie zu widerlegen. Die Leere nach Sallys Abreise bedeutet auch einen gewissen Hausfrieden.

»Ich vermisse sie«, sagt Mabel. »Und du doch auch.«

»Dich hat sie nie beschuldigt, geizig und lieblos zu sein.«

»Weil ich schließlich nie geizig und lieblos bin!«

Die Schwestern lachen.

»Hat dieser Schwede sie dorthin gelockt?«

»Davon hat sie nichts gesagt.«

»Du bist ihre Mutter, klar, dass sie da nichts sagt. Er ist aber nett. Und groß. Ich hoffe, sie ist verliebt.«

»Mabel!«

»Ja, ja. Du kannst sie nicht im Zaum halten, das konntest du noch nie. Und Yvonne? Wie steht es mit ihren Nächten?«

»Ich habe gestern ihr Zimmer durchgesehen und hinter den Büchern im Regal eine Scheibe Brot gefunden.«

32

»Schon wieder?«

»Schon wieder.«

»Du musst an der Speisekammer ein Vorhängeschloss anbringen. Und ich muss gleich auflegen. Kommt ihr am Samstag? Bringt Yvonne mit! Es gibt ein wunderbares Stück von Oscar Wilde, ich spiele die Lady Bracknell, sie hat die scharfsinnigsten Dialoge, wie diesen, warte, das musst du dir anhören: *Fünfunddreißig ist ein sehr reizvolles Alter. Die Londoner Gesellschaft ist voll von Damen allerhöchster Geburt, die seit Jahren aus eigener Wahl fünfunddreißig geblieben sind.*

Mabel und Rita lachen, die eine zu Hause in ihrem Doppelhaus in Winchmore Hill, wo sie in der Diele am Telefontisch steht, die andere bei ihrer Arbeit in der großen, summenden Telefonvermittlung mitten in London. Minutenlang ist auf dieser Leitung nichts anderes zu hören: zwei Schwestern, die so lachen, dass ihnen die Tränen kommen.

Als Rita den Hörer auflegt, sieht sie ihr Bild im Garderobenspiegel. Zu ihrer Verwunderung entdeckt sie, dass sie lächelt.

Ich bin jetzt eine verheiratete Frau, denkt sie, als sie die Pforte hinter sich schließt und an den fast identischen Doppelhäusern, die der Straße ihre eigentliche Bedeutung verleihen, den Gehsteig entlanggeht. Sie sind auf den ersten Blick schwer zu unterscheiden, doch an den Fassaden und in den Gärten nimmt Rita das Gepräge der Besitzer wahr, merkt, wie jeder dem massenproduzierten Ambiente seinen persönlichen Stempel aufdrücken möchte, mit vorgeblich alten Bleiglasfenstern oder einer mit blauem Glanzlack handgestrichenen Haustür. Sie begutachtet bei ihren Nachbarn die Veränderungen oder deren Mangel, registriert und beurteilt jede Nuance. Der heutige Gang zum Fischgeschäft in der Ridge Avenue stellt keine Ausnahme dar. Doch ihre Gedanken folgen heute einer zusätzlichen Bahn, und andere Worte pochen wie ein Herzschlag: Ich bin wie ihr. Gestern bin ich eurer Schar tatsächlich beigetreten. Belegt mit Heiratsurkunde. Ich habe das Recht, hier zu gehen.

Von der Kühle des Morgens ist nur noch ein Windstoß übrig, eine Erinnerung. Der Himmel ist jetzt höher und heller. Am Vormittag des 1. Dezembers 1949 bricht um halb zwölf die Sonne durch. Sie bescheint die Frauen auf Einkaufstour, die Kinder in Schuluniform und die Männer mit Hut, sie bescheint den Park und die Geschäfte und die Werkstätten, Bushaltestellen und das Kino, das Krankenhaus, den Kanal und das Pub *The Green Dragon* und alles, was diesen Tag in Ritas fünfzigjährigem Leben füllt, und Rita sieht die Sonne und den Himmel und die Menschen und weiß, dass das Leben in diesem Moment gut ist.

Ihr kommt in den Sinn, dass sie aus zwei unvereinbaren Teilen entstanden ist, dass ihre Mutter Emilia und ihr Vater Georg völlig unterschiedlich geartet waren, sie pflichtbewusst und sicher, mit großer Veranlagung zur Mutlosigkeit, er leichtfertig und voller Einfälle, und dass diese Gespaltenheit auch ihre Kinderschar geteilt hat. Die Geschwister Ottilia und Fred sind stabil, können sich aber tief in Düsterkeit verfangen, während Elsa, Ernest und Mabel Musik, Spiele und Kostümfeste lieben. Und ich, denkt Rita, zu welcher Seite der Familie gehöre ich?

Schönes Wetter heute, sagt der Gemüsehändler und unterbricht ihren Gedankengang. Es gibt bald Frost, sagt die Dame im Fischgeschäft. *There you go, love.*

Sie kauft kaum etwas ein. Ihre Lebensmittelmarken für Fleisch sind zu Ende, und die Butter ist viel zu teuer. Jedes Mal, wenn Rita ihr Portemonnaie hervorholt, geht ein Teil des Sonnenscheins verloren, und sie sinkt in Mutlosigkeit zurück. Kekse kann sie sich nicht leisten. Sie wird auch diese Woche mit dem Geld nicht hinkommen, selbst wenn sie das Brot noch so dünn schneidet. Eine Sekunde lang sehnt sie sich nach den Kriegsjahren zurück, als sie nach Worcester evakuiert worden waren, wo sie eigenes Gemüse gezogen und, um Eier zu haben, zwei Hühner gehalten hatte. Doch dann schämt sie sich für diesen Gedanken. Kein Mensch kann diese Zeit wiederhaben wollen, die Verdunklung und die heulenden, fallenden, detonierenden Bomben, die bebenden Luftschutzräume und täglichen

Meldungen über die Anzahl der Toten. Sie weist sich selbst zurecht und geht nach Hause, ohne bei den Freundinnen haltzumachen, die sich jeden Tag bei den Bänken auf dem Marktplatz zu einem Plauderstündchen versammeln. Sie erträgt heute die Gedanken anderer nicht, erträgt ihre eigenen kaum. In die Rosenrabatte vor dem Postamt hat jemand Zigarettenkippen geworfen. Ein kleines Kind sitzt in seinem Wagen, einen dicken glänzenden Rotzstreifen unter der Nase. *I can dream, can't I* pfeifend geht ein Mann vorbei. Warum ist er nicht bei der Arbeit?, fragt sich Rita irritiert. Der aufblühende Vorort sieht mit einem Mal unwirtlich aus, hat stachelige, hässliche Details; die Leute starren sie an, als gehöre sie nicht dazu, als wären ihr Haus und ihre Hortensien nur geliehen. Und was wird sie antworten, wenn Vidal wieder fragt, sie wieder verschwenderisch nennt? Er gibt ihr nicht genug, so einfach ist das, Woche für Woche. Obwohl Rita ihm ihr Haushaltsbuch zeigt, in dem sie alle Einkäufe und Ausgaben festhält und über jeden Penny Rechenschaft ablegt, bringt er es fertig zu behaupten, sie wirtschafte verantwortungslos. Sie fürchtet das unausweichliche Gespräch, den Streit, diesen immer gleichen Streit, fürchtet seinen schönen, sich verhärtenden Blick und das missvergnügte Schweigen, das wie eine dritte Person in ihrer Ehe lebt. Zu allem Unglück sieht sie, dass an ihrer Haustür jemand einen Zettel angebracht hat. Schon von Weitem leuchtet er weiß und rechteckig, und wie sich herausstellt, ist er handgeschrieben und steckt ohne Unterschrift zwischen Tür und Rahmen: *Bitte unterlassen Sie es, Feuer zu machen, wenn unsere Wäsche zum Trocknen hängt. Sie riecht dann nach Rauch.*

Mit der einen Hand reißt sie den Zettel an sich und zerknüllt ihn, während sie mit der anderen aufschließt. Nachdem sie die

36

Tasche mit den Lebensmitteln – sie ist heute nicht schwer – ins Haus gebracht hat, geht sie durch den Kücheneingang nach draußen, um nach dem dunklen Aschenkreis zu sehen. Er ist erloschen und stumm. Auf den Treppenstufen zum Schuppen stellt sie sich auf die Zehenspitzen, um über den Zaun in den Hinterhof der Nachbarn zu spähen, und richtig, dort hängen Hemden, Strümpfe und Unaussprechliche zum Trocknen, zwei Leinen Weißwäsche im Wintersonnenschein. Sie hat noch immer den anonymen Zettel in der Hand. Sie begutachtet ihren eigenen Hinterhof, wo es altes Laub in eine Ecke geweht hat und die in der Vorwoche geschnittenen Zweige noch einen eilends zusammengerechten Haufen bilden. Das genügt, denkt sie und legt los. Fünf Minuten später holt sie die gestrige Zeitung, reißt als zusätzliches Brennmaterial Seiten heraus und zündet alles an. Rasch entwickelt sich ein ordentliches Feuer, aus dem beißender Rauch voll Druckerschwärze und Rosenblättern aufsteigt. Rita ist zufrieden. Das sollte ihnen eine Lehre sein, keine Zettel mehr zu schreiben.

Frisch verheiratet also, sagt sie zu ihrer Teetasse. Was machen die Leute eigentlich in ihren Flitterwochen?, fragt sie die Katze. In eine Pension fahren, in den Bergen wandern oder sonnenbaden? Vor ihrem inneren Auge sieht Rita unter einem reisebüroblauen Himmel die Kanäle Venedigs und einen Gondoliere. Ist es das, wovon sie träumt? Sie weiß es nicht genau. Seit jenem Abend, an dem Mabel darauf drang, den Tanzpalast in Shepherd's Bush zu besuchen, weil sie sich unbedingt mal amüsieren wollte und Gesellschaft brauchte, sind zweiundzwanzig Jahre vergangen. Dabei ist es zu *der* Begegnung gekommen, der eigentlichen Ursache dafür, dass sie jetzt frisch verheiratet und beschämt in ihrer lichtgelben Küche sitzt und die Titelseite der Zeitung anstarrt, ohne dass ein einziges Wort hängen bleibt. *Das sind meine Flitterwochen: ein paar Stunden Einsamkeit. Die Spüle ist mein Sandstrand, mein Glück, mein exotisches Fest.*

Emigration erfordert Entschlossenheit, Planung und Mut. Ritas Eltern müssen sechsundzwanzig Jahre alt gewesen sein, als sie alles zurückließen. Der 1. September 1886 war der Tag ohne Rückkehr, der Reisetag, der Abschiedstag und Zukunftstag – es war der Amerikatag, der Tag, an dem alles Neue seinen Anfang nehmen und all das Wirklichkeit werden sollte, wovon Georg Blitz gesprochen hatte. Sie würden einen neuen Ort für sich finden, ein neues Zuhause, ein Dasein ohne Risse, würden auf Straßen ohne Steigung gehen und irgendwo wohnen, ohne Sorge, wegen unbezahlter Miete vor die Tür gesetzt zu werden. Alles werde anders, sagten sie zueinander und meinten, alles werde besser. Schlechter als ihr kärgliches Dasein in Frankfurt am Main konnte es gar nicht werden. Emilia und Georg Blitz hatten vermutlich eingepackt, so viel sie tragen konnten, und den Rest verkauft. Die Reisekasse, hat Georg die verwahrt?

Sie verließen nicht nur die Wohnung im Musikantenweg, sondern auch die Kirche in Bornheim, wo sie geheiratet hatten, wo sie ihren Erstgeborenen auf den Namen Friedrich hatten taufen lassen und wo sie ihn, zwanzig Tage später, beerdigt hatten. Sein Kindergrab lag dort wie ein Anker, der sich unmöglich einholen ließ. Sie verließen Georg Blitz' missglückten Versuch, sich als Kaufmann zu ernähren. Sie verließen Emilias Kreis von Kundinnen, die ihre Dienste als Schneiderin in Anspruch genommen hatten und gern mit neuen Bestellungen wiederkamen, weil sie sorgfältig arbeitete, mit gleichmäßigen, feinen Stichen nähte und dazu ein untrügliches Gespür für die Schwere und Farbe des Stoffs besaß. Am allerhärtesten aber – sie verließen Elsa Johanna.

Mit einem Säugling von ein paar Monaten nach Amerika zu fahren, war unpraktisch. Besser, sie ließen das Kind bei Emilias Eltern in Igstadt heranwachsen und holten es erst, wenn sie einen Ort, ein Zuhause gefunden hätten und ihren Lebensunterhalt bestreiten konnten. Die einjährige Ottilia war dagegen robust genug, um mitzukommen. Wie gesagt, Emigration erfordert Entschlossenheit, Planung und Mut. Keine Zeit für Tränen.

Gut vorstellbar, dass das Ganze auf Georgs Idee beruhte, dass das Auswanderungsfieber nicht so sehr Emilia, sondern ihn befallen hatte. Schon 1880 war er dem großen deutschen Emigrantenstrom in die Stadt New York gefolgt, hatte in der 541, 10th Avenue gewohnt und die amerikanische Staatsbürgerschaft beantragt, war aber nach drei Jahren nach Hessen zurückgekehrt. Vielleicht war das Geld ausgegangen, vielleicht um sich eine tüchtige Frau zu suchen? Er lernte die gleichaltrige Emilia Katherine Elisabeth Bohrmann kennen, und damit war die Sache klar. In ihrer Heiratsurkunde ist als sein Beruf Kaufmann angegeben, doch davon, was er kaufte und verkaufte, steht da nichts. Vermutlich machte er keinen Gewinn. In dem einzigen dünnen Papier, das als Beweis seines Aufenthalts in New York noch existiert, nennt er sich Kontorist. Als Georg Blitz dann eine Familie gegründet hatte und Vater geworden war, wollte er nichts als zurückkehren. Amerika, nur dort könne das neue Leben entstehen, erzählte er seiner Frau und allen, die es hören wollten, nur durch zähe Arbeit könne ein strahlend neues Dasein geschaffen und Reichtum erlangt werden. Sie sollten jetzt alles hinter sich lassen, drängte er wieder und wieder, nicht nur den Mangel an Essen, sondern auch den Mangel an *Hoffnung*. Und obwohl Emilia kein Auswanderungsfieber spürte, wurde sie doch von Hoffnung getrieben, vielleicht nicht der Hoffnung auf ein besseres Dasein, aber der Hoffnung darauf, dem Gefühl der Hoffnungslosigkeit zu entkommen. Ohne Gottes harte Plackerei gebe es kein Paradies, sagte Georg und nickte seiner gläubigen Frau zu. Du sollst nicht lästern, entgegnete Emilia.

Indem er sein altes Leben verlässt und einen Ort für ein neues sucht, wird der Emigrant zum Immigranten – beinahe dasselbe Wort, und doch völlig anders. Ein paar Buchstaben ändern sich, und schon bekommt das ganze Dasein eine neue Richtung: vom Weggehen zum Ankommen, vom Aufbrechen zum Niederlassen, vom Bekannten zum Fremden, vom Verlassen zur Verlassenheit.

Georg Blitz war ein gut aussehender Mann mit großen dunklen Augen. Er war lebenslustig und gesprächig und stolz auf seinen Schnurrbart. Für Geld hatte er kein Händchen. Es ist keine Untertreibung zu behaupten, dass er in seinem Leben etwas wirklich Lebenswichtiges zustande gebracht hat: Er hat ihre gesamten Ersparnisse verloren.

Als er, Emilia und das Kind 1886 in Portsmouth ankamen, um mit einem anderen Schiff weiter über den Atlantik zu fahren, stellte sich heraus, dass ihre Reisetruhen verschwunden waren. All ihre Habe war weg. Vielleicht seien sie aus Versehen nach London geschickt worden, hieß es. Wessen Versehen? Hatte Georg die Papiere schlampig ausgefüllt, hatte er sie überhaupt ausgefüllt? Es war nicht nur ein Unglück, es war eine Katastrophe. Statt wie ursprünglich beabsichtigt in aller Ruhe in Portsmouth eine Woche zu warten und dann die Reise fortzusetzen, mussten sie nun Geld ausgeben, um nach London zu fahren und ihre Sachen zu suchen, die Kleider, die Nähmaschine, das Foto von Elsa Johanna, alles. Fand Emilia Worte für das, was sie empfand, was sie dachte, für diese Enttäuschung? Sprach sie sie aus? Schrie und tobte sie? Reagierte Georg mit Schweigen oder gar mit Schlägen?

Es hätte ganz anders kommen können. Wenn die Umstände anders gewesen wären, wenn die Zufälle sie auf glückliche Weise beeinflusst hätten, anstatt sie von einem Unglück ins nächste zu bringen. Dann wären die Fahrkarten von Portsmouth nach London nicht so teuer gewesen. Sie hätten nicht mehrere Tage zwischen den Londoner Fundbüros und Pfandleihanstalten umherzuirren brauchen. Georg hätte nicht so viele Trinkkumpane gefunden, wenn sie Glück gehabt hätten. Ihm wäre die Reisekasse nicht gestohlen worden. Sie hätten es mit ihren Sachen rechtzeitig nach Portsmouth zurückgeschafft, um an Bord des Amerikaschiffs zu gehen, und alles wäre wie geplant verlaufen, der kleinen Familie hätte sich das Leben geöffnet in jenem Land, wo es in solchem Überfluss Butter und Arbeit gab, dass Hunderttausende Deutsche schon dorthin gezogen waren und trotzdem noch Platz für mehr war. Ja, wenn sie Glück gehabt hätten. Stattdessen folgten sie dem Emigrantenstrom vom Hafen in Portsmouth zum Bahnhof und stiegen in den Zug zur Victoria Station. Dort folgten sie dem Strom weiter vom Bahnhof in die Londoner Innenstadt, auf der Jagd nach einer Herberge, und irgendwo unterwegs verschwand ihr letztes Geld. Sie standen mit leeren Händen da, ohne ihre Truhen je wiederzufinden, ohne Barschaft, ohne Bleibe, ohne Sprache. Das Amerikaschiff vollends außer Sicht. Im Slum von East End, dort fanden sie Aufnahme.

In Bethnal Green sammelten sich die Allerärmsten. Hier waren die Menschen unempfindlich und zerlumpt, und die äußerst hohe Sterblichkeit wurde nur von der noch höheren Geburtenrate übertroffen. In Häusern ohne Wasser und Kanalisation drängten sich in einzelnen Zimmern ganze Familien zusammen. *Tumbledown houses* nannte man diese Buden, weil ein Ziegelstein nach dem anderen herunterfiel, die Fenster aus ihren Halterungen auf die Straße stürzten, die Dächer lose im Wind flatterten, sodass es hineinregnete. In Bethnal Green hausten Diebe neben Betrunkenen. Dorthin kamen die Verwirrten und Neuankömmlinge. Deutsche, Franzosen und Italiener drängten sich mit russischen und polnischen Juden, die vor den Pogromen geflohen waren. Hier sammelten sich indische Seeleute und Einwanderer aus den karibischen Kolonien, und gleich nebenan, in Whitechapel, lief ein Frauenmörder umher, *The Ripper* genannt, weil er seine Opfer, eins nach dem anderen, brutal aufschlitzte, ohne jemals von der Polizei ergriffen zu werden. Hier lebten Gemüseverkäufer, die ihre Wagen täglich mehrere Meilen durch Londons Innenstadt zogen, hier gab es Seidenweber ohne Seide zum Weben und Taschendiebe, die sich in Schale schmissen und ihre Tage in den feinen Kaufhäusern der Stadt verbrachten. In den Innenhöfen schrien Esel, und zwischen den Fenstern hing gesalzener Fisch zum Trocknen. Hunger herrschte, Hunger zog in Gestalt von Scharen blasser Straßenkinder umher, Hunger sog den Geruch ofengebackener Schafsköpfe und gekochter Rinderfüße ein, Köstlichkeiten, die am Samstagabend nach einer Woche mit nichts als Bier und Brot ein Festmahl darstellten. Der Slum in Bethnal Green war so berüchtigt, dass Londons Reiche mit Droschken Vergnügungsfahrten dorthin unternahmen, um sich das Elend anzusehen. Dreck, Diebe und jugendliche Prostituierte, Barfußkinder, die Streichhölzer aus einem Bauchladen verkauften oder geflickte Kleider aus einem Rückenkorb, wurden die Nachbarn der Familie Blitz in der Bethnal Green Road 261. So kam es, dass sie im Ungeziefer und der Beengtheit Englands versanken, statt sich im glänzenden Amerika des fetten Erfolgs zu befinden, und das alles wegen Georg Blitz' Schwäche, seiner unendlich grandiosen Schwäche. Dass in einem Menschen so viel Schwäche Platz haben konnte, zeugte von einem verkehrten Wunder.

Es gab keine Wegscheiden, keine alternativen Lösungen und keine Wunder zu erwarten, mochte Emilia noch so beharrlich zu Gott beten. Sie und Georg nahmen die einzige Arbeit an, die sich ihnen bot: Sie verkauften, die Einjährige auf Emilias Hüfte, auf der Straße Zeitungen. *Extra, extra, read all about it!* Sie brauchten dafür kaum englische Sprachkenntnisse, sie bekamen aber auch kaum Lohn. Sie hungerten. Das Einzige, was in der Familie Blitz an Volumen, Gewicht und Masse zunahm, war die Enttäuschung, Emilias Enttäuschung.

Männer, denkt Rita, und schüttelt den Kopf.

Gut sechzig Jahre nach dem Aufbruch ihrer Eltern aus Frankfurt am Main steht sie über die Steinplatten in ihrem Garten gebeugt und jätet Unkraut. Die Erde setzt sich unter den Nägeln fest, ihre Finger werden schwarz vor Staub – warum auch nicht? Sind sie nicht ein und dasselbe, die Erde und sie?

Sind nicht der braune Humus, die Käfer und die zartgrünen Stängel, die jedes Frühjahr aus dem Dunkel hervordringen, ihr eigentlicher Schatz, ihr schönster Raum, der Ort, an dem sie sich wirklich zu Hause fühlt? *Erde zu Erde, Asche zu Asche, Staub zu Staub.*

Nicht, dass Rita etwas gegen Männer hätte, sie möchte sie nur nicht in ihrer Nähe haben.

Ritas drei ältere Brüder wurden alle in der stinkenden, baumlosen Gegend von Bethnal Green geboren. Erst nach acht Jahren im Slum gelang es der Familie, dank Emilias Beharrlichkeit, daraus zu entfliehen. Irgendwie hatte sie Geld für eine Nähmaschine auf Abzahlung zusammenbekommen und von einer der vielen Textilfabriken West Hams die Zusage für eine Beschäftigung erhalten, in ihrem Auftrag in Heimarbeit zu nähen. In der Leytonstone Road 88 in Stratford hatte sie eine Wohnung gefunden. Endlich konnte sie es sich leisten, ihre Tochter Elsa aus Deutschland zu holen.

Laut offizieller Volkszählung von 1901 bestand die Familie Blitz damals aus der Schneiderin Emilia (Familienoberhaupt) und ihren Kindern Ottilia, 16 Jahre (Gehilfin in einem Stoffgeschäft), Elsa, 15 Jahre, Emil, 13 Jahre, Frederick, 11 Jahre, Ernest, 8 Jahre, Mabel, 5 Jahre, und Rita, 2 Jahre alt. Ein Ehemann ist nicht aufgeführt. Georg Blitz, der die Habe der Familie verloren hatte, war nun selbst verloren gegangen. Aufenthaltsort unbekannt. Emilia kam auf sich allein gestellt besser zurecht.

Rita kann sich nicht erinnern, jemals das Wort Vater benutzt zu haben. Der Name Georg Blitz war eine dunkle Wolke, von der ihre Mutter nichts wissen wollte, folglich wurde er nie erwähnt, als wäre er durch gemeinsam vereinbartes Schweigen

46

zu vertreiben. Georg Blitz war ausgeschlossen worden, ließ sie aber nicht in Ruhe.

An meinen Vater habe ich eine einzige Erinnerung. Er suchte uns öfter auf, dort, wo wir wohnten, stand er auf der anderen Seite der Tür und hämmerte und trat dagegen, schrie, dass er hereinkommen wolle. Mutter hatte jedoch von innen abgeschlossen und die Lampen gelöscht. Wir taten, als wären wir nicht da. Sch!, sagten wir. Sch! It's him. Jeden Muskel angespannt, saßen wir mucksmäuschenstill da und schwiegen, geduckte Tiere unter der Erde, eine Mutter und ihre vielen Kinder, die alle voll Inbrunst zu Gott beteten, der Mann da draußen möge verschwinden.

Sonntags ging Familie Blitz in die deutsche Kirche St. Georg in Whitechapel. Dort erhielten sie das Wort Gottes in deutscher Sprache sowie Seife und Desinfektionsmittel. Die Gemeinde bildete eine Insel der Reinheit in der nach Abwasser stinkenden Englischkeit. Rita bekam auf den harten Holzbänken der Kirche Rückenschmerzen. Das sei gut, sagte ihre Mutter, denn dann wisse sie, dass der Herr zugegen sei. Ohne Schmerzen kein Gott, dachte Rita während der langen Predigten.

Im Lauf der Jahre hatte sich in der Familie Blitz ein Kern herausgebildet. Ottilia hatte geheiratet und eine Familie gegründet, die Brüder Ernest und Frederick arbeiteten mindestens zehn Stunden am Tag in einer Versicherungsgesellschaft, Elsa verdiente ihren Lebensunterhalt als Zimmermädchen im Hotel Savoy. So blieben Rita, Mabel und ihre Mutter übrig, in einem engen Dreieck, aus dem sich keine von ihnen jemals loseisen konnte, was aber auch gar keine wollte. Sie hatten einander. Nur manchmal verlor die sich stramm aufrechthaltende Emilia die Fassung. Rita erinnert sich an Abende, an denen die Mutter in ihrer Schneiderarbeit innehielt, um stattdessen lange Zeit Löcher in die Luft zu starren. Oft bevor die Miete zu zahlen war. Wenn die Mädchen ihre Mutter so dasitzen sahen, wussten sie, dass der Abend lang werden würde. Manchmal waren sie schon, bevor sie etwas zu ihnen sagte, in ihre Stiefel geschlüpft. Emilia musste raus. Sie musste laufen, damit die Unruhe in ihr Platz fand, sie musste laufen, damit an die Stelle der Unruhe Müdigkeit trat. Und so lief sie mit Mabel an der einen und Rita an der anderen Hand. Sie liefen die Romford Road entlang, vorbei an abends geöffneten Geschäften, an Werkstätten, die niemals schlossen, und an den Pubs mit ihren beschlagenen Fenstern. Sie liefen die Station Road entlang, die Sebert Road, Forest Lane und Water Lane, während sich in der Stadt der Tag voll Plackerei und Stress in einen Armenabend voll Bratgeruch und Bierpisse verwandelte. Unruhe trieb sie an. Die Mädchen sagten nichts, denn es gab nichts zu sagen. Das war das Leben: eine Asphaltwanderung. Und das waren die wirklichen Bestandteile der Wirklichkeit: Emilia, Mabel und Rita und die Unruhe und die Arbeit und die Reinlichkeit und der Hunger. Dem war nichts hinzuzufügen. Die Kinder hielten ihre Mutter schweigend an der Hand und liefen die Vicarage Lane entlang und dann den Portway, bogen in die St Antony's Road ab und dann in die Disraeli Road und kehrten schließlich spätabends in das Zimmer in der Romford Road 145 zurück. Die Mädchen legten sich auf dem Ausziehsofa schlafen, und Emilia schlief erschöpft auf ihrem Ausziehsessel ein.

In schwierigen Zeiten wurde Rita bei ihrer großen Schwester Ottilia untergebracht. Die hatte einen Bäcker geheiratet, Sohn von Einwanderern, die ihren deutschen Nachnamen Sandstein in Sandrock übersetzt hatten. Bei ihnen roch es nach Fußbodenseife und Weizenmehl. Rita bekam zu essen, und im Gegenzug erledigte sie nach der Schule Gänge und packte mit an. Die Konditorei *W Sandrock & Son* in der Bishopsgate 280 glich dem schönsten Palast, fand Rita, mit einem großen blanken Schaufenster, wo im Überfluss runde und längliche, helle und dunkle Brote gestapelt lagen und auf dekorativen Platten Kuchen und Gebäck drapiert waren. Quer über dem Fenster stand in weißen Buchstaben *Tea 2p, Coffee 2p, Chocolate 3p*. Arme bemühten sich nicht dorthin. In der Kirche hatte Rita wortreiche Beschreibungen des Gartens Eden gehört, wo die Frucht süß, das Wasser frisch und die Luft lau war, *heute wirst du mit mir im Paradies sein*. Deshalb wusste sie, wie das Paradies aussah, aber sie wusste noch mehr, sie wusste, wie das Paradies roch. Es konnte nur einen Geruch geben, der für den schönsten aller Orte, das Allerhimmlischste gut genug war: den Geruch von frisch gebackenem Brot.

Rita vermisst ihre Mutter, aber sie sehnt sich nach keinem einzigen Tag ihrer Kindheit zurück, nach keiner einzigen gelebten Stunde.

Sie geht ums Haus herum und zum Kücheneingang hinein. Zeit, ordentlich was zu schaffen, sagt sie zu sich selbst in einem Ton, der von Kirchenbänken, Sündenbekenntnis und Pflicht widerhallt. Sie wühlt im Küchenschrank, bis sie eine Überfalle findet, die sie zusammen mit einem Vorhängeschloss aufgehoben hat. Mithilfe eines Handbohrers und einigen soliden Schrauben bekommt sie das Ganze angebracht. Endlich ist die Speisekammer vor Yvonnes nächtlichen Attacken sicher. Den Schlüssel für das Vorhängeschloss versteckt sie in einer leeren Zuckerdose. Auf dem Tisch liegt *The News Chronicle* dieses

Tages; der Artikel über die vier Männer, die die BBC in ein Hörfunkstudio gesetzt hat, damit sie sich über die perfekte Ehefrau unterhielten, macht sie noch immer wütend. »Frauen kochen gern. Nach den ersten zehn Jahren sind sie es gewohnt, und es verleiht ihnen strahlende Zufriedenheit.« »Heiratet man eine Frau aus Yorkshire, bekommt man vom ersten Tag an gut zu essen, und das bleibt so bis zu dem Tag, da sie stirbt.« Rita legt das schmutzige Werkzeug auf die Zeitung und zerreißt absichtlich einen Teil der ersten Seite, obwohl Vidal sie abends noch mal wird lesen wollen. Sie erträgt es einfach nicht. Noch immer geladen, steigt sie mit dem Werkzeug in der Hand ins Badezimmer hinauf, krempelt die Ärmel hoch und reinigt die mit Haaren und Seifenresten verstopften Abflüsse. Übel riechendes Schmutzwasser spritzt ihr weit die Arme hoch. Die strahlende Zufriedenheit verheirateter Frauen, in der Tat.

Christina Göbel hatte Emilia Katherine Elisabeth Bohrmann geboren, die wiederum Rita Gertrude Blitz geboren hat – Generationen armer und puritanischer Leute, mit strengen christlichen Wurzeln, die tief in hessischer Erde verflochten waren. Entnähme man der Bevölkerung im Mittelpunkt Deutschlands einen Bohrkern, wären Ritas Ahnmütter darin enthalten: hart arbeitende Gebärerinnen, Schneiderinnen, Dienstmädchen, arme Bauersfrauen und die eine oder andere Verkäuferin. Nachdem jetzt ein Zweig der Familie Blitz in Großbritannien Fuß gefasst hat, muss das Alte so bleiben und das Neue muss übernehmen, und alles muss in ein und derselben Familie, ja sogar in einem einzigen Individuum Platz haben. Wie aber sich neu erfinden? Was wird verloren gehen, was erobert werden? Was riecht mehr nach Zuhause, das alte Mietzimmer oder das neue? Welcher Schmutz ist weniger unerträglich, der in Frankfurt am Main oder der in London, der Schmutz der Geschichte oder der Schmutz der Zukunft? Das Leben der Immigrantin und ihrer Kinder spielt sich unter ständiger Kollisionsgefahr im Übergang von der einen Wirklichkeit zur anderen ab.

Irgendwann wurde sich die Familie Blitz bewusst, dass ihr Name gegen sie sprach. Nachdem Deutschland im Deutsch-Französischen Krieg von 1870/71 Frankreich besiegt hatte, wuchs die Angst, Großbritannien könnte das nächste Opfer Deutschlands sein. Durch Kampagnen in den großen Zeitungen *The Times, The Daily Mail, The Spectator* und *The National Review* war im Lauf der Zeit eine antideutsche Bewegung entstanden. Die neuen Massenmedien erreichten Millionen von Menschen, und die Aggressionen der Briten nahmen mit jeder verkauften Ausgabe zu. Deutsche Waren bekamen als indirekten Aufruf zum Boykott das Etikett *Made in Germany* aufgeklebt. Ein Monster war von der Leine gelassen worden, dessen Hass sich gegen Deutsche richtete. Wie ein Journalist schrieb: »Die Deutschen waren Bordellbesitzer, simple Hotelportiers, Barbiere und Pöbler, sie waren Deserteure und Arbeiter in den Badehäusern, sie waren Straßenmusikanten und Verbrecher, Bäcker, Sozialisten und Kontoristen zweiter Klasse.« Alles offensichtlich gleich schlimm.

Die deutschen Einwanderer wurden beschuldigt, den Kampf der Gewerkschaften um bessere Bedingungen für Büroangestellte und Kellner zu unterlaufen, weil sie angeblich mehr Stunden für niedrigeren Lohn arbeiteten. Meinungsumfragen ergaben, dass die Leute ganz allgemein die Deutschen verdächtigten, für Prostitution und Raubüberfälle in London verantwortlich zu sein. Beim Ausbruch des Ersten Weltkriegs ging die Abneigung in Gewalt über. Deutsch geführte Unternehmen wurden beschlagnahmt, Deutsche durften sich im Land nicht mehr niederlassen, wo sie wollten, und man sperrte Tausende Männer im waffenfähigen Alter in britische Lager. Im Mai 1915 berichtete *The Guardian* über Attacken in East End, wo Deutsche gejagt und misshandelt wurden. Schreckerfüllte Menschen versteckten sich in ihren Wohnungen unterm Bett, doch der Mob brach bei ihnen ein und warf sie mitsamt ihren Betten auf die Straße. Ein deutsches Klavier wurde auf den Gehsteig gestellt, und die Leute spielten darauf britische patriotische Lieder. *Clear out the Germans, say the people.* Die Royal Albert Hall wollte Musik deutscher Komponisten verbieten. Straßen mit deutsch klingenden Namen wurden umbenannt. Die einflussreiche Familie Battenberg anglisierte ihren Namen zu Mountbatten, und das britische Königshaus änderte seinen ursprünglich deutschen Familiennamen Saxe-Coburg and Gotha kurzerhand in den englisch klingenden Namen Windsor. Als im Mai 1915 deutsche Zeppeline in den britischen Luftraum eindrangen und über britischen Dörfern und sogar London ihre Bombenlast abwarfen, war der Name Blitz mit einem Mal lebensgefährlich.

Rita erinnert sich, wie sie in einem der Zimmer zu Hause in der Romford Road zusammengekommen sind, um über die Sache zu sprechen, ihre Mutter und die Geschwister Elsa, Fred, Ernest, Mabel und sie. Sie mussten sich flüsternd unterhalten, um den Elektriker, den Untermieter in Emilias zweitem Zimmer, nicht zu stören, er arbeitete bei *Stratford Works* in Schicht und legte sich schon um sieben Uhr abends schlafen. Die Geschwister Blitz machten sich Sorgen wegen des Akzents ihrer Mutter. Nach über einem Vierteljahrhundert in England war er immer noch unverkennbar deutsch. Sie baten Emilia, möglichst still zu sein, wenn sie sich unter Leuten bewegte. Elsa erklärte, sie werde sich von nun an Elsie nennen. Blieb der Familienname. Sie mussten einen anderen finden. Fred weigerte sich. Niemand dürfe ihm seinen Namen nehmen, dann schon lieber sein Leben, flüsterte er mit Nachdruck. Emilia pflichtete ihm bei. Sie habe es in ihrem Leben nicht so weit gebracht, damit sie unchristlichem Hass nachgebe. Sie sei eine Blitz und wolle eine Blitz bleiben. *Widerstandsfähigkeit*, sagte sie. Ich weigere mich, mich zunichtemachen zu lassen. Rita, Mabel, Elsie und Ernest probierten jedoch bereits vorsichtig andere Namen aus, sagten sie versuchsweise laut zueinander. Sie nahmen Anleihen bei alten Bekannten und Arbeitskollegen, blätterten in einer Tageszeitung, um sich inspirieren zu lassen. Fred war sauer und ging. Später sollte Emilia sagen, dass Gott ihnen den Namen eingegeben habe, doch Rita erinnert sich, dass Ernie es war, der, gewitzt wie immer, auf die Lösung kam. Bliss, sagte er plötzlich, und die Geschwister atmeten in einem gemeinsamen Seufzer der Erleichterung aus. Elsie Bliss. Ernest Bliss. Mabel Bliss. Rita Bliss. *Beautifully English*. Ihre Initialen blieben alle erhalten. Wie gesagt, Fred weigerte sich, und Emilia sagte, sie sei zu alt, doch der Rest der Familie ging vom deutschen Blitz zu britischer Seligkeit über.

Als der erste Krieg nach vier Jahren, drei Monaten und sechs Wochen endlich in Frieden übergegangen war, hatte eine Million britischer junger Männer ihr Leben gelassen, und über zwei Millionen waren verwundet worden. Das Land trauerte. Rita war in den Kriegsjahren vom Kind zum jungen Mädchen herangewachsen, hatte mit fünfzehn die Schule beendet und in einem Privathaushalt als Dienstmädchen angefangen. Dann gelang es ihr, eine Lehrstelle in einem Büro zu bekommen und gleichzeitig einen Abendkurs in Buchhaltung zu belegen. Auch Mabel konnte, als sie die Stelle bei der Telefonvermittlung bekam, ihre Arbeit als Dienstbotin aufgeben. Das Leben hellte sich auf wie ein dunkler Film mit schmalen Hoffnungsstreifen, doch nur wenige Jahre später wartete neue Trauer. Emilia starb, zweiundsechzig Jahre alt.

Die Geschwister sortierten die wenigen Habseligkeiten und kratzten Geld für ein einfaches Begräbnis zusammen. Rita möchte sich gar nicht daran erinnern. Die Gedanken an den Tod der Mutter müssen zum Ungedachten verbannt werden, zu dem, was zu meiden ist. Emilia hatte kaum etwas besessen, es gab nichts zu verkaufen, nahezu nichts aufzuteilen, lediglich ein Mietvertrag war aufzulösen. Die gestrickten Schultertücher, die sie sich zur Linderung ihrer Schmerzen umgelegt hatte, dufteten immer noch nach ihrer Seife, als sie sie zusammenlegten, in eine Papiertüte steckten und zur Wohltätigkeit der deutschen Kirche brachten.

Genug jetzt, sagt Rita wieder zu sich selbst. Dass Emilia mit einem Mal nicht mehr da war, hatte die Welt ins Wanken gebracht. Rita und Mabel sind mit ihrem Ausziehsofa in ein Mietzimmer mit Kochgelegenheit in der Stadt gezogen und schliefen, wie sie es immer getan hatten, weiterhin beieinander, als gäbe es Emilia noch, als würde sie, den Blick auf die Nadel geheftet, die Stich für Stich aufblitzte, stets an ihrem Tisch sitzen.

Übrig geblieben und ohne Sinn und Zweck hatte Emilias große braune Holzschatulle noch dagestanden, abgegriffen, mit kleinen und größeren Fächern, mit einem Nadelkissen und mindestens hundert einzelnen Knöpfen, Stoffproben, Nähnadeln und Stopfnadeln, Fingerhut und Maßband. Die Dinge hatten Emilias Fingern, ihrem Blick und ihrer Beharrlichkeit als Verlängerung gedient. Obwohl die Schatulle zum Alleralltäglichsten im Leben der Mutter gehört hatte, nahm Rita sich ihrer mit einem Gefühl der Ehrfurcht an. Sie erschien ihr fassbarer als der Sarg mit Emilias Leiche, den sie beerdigt hatten. All die Stunden, die ihre Mutter damit auf dem Tisch neben sich zugebracht hatte, all die Tage angespannter Muskeln und müder Augen, die gehäufte Menge an Konzentration, die sie Jahr für Jahr täglich stundenlang aufgebracht hatte, und ihre Befriedigung über ein gelungenes Ergebnis – das war Emilias wirkliches Erbe.

Mabel und Rita hielten zusammen, wie sie es schon immer getan hatten. Das Fehlen der Mutter war wie ein strömender unterirdischer Fluss, dessen Rauschen im Lärm und Stimmengewirr des Alltags und in der ständigen Sorge, über die Runden zu kommen, kaum vernehmbar war. Doch sobald die Welt still wurde, und sei es auch nur für eine Minute, hörte Rita ihre Trauer um die Mutter brausen. Die Trauer hatte eine immer tiefere Furche in sie gegraben, war im Lauf der Jahre weiter abgesunken, weigerte sich aber zu verstummen. Gleichwohl hatte sich das Leben nach Emilias Tod gut gestaltet, vielleicht sogar besser als je zuvor.

Rita hatte in einer der vielen Filialen des Teehändlers *Kearley & Tonge* eine Arbeit in der Buchhaltung bekommen. Jeden Tag ging sie in einer weißen, frisch gebügelten und züchtig geknöpften Bluse und mit einer einfachen Brosche am Kragenbündchen dorthin. Ihr Teint leuchtete sanft, und ihre Hoffnung war so groß, dass sie so tat, als gäbe es diese nicht. Die Zahlen, die Ordnung und die Logik, die in der Buchhaltung herrschten, gefielen ihr, und auch wie das eine zum anderen führte und am Ende zum Genuss des Summierens als solchem. Kurz gesagt, sie genoss es, systematisch zu sein. Außerdem hatten sie und die anderen Mädchen in den Nachmittagspausen, wenn sie wie die Verrückten rauchten, Tee tranken und tratschten, viel Spaß.

Sie mochte es, früh aufzuwachen und zu hören, wie London langsam von leeren Straßen und Stille zum röchelnden Atem und Morgenhusten der Stadt überging: das permanente Vibrieren vorbeifahrender Droschken und Busse, das Geräusch von Motoren, von Beschleunigung und Abbremsung. Die Stadt selbst gefiel ihr dagegen nicht, ihre vom Kohlenstaub braunen Nebenstraßen und der Rauch aus den Schornsteinen, der abends, wenn sie sich schnäuzte, das weiße Taschentuch grau färbte.

In der Regel stand Rita als Erste auf. Sie setzte Wasser für die

Waschschüssel auf, wusch sich und zog eine saubere Bluse an. Rita besaß zwei weiße Blusen und zwei Röcke. Jeden Abend wusch sie die Bluse, die sie tagsüber getragen hatte, und bügelte die andere, die sie am nächsten Tag tragen würde. Sobald Mabel hochgekommen war und sie gemeinsam das Bett zum Sofa zusammengeklappt hatten, saßen die Schwestern eine Weile da, jede mit einer Tasse starkem Tee und einer Morgenzigarette. Dann war es Zeit, hinauszutreten in Londons Landschaft aus Menschen, Regenschauern und Schirmen, hinaus in den Dunst von Heizkohle, den Gestank von Abwasser und Schweineblut, das aus den Schlachtereien auf die Straße gespült wurde, hinaus zu den schattigen Parks, diesen Schatztruhen aus Grün und Amseltrillern, hinaus in die Stadt, wo ihr unverschämte Zeitungsverkäufer hinterherpfiffen und zahnlose Frauen mit Eimern voll Blumen standen, wo die Luft aus den Bäckereien manchmal vom Geruch butteriger, warmer, mit Nierenragout gefüllter Pies durchströmt war. Mit einem Rinnsal aus Frauen und Männern eins zu werden, die alle früh aufgestanden waren, ihre Morgenzigarette geraucht und ihren Morgentee getrunken hatten, bevor sie aus ihren dunklen Häusern traten, und dann in einer größeren, immer breiter dahinströmenden Menschenmenge unterwegs zur Arbeit aufzugehen, konnte berauschend sein. Rita hatte den Eindruck, dass manche die Stadt als Droge erlebten, als belebende Injektion, doch was sie betraf, so fühlte sie sich gejagt. Ständig geriet die Ordnung durcheinander, überall gab es Schmutz, in der dröhnenden, zugigen U-Bahn und in den zudringlichen Sprüchen der Männer, wenn sie sahen, dass sie keinen Ehering trug.

Schlug Rita mit ihrer Schwermut nach Emilia, so glich Mabel dem Vater. Sie war lebhaft, während Rita ruhig war. Ma-

58

bel hatte Freude an schönen Dingen, an einer einfachen Halskette, einer Vase mit frischen Blumen, einem Stoff in klaren
Farben über dem Sofa, das sie jeden Abend in ihr Bett verwandelten. Von all den Tagen, die mein Leben bilden, sind dies
die einzigen, die ich gern noch mal aufsuchen würde, denkt
Rita. Wie weit sie es gebracht haben, sie und Mabel, wie viel
sie doch geschafft haben! Als Kinder armer Leute aus der Emigration ihrer Eltern hervorgegangen, hatten sie im selben Bestreben weitergemacht, hatten jeden Penny gespart und den
Wunsch ihrer Mutter erfüllt, respektable Menschen zu werden.
Sie teilten auch das Nachkriegsschicksal. Mabel wie Rita galten
als Frauen, die Familienernährern die Arbeit wegnahmen. *Get
married, have children, settle down* war die Bestimmung der
Frauen, das wusste jeder Mensch. Stattdessen waren sie unver-
heiratet und berufstätig. Sie hatten jedoch kaum eine andere
Wahl. Es gab schlicht nicht genug Männer.

1921, als Rita zweiundzwanzig und Mabel sechsundzwanzig
Jahre alt waren, ergab eine Volkszählung, dass das Ungleich-
gewicht in Großbritannien schlimmer war als erwartet. Es
fehlten zwei Millionen Männer. Das Ergebnis rief Bestürzung
hervor und wurde lebhaft diskutiert. Was sollte das Land mit
all den Frauen anfangen? Karikaturen zeigten einsame Kerle
auf der Flucht vor heiratswütigen Frauenzimmern. *The Daily
Mail* schrieb von »Großbritanniens zwei Millionen überflüssi-
ger Frauen« und nannte sie »eine Katastrophe für die Menschheit«. *The Daily Express* präsentierte die Zahlen der Volkszählung schreierisch unter der Schlagzeile »Das Problem mit den
Überschussfrauen. Zwei Millionen, die nie Ehefrauen werden
können«. *The Daily Chronicle* stellte fest, dass »nichts einer
Überschussfrau gleicht«. *The Times* war der Ansicht, dass »ein

Überschuss von zwei Millionen Frauen ein unüberschaubares Problem darstellte«. Rita, Mabel und die anderen jungen unverheirateten Frauen wurden *The Husband Hunters* und *The Surplus Girls* genannt.

Die Diskussion hielt monatelang an: Sollten die überflüssigen Frauen in eine Armee von Arbeiterinnen verwandelt werden, sollten sie die gleichen Rechte erhalten wie Männer, sollten sie wie verurteilte Verbrecher in die britischen Kolonien zwangsumgesiedelt werden? Währenddessen hasteten die Schwestern Bliss an Zeitungsjungen vorbei, die schreiend den neuesten Vorschlag zu ihrer Zukunft verkündeten.

Die Zeit verging, doch der Männermangel blieb bestehen. Wollte ein Mann eine Arbeit haben, kamen Frauen erst in zweiter Linie dafür in Frage. Frauen zogen mit Frauen zusammen, sie gründeten gemeinsam Unternehmen und Betriebe, und niemand fragte, was sie in dem Bett, das sie teilten, taten oder ließen. Ritas Schwester Elsie, die mit ihrer Martha zusammenlebte, war plötzlich nur eine in der Menge all der Frauen, die ihr Leben mit einer anderen Frau teilten. Niemand sprach offen von sexueller Not, Einsamkeit oder geplatzten Träumen, dagegen von Deportation. Das Problem sollte dadurch gelöst werden, dass man die zwei Millionen nach Indien schickte. Sie sollten also deportiert werden, um dafür zu büßen, dass sie nicht verheiratet waren, denkt Rita lange Zeit später. Als wären die Frauen daran schuld gewesen, dass man den gleichaltrigen Männern die Augen mit Senfgas verbrannt oder den Bauch mit Bajonetten aufgeschlitzt hatte, sodass die Därme herausquollen!

Für Rita hat sich in jenem Herbst, in dem sie neunundzwanzig wurde, dagegen alles verändert. Das Leben wich vom

Kurs ab. Mabel hatte sie dazu überredet, in den Tanzpalast in Shepherd's Bush mitzukommen.

Der Abend im *Hammersmith Palais* war eine hingezogene Langeweile mit dem Geschmack von lauwarmem Shandy und trockenen Zigaretten. Das Lokal war riesig, eine ehemalige Werkhalle mit nackten Stahlträgern an der Decke, einem extra für die Tanzenden verlegten Schwingboden aus Holz und Platz für Hunderte von Menschen. Entlang der Wände waren kleine Cafétische platziert, und mehrere Bartheken boten Erfrischungen zum Verkauf. Wie eine Wolke umgab süßlicher Pudergeruch die Frauen, nachdem sie sich Talkum ins Kleid gestäubt hatten, um nicht so verschwitzt zu wirken. Die Männer kümmerten sich nicht darum, wenn sie stanken. Mabel tanzte leidenschaftlich gern, doch Rita langweilte sich. Dann aber geschah etwas: Mit großen Schritten kam *er* über den Tanzboden, direkt auf sie zu. Wer hätte das gedacht? Hätte sie sich das jemals auch nur ausmalen können? Nie zuvor war sie jemandem wie ihm begegnet, einem Fremden, der so vertraut wirkte. Und dann sein Name! Schwarz wie der Schatten in einer Bergschlucht und weiß wie die spanische Sonne über der kastilischen Hochebene. Gab es etwas so Schönes wie seinen Namen?

Vidal Coenca.

Darf ich ein paar Worte mit Ihnen tauschen?, hatte er sie er-staunlich vorsichtig gefragt. Er war so entschlossen auf sie zu-gekommen, doch erst mal bei ihr, schien er schüchtern gewor-den zu sein. Seine Stimme gefiel ihr. Er ließ sie nicht aus den Augen. Sie tanzten beide nicht gern, aber sie waren nun mal hier, in einem Tanzpalast. Seine Haut hatte einen Olivton. Er erzählte, dass sein Name mit *d* geschrieben werde, die Briten ihm aber immer ein *t* verpassten. Und Rita antwortete, dass sie mit *t* geschrieben werde, die Briten ihr aber immer ein *d* ver-passten. Da lachten sie zum ersten Mal zusammen. Rita konnte es nicht lassen, ihn anzusehen, um zu sehen, ob er sie ansah. Er sah sie an. Sie erinnere ihn an einen Pfirsich, sagte er, einen weißen *siftili*. Ihr in die Augen zu schauen, sagte er, sei wie unter einem Orangenbaum zu stehen und zwischen den Ästen den Himmel zu sehen.

So etwas hatte noch nie jemand zu ihr gesagt. Rita nahm seinen Geruch wahr, obwohl sie einander gar nicht berühr-ten, nicht mal die Hand hatten sie sich gegeben, eine weiche, mit Seife vermischte Rauchigkeit. Der Geruch entströmte ihm gewissermaßen als Wärmewelle bei jedem Herzschlag, und in den wollte sie hinein. Nie zuvor war ihr der Gedanke gekom-men, dass ein Mann gut riechen könnte.

Und dann die Sache mit ihren Namen. Die Welt nannte sie Vital und Rida, wo sie in Wirklichkeit doch Vidal und Rita hießen. Ihre falschen Buchstaben vereinten sie. Rita erinnert sich, wie ihr gemeinsames Lachen zu einer Brücke wurde, einem Tor, einem Eingang, einem Anfang.

Könnten Sie sich vorstellen, sich wieder mit mir zu treffen?, hatte er gefragt, und sie hatte, ohne nachzudenken, mit Ja geantwortet. Rita und Vidal. Was falsch geschrieben war, sollte richtig werden, was in Unordnung war, in Ordnung kommen, und was kaputt war, ganz werden.

Sie wurden insgeheim ein Paar. In dem Zimmer, das Rita gemeinsam mit ihrer Schwester mietete, zog er sie aus, eifrig und voll Verlangen nach ihrer Weichheit. Noch nie hatte jemand sie schön genannt, noch kein einziges Mal in ihren neunundzwanzig Lebensjahren, jetzt aber sah sie, dass es wahr war, sah den Himmel in ihrer Augenfarbe, sah, wie ihre Wimpern sich in den Schatten der Orangenbäume verwandelten und sie selbst die belebende Frucht wurde, und alles war ungewohnt, fremd und seltsam, sie sah sich selbst entstehen, sich verwandeln und neue Gestalt annehmen. Rita Gertrude Bliss, Büroarbeiterin, sie, die mit einer Stoffpuppe auf dem Fußboden der Armut geweint hatte, während ihre Mutter Kleider nähte und bügelte, dass das Bügeleisen den Raum von frühmorgens bis spätabends mit warmem Dampf erfüllte – niemand war je zuvor auf die Idee gekommen, sie als Reichtum zu betrachten. Jetzt wurde sie aus dem Londoner Regen, aus dem Staub und Lärm verpflanzt, erhielt eine kleine Verschnaufpause in der ständigen Rechnerei, was sie und ihre Schwester sich würden leisten können. Durch Vidal (dieses graugrüne Licht in seinen Augen und seine Haut, dunkel wie sonnengetrockneter Tabak) sah sie sich selbst zu dem weißen Turm im Hafen werden, zu dem weißen Messer Sonne, das während der Siesta durch geschlossene

Fensterläden schnitt. Niemand wusste von ihren Treffen, und es sollte auch niemand davon erfahren.

Rita wird immer noch rot, wenn sie daran denkt, wie Mabel einmal von einer Probe im Theaterverein früher als erwartet zurückkehrte und nicht hereinkam, weil sie von innen abgeschlossen hatten, wie sie immer wütender klopfte, während Rita und Vidal mit Hüfthalter und Mieder fummelten – er mit seinem Verlangen nach Haut, sie mit ihrem Verlangen nach Verwandlung, danach, eine andere zu werden, als sie bislang war – und wie sie schließlich heißwangig und mit zerzausten Haaren öffneten und vorgaben, Radio gehört und getanzt und lange nicht das Geringste mitbekommen zu haben. Na ja. Lange her. Manchmal fragt sich Rita, ob es nicht besser gewesen wäre, sie wären einander nie begegnet.

Wäre an jenem Herbsttag vor einundzwanzig Jahren alles wie immer gewesen, wäre es nicht passiert, dann wären sie einander tatsächlich nie begegnet. Vidal wäre nicht ins *Hammersmith Palais* gegangen, er hätte nicht, von Unruhe getrieben, mit großen Schritten sein Zuhause verlassen – wenn alles so geblieben wäre, wie es war. Was sich in seiner Familie damals gerade abspielte, hatte ihn durcheinandergebracht, seine Zielstrebigkeit war lahmgelegt, und an ihrer Stelle hatte sich eine Leere aufgetan, denkt Rita. Hätte ihn denn jemand im Normalfall als einen Mann beschrieben, der Tanzpaläste besucht? Würde jemand Vidal durcheinander oder unkonzentriert nennen? Es war aber nichts wie immer in jenen letzten Monaten des Jahres 1928, als sein Vater im Sterben lag.

Das Wachen am Sterbebett des Vaters nahm das Haus der Familie Coenca vollständig ein, die Mutter wachte, Vidals Geschwister wachten, das Warten verfinsterte die Räume und

65

Vidal – wo sollte er Luft bekommen, wo eine Atempause? Er musste raus. Vielleicht war das der Grund, weshalb sie einander überhaupt begegnet sind? So muss es gewesen sein, denkt Rita. Dies war die Ursache, dass er seine gewohnten Bahnen verließ, in anderen Straßen als sonst unterwegs war oder zu anderen Tageszeiten: um die inneren Stürme loszuwerden, diesen großen, sandfarbenen und absolut leeren Raum, der sich in seinem Innern ausbreitete, eine wachsende Wüste, die nur aus Wind bestand. So kam es, dass er in einen Tanzpalast marschierte, er, der nicht gern tanzte.

Es gibt Tage, an denen ein Mensch einen Weg einschlägt, obwohl er genauso gut einen anderen hätte einschlagen können, an denen er sich voller Mutlosigkeit und Nichtigkeit zu einem Haus treiben lässt, wo ein Orchester beschwingte Musik spielt. Sind es womöglich gerade solche Tage, aus denen das Leben gewebt wird? Unser kurzes Leben ist von Schlaf umfangen. In Vidal wehte es. Er rauchte eine Zigarette nach der anderen. Landete in einem Tanzpalast. Dort stand Rita. Sie hätte verheiratet sein müssen, Mutter und zu Hause im Schoß der Familie, doch sie war ein *surplus girl*, eine von zwei Millionen unverheirateter Frauen. Da kann es passieren, dass zwei, die sich sonst nie begegnet wären, an einem Novemberabend einander gewahr werden. Er, ein neununddreißigjähriger Mann mit sterbendem Vater, und sie, eine neunundzwanzigjährige Kontoristin mit Mutlosigkeit als Gewichten an den Füßen. Was erkannten sie aneinander? Wie gesagt, das Leben wich vom Kurs ab. Sie lachten über diesen wundersamen Zufall: Unter all den Menschen in London, unter all den Schreibfehlern und all den Buchstaben konnten ausgerechnet sie beide miteinander tauschen.

Er erzählte von seinen Reisen und von dem, was er in der Welt gesehen hatte, vom Meer und vom Schatten und von den sonnengereiften Tomaten in der Stadt seiner Kindheit. Sie erzählte von ihrer Arbeit und den derben Spaßen, die die Mädchen im Büro während der Rauchpausen miteinander trieben.

Rita erinnert sich, wie sie und Vidal zusammen in der Nähe ihres Büros in einer Teestube saßen (unterm Tisch hielten sie Händchen) und er von einem Mann erzählte, der in Italien in einen Zug gestiegen war, einem Mann, schlicht gekleidet, aber unversehrt, sauber und gefasst, der fließend Italienisch sprach.

»Wie sah er aus?«, fragte Rita.

»Er hatte einen runden Kopf, machte einen kompakten Eindruck und war vielleicht etwas über eins sechzig groß«, antwortete Vidal. »Vielleicht«, fuhr er fort, »hatte der Mann etwas an sich, was trotz seiner unauffälligen Erscheinung die Aufmerksamkeit der Umgebung erregte.«

»Seine Augenfarbe«, schlug Rita vor. »Sein intensiv grau und grün changierender Blick, der sich von seinem dunklen Teint abhob.«

Vidal betrachtete sie einen Moment. Sie errötete. Dann fuhr er fort:

»Der Mann in dem italienischen Zug hörte, wie um ihn herum getuschelt wurde, er merkte, wie der Schaffner, der seine Fahrkarte kontrollierte, ihn mit einer gewissen Verwunderung ansah, die sich in Respekt verwandelte, und dann zu einem Kollegen ging, um sich mit ihm zu beraten. ›Ist das er?‹ fragten sie einander.«

Rita erinnert sich an den Schalk in Vidals Augen, während er erzählte, und wie dieser ihr in die Augen lachte und sie sich wünschte, sie müssten niemals ihre Hände loslassen oder die Teestube oder diese Geschichte verlassen, niemals.

»Vielleicht verbreitete sich ein Gerücht«, fuhr Vidal fort. »›Ist das *er*?‹, fragten sich auch der Lokführer und die Mitreisenden, und ohne dass sie es merkten, wurde aus der Frage die ekstatische Schlussfolgerung: Das ist *er*!« Rita lauschte gebannt.

»Das sah schließlich jeder. ›Wer kann einen solchen Blick vergessen, dessen durchdringende Willenskraft?‹ sagten die Menschen in dem italienischen Zug zueinander. Der Mann wurde aufs Beste bedient«, erzählte Vidal.

»Wann ist das denn passiert?«, fragte Rita dazwischen.

»Ach, ganz oft. Der Mann bekam das beste Coupé im Zug, mit Mahagoni, Samt und einer Kiste Zigarren. Ohne dass er ihn bestellt hätte, wurde ihm Espresso serviert. Alle Stunde kam der ranghöchste Schaffner und öffnete die lautlos gleitende Schiebetür, um höflich zu fragen, ob alles in Ordnung sei, der Lokführer nahm die Kurven mit so gleichmäßiger Geschwindigkeit wie nur möglich, um Schräglagen zu vermeiden.«

»Und der Mann, was hat der gemacht?«

»Er hat in Ruhe seine Zeitungen gelesen und seinen Kaffee getrunken, während er ahnte, wie das Gerücht sich verbreitete: *Er* fahre unter falschem Namen und ohne Gefolge, und es sei im Interesse der Nation mitzuspielen, weil in seinem Italien die Züge rechtzeitig ankommen sollten.«

»In seinem Italien?«, wiederholte Rita.

»Ja«, antwortete Vidal. »Niemand an Bord des Zuges zweifelte nämlich daran, dass der Mann, der den Zug mit seiner Anwesenheit beehrte, *il Duce* war, Benito Mussolini höchstpersönlich, und inkognito reiste.«

»Aber ...«

»In Wirklichkeit war der Mann ein Wurzelholzeinkäufer, ein Pfeifenhersteller, ein staatenloser spanischer Jude aus dem Osmanischen Reich. In Wirklichkeit war das ich.«

Jetzt lachten sie beide, sie lachten lange. Sie konnten gar nicht aufhören zu lachen.

Es dauerte nicht lange, bis ihre Brüste empfindlich wurden und ihre Blutungen aufhörten. Sie wollte heiraten. Sie wollte Kinder haben. Sie wollte ein eigenes Heim haben. Sei das nicht der Sinn des Ganzen?, fragte Rita, und Mabel stimmte zu. Die Schwestern drehten und wendeten die Zukunft, die sich für Rita auftat. Sie lächelten sich zu. Die Unberechenbarkeit des Daseins, sagten sie, es können tatsächlich Wunder geschehen, sogar für Leute wie sie, die Armen und Kleinen. Sie waren zusammen aufgewachsen, hatten zusammen gehungert, zusammen getrauert und zusammen gearbeitet. Als die Zeit sich nun geteilt hatte und ein neuer, völlig unerwarteter Weg vor ihnen lag, teilten sie auch die Hoffnungen. Deshalb redeten sie mit einem Mal über Hochzeitskleider und Arrangements, wählten zwischen Kirchen (die deutsche Kirche oder eine der üblichen, britischen?), überlegten, welche Kinder Blumen streuen könnten und ob sie ihren Bruder Ernie bitten sollten, beim Hochzeitsessen aufzuspielen.

Rita hatte Angst. Die Schwere in ihrem Körper würde ein Kind werden. Sie und dieser Mann hatten Atemzüge getauscht, sie hatten Buchstaben gegen Buchstaben getauscht und sich auf diese Weise vereint und ihre richtigen Namen wiedergefunden, wie es ursprünglich gedacht war, aber hieß das denn, dass er jetzt erfreut sein würde?

69

Seine Bestürzung. Ihre Bestürzung. Der Abgrund, der sich dort in der Teestube zwischen ihnen auftat. Sie konnte seinen Gesichtsausdruck nicht deuten. Rita überbrachte ihm ihre Neuigkeit, ihr Geschenk, ihre Zukunft und bekam nichts zurück. Vidal starrte aus dem beschlagenen Fenster. Rita starrte auf ihre Hände, die verlassen auf ihrem Schoß lagen, sie hatte die Finger verschränkt, als würde sie beten, als müsse sie beten, als müsse sie erhört werden. Auf sein Schweigen war sie nicht gefasst gewesen.

»Ich werde dich nicht verlassen«, bekam Vidal heraus.

Das war alles. Das Schweigen ließ sich nicht vertreiben. Es machte sich im Lokal breit, sprengte die Nähe, sodass außer Scherben nichts mehr davon übrig blieb. Aus ihrem gemeinsamen Lachen war ein Glasbrecher geworden. Dann stand er plötzlich auf, nahm seinen Hut und ging. Sie saß da und hörte die Tür hinter ihm zuschlagen. Das war's, dachte Rita damals. Nichts wird so, wie man denkt, dachte sie. *Männer.*

Rita erinnert sich, wie sie dort saß und die Wände um sich herum spürte, die sie immer enger umschlossen, als wäre sie in einen Brunnen versenkt, lebendig begraben, und dass sie dann schnell hinausgelaufen und nie wieder in die Teestube zurückgekehrt ist.

Rita war auf sich allein gestellt. Dies konnte Mabel nicht teilen. Mabel war loyal, doch es war nicht ihre Schande, die in ihrem Bauch wuchs. Es war Rita, die ein uneheliches Kind zur Welt bringen würde. Rita, die jetzt eine von *denen da* war, eine der Frauen, vor denen man sie immer gewarnt hatte. Kaum ein Hauswirt würde ihr ein Zimmer vermieten, kein Arbeitgeber würde sie einstellen wollen. Und was bleibt dann noch?, hatte sie ihre Schwester gefragt, die nicht darauf antwortete. *The workhouse* war ein so entsetzlicher Begriff, dass die Schwestern ihn gar nicht laut aussprechen wollten. Das Armenhaus bedeutete den letzten Schritt vor dem Untergang, es war schlimmer als die schlimmste Erniedrigung, schlimmer als sterben. Dort landeten diejenigen, die alles verloren hatten, die Obdachlosen und Kranken, dorthin gingen Prostituierte, verlassene Bräute und vergewaltigte Frauen, um ihre Schwangerschaft auszutragen und ihr Kind auf die Welt zu bringen, dort ließ sich ihr Geheimnis zwischen den Geheimnissen anderer verbergen, und ihre Schande konnte in der Schande anderer aufgehen. Dort würde ihr Kind vielleicht adoptiert werden oder mit anderen Bastarden aufwachsen, Kindern ohne Erbrecht oder anerkannte Existenz. Und ihr eigenes Leben würde dort enden, das wusste sie, das wusste Mabel, und sie weinten auf dem Ausziehbett, das sie in ihrem billigen Mietzimmer mit Kochgelegenheit in der Highbury Hill 26 miteinander teilten, weinten so sehr, dass die Nacht lang wie ein Jahrzehnt wurde, bis sie derart erschöpft waren, dass sie endlich eine Stunde Schlaf fanden, bevor es Zeit war aufzustehen.

Oh, I do like to be beside the seaside. I do like to be beside the sea. I do like to stroll along the prom prom prom where the brass bands play tiddely-om pom pom.

Rita schwirrt eine lächerliche Melodie im Kopf herum. So macht man das doch, denkt sie bei sich, während sie im Küchenschrank nach einer neuen Schachtel Zigaretten sucht. Man macht weiter. Man schleppt seine Trauer wie Fußschellen hinter sich her, wie Flüche, aber man geht weiter. Welche Möglichkeiten hätte es denn noch gegeben, was hatte sie für eine Wahl? Eine unverheiratete Neunundzwanzigjährige mit empfindlichen Brüsten und dickem Bauch, was sollte sie mit ihrem Körper anfangen, mit sich selbst, mit ihrer Schande? *And there's lots of girls beside, I should like to be beside, beside the seaside, beside the sea.*

Eine überflüssige Frau ist sie gewesen, eine der zwei Millionen unverheirateten. Es war doch nicht meine Schuld, denkt Rita. Ich wollte nicht die jungen Männer im Krieg umkommen sehen, ich wollte nicht die zitternden Hände und erloschenen Blicke der Kriegsheimkehrer sehen, ich wollte nicht für ihr sonderbares Gebrabbel, ihr einbeiniges Geschlurf an Krücken bestraft werden. Ich hätte einen Einbeinigen heiraten können, ich habe keine Vorurteile, denkt Rita. Ich bin nicht kleinlich.

Stattdessen geriet sie an einen zehn Jahre älteren, sanft duftenden Mann mit olivfarbener Haut, ohne sich je die Frage zu stellen, warum er bei dem Männermangel im britischen Königreich nicht verheiratet war. Warum hat sie das nicht gewundert? Wie kam es, dass er auf zwei Beinen und lebendig direkt auf sie zuging und seinen Willen bekam? Wie hatte sie, die vernünftige Rita Gertrude, das geschehen lassen können?

Rita hängt für die kleinen Vögel draußen einen Meisenknödel auf. Nun flattern sie in nervösen Scharen, die sich vereinigen und auflösen, fliegen und sich niederlassen, an ihrem Küchenfenster vorbei, die Schwanzmeisen, Blaumeisen und der eine oder andere Dompfaff mit glänzenden schwarzen Augen wie mit Federn gefasste Perlen. Unter ihnen lauert die Katze.

Und Vidal? Er muss damals zu seinem Bruder gegangen sein. Die beiden werden tief bekümmert und in Zigarettenrauch gehüllt zusammengesessen haben. Rita kann sie über sie Dinge sagen hören wie, dass sie das alles geplant habe, um Vidal einzufangen, dass sie ihn in zwingende Umstände gelockt habe und alles ihre Schuld sei.

Wenn sie doch nur diesen Ohrwurm in ihrem Kopf abstellen könnte!

Du hättest es besser wissen müssen, hat Maurice sicherlich zu seinem Bruder gesagt, und Vidal hat zugestimmt. Rita war nicht mal eine *todesca*, sie war Christin. *Dieses Frauenzimmer* wird nie Teil der Familie sein, hat Maurice weiter gesagt, doch das wusste Vidal schon. Sie heißt Rita, hat er vielleicht erwidert, und ich liebe sie. Maurice hat sie weiterhin *dieses Frauenzimmer* genannt. Vielleicht hat Vidal geweint und sein Bruder ihn getröstet. Wir kümmern uns umeinander, hat Maurice vermutlich gesagt. Die Frage ist nur, warum Vidal weinte. Waren

73

es Tränen der Schmach? Oder wurde ihm klar, dass ein Leben mit Rita niemals Wirklichkeit würde? Weinte er aus Schwäche oder aus Liebe?

Rita denkt an den Mann, den sie nun geheiratet hat, und in einer sekundenschnellen Woge der Zärtlichkeit öffnet sich ein geheimer Raum des Verständnisses: Vidal hat geweint, weil ihm klar wurde, dass er von nun an mit einem Geheimnis leben musste. Er hatte ein Verbrechen begangen an seiner Familie, an seiner Gruppe und gegen die ungeschriebenen Gesetze des Zusammenhalts, *des Zusammenhalts der Ausgesetztheit.* Dann schnaubt sie vor Erbitterung. Die Woge der Zärtlichkeit ist bereits verebbt. Sie weiß schon, wie das Gespräch zwischen den Brüdern verlaufen ist. Kann hören, wie sie sich in ihrem alten Spanisch bekümmern und beraten. Weiß, wie sie argumentieren, weiß, dass ihre Familie stets an erster Stelle kommt, dass sie ihre Zusammengehörigkeit keinen Spalt weit öffnen, nie die Grenzen überschreiten. Niemals treten sie aus ihrem Kreis heraus, und niemand darf von außen diesen Kreis betreten. Sie würden sie nie akzeptieren, das hat sie sich schon von Anfang an gedacht, würden sie nie für gut genug erachten, und sie hat recht behalten. Maurice musste sich einverstanden erklärt haben, seinen Bruder zu schützen, ihm dabei zu helfen, das Geheimnis zu wahren und die Schmach irgendwie mit Anstand zu bemänteln. Sie hielten wie immer zusammen, und alles, woran sie dachten, waren die Ehre und der Familienname und die Gemeinde und Um-Gottes-Namen-im-Himmel-willen bloß nie ihre Mutter wissen lassen, was passiert war, denn sie würde das nie verzeihen. Vidal lief Gefahr, ausgeschlossen zu werden, er würde eine einsame Insel sein, ein Mann, dem man auswich, einer, den niemand besuchte. Die Geschäfte würden leiden, ihr Lebensunterhalt, ihr guter Ruf. Maurice war jedoch an seiner Seite, er stand ihm bei, und er schwieg still. Die Brüder würden weiter gemeinsam an ihrer Zukunft bauen, was denn sonst? Das Heute hatte sich verändert und damit auch das Morgen, trotzdem würden sie zusammenhalten. Neuer Schauplatz, neues Schicksal, sagten sie. *Aboltar cazal, aboltar mazal.*

Als sich Rita und Vidal das nächste Mal trafen, waren der Abgrund und das Schweigen dabei. Als hätten sie zu viert um den Tisch gesessen, denkt Rita: sie und der Abgrund, Vidal und das Schweigen.

Rita war diejenige, die das Geheimnis in ihrem Bauch trug. Sie hatte gesagt, was sie zu sagen hatte. Jetzt war er an der Reihe. Er musste eine Entscheidung treffen und ihr berichten, zu welchem Schluss er gekommen war. *Get married, have children, settle down*, klopfte ihr unruhiges Herz. *You silly girl*, hörte sie ihre tote Mutter sagen. Nach allem, was ich getan habe, nach all meinen Gebeten, all meinem Kampf. Ich weiß, wollte Rita antworten, doch sie befand sich zutiefst im Abgrund, den Mund voll Dunkel. Es floss ihr den Hals hinunter und würgte sie, es sammelte sich in ihren Händen, sodass sie anschwollen, sie war ein wachsendes Behältnis der Schande, ihr war übel, sie lag im Bodenschlamm und kam nicht hoch. Dann sah sie, dass Vidal den Mund bewegte. Er sah ernst drein. Streckte die Hand vor.

»Ein Haus«, sagte Vidal. »Ich beschaffe ein Haus. Irgendwo, wo es grün ist, außerhalb der Stadt. Des Kindes wegen«, sagte er. »Für dich.«

»Ein Haus?«, wiederholte Rita. Dick und unförmig lagen ihr die Worte im Mund.

76

»Wenn du möchtest.«

»Werden wir dort wohnen?«

»Ich komme dorthin.«

»Werden wir heiraten?«

Er gab keine Antwort.

Bei Kearley & Tonge hatte sie eine Stelle im Büro gehabt, war für Buchhaltung und Verwaltung verantwortlich gewesen. Ihre Sorgfalt und Gelassenheit hatten sie zu einer geschätzten Mitarbeiterin gemacht, trotzdem war Rita an diesem letzten Tag erstaunt gewesen über das, was sie auf die Beine gestellt hatten, die Mädchen, einige Fahrer, die Jungs im Lager, der Chef und seine Sekretärin: Sie hatten zusammengelegt und ihr zum Abschied ein prächtiges, schweres Hochzeitsservice gekauft. Sie werde ja jetzt eine *Mrs*, sagten sie und lächelten, als sie weinte. Sie fragten nach dem Hochzeitsessen und den Plänen für die Flitterwochen, natürlich fragten sie, und Rita antwortete mit einer vagen Unwahrheit nach der anderen, versteckte sich in einem weißen Taschentuch, als würde ihre Hochzeit sie bis an den Rand der Sprachlosigkeit glücklich machen. Sie zog den Bauch ein und versuchte, das Thema zu wechseln. Das Geheimnis wog so viel wie ein Kind, wie eine nicht stattfindende Hochzeit, war unerträglich wie eine Lüge. Der Chef hielt eine kleine Ansprache und sagte, dass sie schwer zu ersetzen sein werde, doch sie habe nun freilich ihren *Mr Coenca* gefunden und somit einen Haushalt zu verwalten und sich um ihren Gatten zu kümmern – was könne eine Frau mehr begehren? Viel Glück im neuen Leben, bald sei vielleicht auch das Trappeln kleiner Schritte zu hören. *Dearest Rita, or should I say Mrs Coenca, we wish you best of luck! Cheers!*

In der verwaltungsmäßigen Monotonie des Alltags standen ihre Kolleginnen und Kollegen um sie herum und schienen sich aufrichtig für sie zu freuen, denn immerhin sind Träume der Stoff, aus dem das Leben gewebt ist. Schließlich packte sie vor aller Augen ihr Geschenk aus, die viel zu vielen Kartons. Sechs Portweingläser, sechs Sherrygläser, drei schön geformte, stapelbare Salatschüsseln, ein Kännchen für Kaffeesahne, ein größeres für Milch und eine Zuckerdose, alles aus dem gleichen transparenten formgepressten Glas, das geschliffen war, um die Illusion eines Prismas zu erwecken. Noch nie hatte sie solche Mengen an Glas besessen. Das Geschenk war weit größer ausgefallen, als sie erwartet hatte, und hätte sie nur davon abgesehen, dass die Verabschiedung, die Abschlussfeier, die Dankesrede und das Geschenk auf einer Lüge basierten, dann wäre sie sich privilegiert vorgekommen. Sie wusste, wie wenig Geld die anderen im Grunde hatten, und trotzdem hatten sie für ein so üppiges Geschenk zusammengelegt. Sie weinte. So viel Glas, das nach Hause zu tragen war, so viele Gründe, sich zu freuen, und so viele Geheimnisse, deretwegen gelogen werden musste – wer würde unter dieser Last nicht weinen? *Best of luck!*

Das Mädchen kam am 22. September 1929 im University College Hospital in der Gower Street per Kaiserschnitt zur Welt. Sogleich entstand eine neue Konstellation, eine neue Kernfamilie: Rita, das Kind und Mabel. Die Schwestern hatten immer alles geteilt, warum sollte sich das jetzt ändern? Vidal kam, überreichte Rita Blumen und gratulierte ihr. Er betrach-

79

tete das Mädchen mit dem dunklen Haar und der olivfarbenen Haut, ein Kind, das deutlich seine Züge trug, doch in seinem Innern schien es keine besonderen Gefühle hervorzurufen. Der weiße Pfirsich, in den er sich verliebt hatte, hatte ein Haus bekommen und ihm eine Tochter geschenkt, um die er nicht gebeten hatte. Dann musste er gehen, seine Geschäfte erledigten sich nicht von selbst, sowohl er als auch sein Bruder arbeiteten fünfzehn Stunden am Tag im gemeinsamen Unternehmen.

»Deine Familie?«, fragte Rita. »Wollen sie nicht wissen, dass du Vater geworden bist?«

»Fang jetzt nicht damit an.«

»Ist es sicher, dass du du bist, dass du nicht mit einer anderen Frau verheiratet bist und in einem anderen Haus mit ihr Kinder hast und eigentlich anders heißt? Musst du deswegen jetzt gehen?«

Rita versuchte zu scherzen. Sie hatten dieses Spiel schon öfter durchgespielt, diese Vertrauensfrage, als wäre Rita sich der Lage der Dinge, Vidals Verlässlichkeit nicht ganz sicher und brauchte seine Beteuerung, als müsste sie ihn wieder und wieder um die Bestätigung bitten, dass es jetzt wirklich sie beide waren, Vidal und Rita, dass er für sie sorgte, nachdem sie sein Kind geboren und seinen Namen angenommen hatte und in dem Haus lebte, das er ihnen gekauft hatte, doch ihrem schroffen Ton fehlte die Andeutung eines Lächelns, es war eher ein bitterer Beiklang herauszuhören.

»Möchtest du konvertieren?«, fragte er zurück.

Das Gespräch war eine Sackgasse. Sie hatten ihre Fragen einander bereits gestellt und es bereits vermieden, sie zu beantworten. Doch Rita ließ der Gedanke nicht los, dass da noch mehr war als die Religion, was sie voneinander trennte. Wenn sie seine Frage bejahte, wenn sie wirklich zu seinem Glauben überträte, würde sich dann tatsächlich etwas ändern?

»Du glaubst doch kaum an Gott«, sagte Rita.

»Du verstehst das nicht«, sagte er, und damit war die Debatte beendet, noch bevor sie Erleichterung gebracht hätte.

Nein, sie verstand es nicht. Er verstand sie aber auch nicht. Sie hatte eine Heirat zusammengelogen, sie nannte sich Mrs, er hatte ihr einen Ring gekauft. Er bot ihr alles. Bis auf die Ehe.

»Ich möchte, dass du es deiner Mutter erzählst.«

»Nein.«

»Ich verlange es.«

»Ich will diese Diskussion nicht führen.«

»Es ist deine Tochter, Vidal. Schau sie dir an.«

»Auf Wiedersehen, Rita. Ich besuche dich bald wieder. Ich möchte nicht streiten. Auf bald, *sweetie*.«

In der letzten Phase der Schwangerschaft hatte Mabel bei Rita gewohnt, und Mabel war es auch, die sie empfing, als sie, nach dem Kaiserschnitt noch unbeweglich, aus dem Krankenhaus zurückkehrte. Während es in Rita immer schwärzer wurde, kam Mabel jeden Tag ins Haus. Sie brabbelte, sang und quatschte herum, und auf diese Weise nahm das Leben des Kindes Gestalt an. Das Mädchen erhielt den Namen Sally. Ihre Familie bestand aus den Schwestern Rita und Mabel sowie der Katze. Alle anderen waren gelegentliche Besucher.

Sally wuchs von der Fürsorge der Schwestern umgeben auf. Sie brachten ihr früh das Lesen bei, und sie war ein eifriges, aufgewecktes Kind, das gerne etwas Neues lernte. Beide tadelten sie, als sie fortgesetzt mit der linken Hand schrieb, und beide trösteten sie, wenn sie meinte, in der Schule ungerecht behandelt worden zu sein. Sally bildete den selbstverständlichen Mittelpunkt ihres Lebens. Sie bekam sogar ein hellgelbes Kleid genäht, eine exakte Kopie desjenigen, das Prinzessin Elizabeth auf einem offiziellen Foto trug. In diese Kostbarkeit gekleidet und mit einem dazu passenden Haarband im gänzlich glatten Haar wurde Sally zum Fotografen gebracht, damit auch sie, genau wie die drei Jahre ältere königliche Hoheit, abgelichtet würde. Ritas Geschwister Ernie und Elsie kamen vorbei und alberten mit Sally, sangen Lieder und taten ihr schön.

Samstagsabends kam Vidal. Er blieb eine Nacht, manchmal zwei. Es wurde zur Gewohnheit, ein wöchentliches Ritual, das Jahr für Jahr ablief. Sally fand ihn nett, schweigsam, und er roch nach Zigarettenrauch. Das Wort Papa hatte kaum eine Bedeutung. Wenn sie morgens zum Frühstück hinunterging, saß er am Küchentisch und las Zeitung, und bei jeder neuen Seite, die er aufschlug, nieste er. Manchmal zählte sie seine Nieser: über dreißig Stück jeden Morgen. Er sagte nie sonderlich viel. Ein freundlicher Fremder. Das war alles. Auf die wundervolle Sommerreise nach Herne Bay, wo sie jeden Tag mit Eimern, Picknickkorb und Tante Elsies braungeflecktem Terrier Spotty an den Strand gingen, kam er nie mit.

Rita hatte nun alles, was sie sich gewünscht hatte: ein Haus mit Garten, ein Kind. Sie war Mrs Coenca. Jeden Montagmorgen, bevor Vidal zu seiner Arbeit und zu seiner anderen Wohnung zurückkehrte, ließ er für eine Woche Haushaltsgeld da, Geld, das Rita gewissenhaft und verantwortungsvoll verwendete und worüber sie, wann immer er es wünschte, Rechenschaft ablegen konnte. Sie hatten eine Familie gegründet. Rita hatte einen Gatten. Das sagte sie sich immer wieder vor, damit es wahr wurde und die soeben formulierte Wahrheit die darunterliegende Lüge verbarg.

Und niemand wunderte sich. Warum auch? Ihr Mann war zwar die Woche über nicht zu sehen, doch das war normal. Die Woche über waren gar keine Männer zu sehen. Sie fuhren frühmorgens mit Bus und U-Bahn in die zentralen Teile Londons zur Arbeit, und hinterher gingen die meisten ins Pub und zum Fußball. Nicht so Vidal. Er ging nach Hause zu seiner Mutter, Flora Coenca, in das Zuhause, das die beiden mit seinem Bruder Maurice, dessen Frau und deren drei Kindern teilten. Die ganze Woche saß er jeden Morgen dort, in dem Haus in der Melrose Terrace, und las Zeitung, wobei er türkischen Kaffee trank und mindestens dreißigmal nieste, und jeden Morgen sagte seine Mutter: *Bivas, kreskas, engrandeskas, komo un peshiko en aguas freskas!* Lebe, gedeihe und wachse, wie ein Fisch im Süßwasser. *Amen!*

Es war nicht so, dass er unter anderem Namen an einem anderen Ort lebte, er log nicht. Er konnte seiner Mutter nur nicht erzählen, dass es Rita gab. Das erfuhr Flora nie. Das erfuhr die Gemeinde nicht. Das erfuhr niemand.

»Aber wenn du einen Sohn bekommen hättest«, fragte Rita einmal, als sie besonders stacheliger Laune war, »von einem Sohn hättest du erzählt, oder? Damit hätte sich prahlen lassen. Habe ich recht?«

Er reagierte natürlich nicht darauf. Rita war jedoch überzeugt, dass ein männlicher Nachkomme ein mildernder Umstand gewesen wäre, vielleicht wert genug, das Geheimnis insgesamt aufzudecken. Bei solchen Gelegenheiten, wenn sie sich wegen der Lüge zankten, auf der sie ihr Leben aufbauten, dieser großen, stinkenden Lüge, die sie beide Schicht um Schicht

83

mit Normalität und Vororttalltag umgaben, die sie sowohl miteinander verband als auch voneinander trennte, hätte Rita sich am liebsten übergeben. Sie verwünschte ihren Traum zu heiraten, sich häuslich niederzulassen und eine Familie zu gründen. Sie verwünschte das Haus und den Garten und die Eichenallee und die Nachbarn und alles, was ihr gerade einfiel, am meisten aber verwünschte sie Vidal und seine Familie.

Bis gestern habe ich das Geheimnis meines Lebens gehütet, denkt Rita. Nicht nur um meiner eigenen Schande willen, sondern um meiner Töchter willen, die es in die Illegitimität katapultiert hätte, wenn alles herausgekommen wäre.

Sie realisiert, dass sie schon lange mit dem Rechen in der Hand still dasteht und ihr kalt geworden ist. Rita betrachtet das Beet ganz hinten am Zaun. Die graugrüne Fülle der Scheinzypresse gibt den Hintergrund für die winterkahlen Zweige der Apfelbäume ab, die ihrerseits einen Kontrast zu den schwertähnlichen Blättern der Iris bilden, die sich wie Fächer spreizen.

Viele Leute lieben das Meer, Seen und deren unvorhersehbare Farbspiele, das Blau zieht sie an: blauende Berge, blaugrauer Nebel, blaue Träume, das Spektrum der Atmosphäre vom eisblauen Morgengrauen bis zur schwarzblauen Nacht, und dazwischen der Tageshimmel, der sich klarblau über die Welt wölbt. Für mich gibt es jedoch nur erdgebundenes Grün: das große Blattwerk der Hortensie und die Farne, die ihre Knospen, zusammengerollten Embryonen gleich, aus dem Schatten schieben. Das ist die Wirklichkeit. Ich kann sie berühren. Die Stacheln der Rosen, Brombeeren und Disteln, große weiche Teppiche aus feuchtem Gras, das grüne Dunkel eines Laubwalds … Die Wuchskraft des Grüns heißt Beharrlichkeit. Diese Beharrlichkeit besitze auch ich.

84

Die Lüge zu verbergen, war erstaunlich leicht, setzt Rita ihren Gedankengang fort, während sie die Gartengeräte in den Schuppen stellt, schien sie doch Farbe und Form der Umgebung angenommen zu haben und chamäleonartig damit verschmolzen zu sein. Nach außen hin hat sich Ritas Leben nicht von dem anderer unterschieden. Alles wirkte normal, jedenfalls wenn sie davon absah, dass sie die ersten sechs Jahre mit dem Kind allein lebte.

»Maurice weiß es doch«, hat Rita zu Vidal sagen können. Um wütend zu werden, griff sie das Thema absichtlich wieder auf. Die Verbitterung sammelte sich wie Sprengstoff in ihr.

»Er ist mein Bruder und Geschäftspartner. Er muss Bescheid wissen. Außerdem gehört er einer anderen Generation an als meine Mutter«, erwiderte Vidal wie schon so oft.

»Was ist der Unterschied zwischen meiner Sally und Maurices Töchtern?«

Herem, dachte Vidal vermutlich, sagte aber nichts. *Herem* war das Wort, das die Antwort und Erklärung enthielt sowie das, was in Ritas Augen unbegreiflich war. Selbst wenn er das Wort laut ausspräche, würde Rita es nicht verstehen.

»Meine Mutter«, sagte er stattdessen. »Sie will mich jemandem vorstellen.«

»Sie will jetzt wieder, dass du heiratest?«

»Ja.«

»Wer ist es diesmal?«

»Ein Mädchen, das noch in Saloniki wohnt. Ich habe kürzlich Fotos zu sehen bekommen.«

»Lucky you!«

»Alle zu Hause wissen, dass ich, hm, ledig bin, und Mutter kann nicht verstehen, warum. Sie sagt, dass man sie fragt, was mit mir los ist, ob ich missgebildet sei, und dass diese Fragen sie beschämen.«

»Ist sie süß?«

»Meine Mutter?«

»Du weißt, was ich meine. Wirst du dieses Mädchen heiraten?«

»Nein, um Gottes willen! Außerdem ist sie dürr und einen halben Meter größer als ich. Sogar größer als Maurices Frau.«

Die Tatsache, dass Vidals Bruder seiner Frau nur bis zur Schulter reicht, hatte Rita schon immer amüsiert, und ihre Wut schlug nun in Gelächter um. Maurice, der sowohl schielt als auch kleiner ist als Vidal, hatte zwar reich geheiratet, doch die Frau war ständig unzufrieden mit ihrem Mann, der oft die einfachsten Zeichen von Zivilisation vergaß, wie etwa die Toilettenspülung zu benutzen. Alles war traurig und dumm und komisch. Rita, die umherlief, ohne verheiratet zu sein. Vidal, der ständig die Versuche seiner Mutter abwehren musste, ihn zu verheiraten. Schließlich traute sich auch Vidal zu lächeln.

»Wie wirst du es mit der dürren Frau aus Saloniki halten?«

»So wie immer. Mich herauswinden. Ich habe hier alles, was ich will«, erwiderte er.

Manchmal konnte er genau das sagen, was sie hören wollte. Sally schlief im Wagen. Der Sonntagsspaziergang war für diesmal gerettet. Rita und Vidal waren nebeneinander hergegangen und hatten sogar ein Weilchen wie gewohnt gelacht.

In Momenten normaler Gravitation, wenn Rita nicht mehr als der gewöhnliche Zusammenhang zwischen ihrem Körpergewicht und der Masse der Erde belastet, findet sie, dass alles, was sie sich gewünscht hat, in Erfüllung gegangen ist. Sie hat einen Mann gefunden, der ganz anders ist als ihr Vater, Georg Blitz. Vidal trinkt kaum, er würde nie jemanden schlagen, und er schludert nicht mit Geld. Ihre Töchter müssen nicht mit schneidendem Hunger im Bauch schlafen gehen, sondern wachsen in einem Haus auf, in dem jede ein eigenes Zimmer und ein eigenes Bett hat, sie bekommen Klavierunterricht und Lackschuhe. Während Georg Blitz es nie geschafft hatte, eine Arbeit zu behalten und im Armenhaus gestorben ist, arbeitet Vidal an sechs Tagen die Woche viele Stunden für *M & V Coenca*, das Unternehmen, das er gemeinsam mit seinem Bruder gegründet hat.

Schon als Jungen hatten Vidal und Maurice ihren Lebensunterhalt als Tabakarbeiter verdient, in jener Stadt, die nun zum Teil niedergebrannt war, in einem Reich, das nicht mehr existierte. Sie hatten etwas über Tabakpflanzen gelernt, über den unterschiedlichen Nikotingehalt der verschiedenen Blätter einer Pflanze. Sie wussten, was Tabak, der in warmen Räumen luftgetrocknet wird, von Tabak, der in kalten Räumen luftgetrocknet wird, unterscheidet, wie man Süße hervorruft oder Bitterkeit – kurz gesagt, wie man dem Rauchgeschmack, der in den brennenden Blättern entsteht, einen dunklen oder hellen Anstrich verleiht. Sie wussten, dass die Erde in Virginia von anderer Art ist als die in Makedonien, dass Nahrungszufuhr und Dünger unterschiedlichen Nitratgehalt zur Folge haben, was wiederum zu Tabakblättern von unterschiedlicher Schärfe im Geschmack führt. Ferner wussten die Brüder, wie es ist, in einer Fabrik mit wohlriechenden Blätterbündeln zu stehen, und sie kannten sich aus mit Fermentierung, Pressung und Verpackung. Sie wussten, wie Tabaksaft die Hände dunkel färbt und wie Arbeiter im Tabakstaub und Zigarettenrauch husten und singen, auch sie hatten die Lieder der Tabakarbeiter gesungen, und deshalb bildete Tabak den selbstverständlichen Ausgangspunkt für den Aufbau ihres neuen Lebens in London. Nach einigen weniger erfolgreichen Versuchen, Tabak zu importieren, ließen sie die Finger vom Rohstoff und widmeten sich stattdessen den Rauchutensilien, sogenannten *fancy goods*: verschiedenfarbigen langen und eleganten Zigarettenspitzen, mit denen sich dadurch, dass man sie zwischen den Fingern hielt, die Illusion erhabenen Raffinements erzeugen ließ. Darüber hinaus stellten sie noch Pfeifen her.

In den ersten Jahren arbeiteten sie zu Hause in den Mietzimmern in Camden Gardens, doch im Frühjahr 1924 änderten sich die Verhältnisse. Flora, ihre Mutter, musste aus der alten Heimat eine Summe Geldes erhalten haben, sei es eine Erbschaft, sei es ein Darlehen. Im April investierte sie in das einzig Bedeutsame, nämlich die Familie, und verteilte das Geld auf zwei entscheidende Anschaffungen. Für 810 Pfund kaufte sie auf fünfzig Jahre das Besitzrecht an einem Haus in der Melrose Terrace 6. Dort zogen sie selbst, ihr Mann Solomon, Maurice mit Frau und drei Töchtern, Vidal und die jüngeren Geschwister Rakel und Albert ein. Und dann investierte Flora Coenca noch in ein Kontor für die Firma ihrer Söhne, von der sie schließlich alle leben sollten.

Freie Geschäftsräume fanden sie in Clerkenwell, im zentralen London, gleich bei der Farringdon Station in einer Seitenstraße, die so schmal war, dass sie an die namenlosen Gassen der Stadt erinnerten, in der sie aufgewachsen waren. Gut einen Meter breit und dunkel wie ein Fluchtweg verlief die Faulkner's Alley zwischen der Cowcross Street und der Benjamin Street. Eine Arme-Leute-Gasse, die Zeitungen als Beispiel für die Überbevölkerung der Stadt im 19. Jahrhundert anführten; dort konnte eine Familie mit neun Kindern in zwei Zimmern wohnen, von denen eines an sechs Eisenbahnarbeiter vermietet wurde. Falls diese mehr Zeit als zum Schlafen nötig zu Hause verbrächten, schrieb *The London City Press*, würden alle an Typhus erkranken.

Die Faulkner's Alley war ein Schleichweg, eine Abweichung. Als hätten die Bauherren es plötzlich eilig gehabt, ihre Häuser fertigzustellen, und ohne es zu wollen einen Streifen Niemandsland belassen. In dieser Gasse war schon so manche unglückliche Frau mit einem toten Säugling auf dem Arm ertappt worden, bevor sie die Leiche verschwinden lassen konnte, so ein Ort war das. Hätte die Gasse kein mit blechernen französischen Lilien verziertes schmiedeeisernes Tor und stünde über dem Eingang nicht in gehämmerten Buchstaben ihr Name, würde man sie schlicht übersehen, so unbedeutend und unansehnlich war sie. Die Brüder hätten nichts finden können, was mehr an zu Hause erinnerte, und wenn sie diesen Gang betraten, der zu der blauen Holztür mit der Nummer 3–4, der Adresse ihres Kontors und zugleich der Pfeifenfabrik führte, streifte sie jedes Mal ein Windstoß der Erinnerung an die jüdischen Viertel in Saloniki.

Statt der Tabakpflanze steht nun also die weißglockige Heide *erica arborea* im Zentrum von Vidals Leben und Arbeit. Die Pflanze selbst, einige Meter hoch und im Frühling voller kleiner weißer glockenähnlicher Blüten, ist nicht sonderlich interessant. Entscheidend ist ihre Wurzel, *briar*, die ihrer Dichte wegen geerntet wird und weil sie sowohl porös als auch feuerbeständig ist. Vidal weiß, dass das Wurzelholz zwischen achtzig und hundert Jahre wachsen muss, wenn eine gute Pfeife daraus werden soll. Bevorzugt wird es an den Berghängen des französischen Hochjuras geerntet, wo Temperatur und Bodenverhältnisse am günstigsten sind, und dann zersägt, gekocht, nach verschiedenen Qualitäten sortiert und anschließend getrocknet. Die besten Pfeifen werden aus mehr als zweihundert Jahre alter *briar* geschnitzt. Vidal genügt es, die Dichte der Maserung zu prüfen, und um zu erkennen, ob sie aus einer alten oder jüngeren Wurzel gefertigt wurde, braucht er eine Pfeife nur in der Hand zu halten. *Le bruyère*, wie Vidal es nennt, ist die edelste, härteste und schönste Art Holz, ein unnachahmliches Material für die besten Tabake. Jedes Jahr reist er in die französische Stadt Saint-Claude und logiert im Grand Hôtel. Er hält Geschäftstreffen ab, wägt und schnuppert, raucht und feilscht.

Maurice bleibt in London, um die tägliche Arbeit zu erledigen. Es ist Vidal, der fließend Italienisch spricht, sein Französisch ist fehlerfrei, sein Englisch ebenso. Er spricht Türkisch, versteht leidlich arabische Dialekte und bewältigt Geschäftsgespräche auf Deutsch. Dem zugrunde liegt seine Muttersprache Ladino, ein kastilischer Dialekt aus dem 16. Jahrhundert. Die Bahnreisen durch Frankreich, Deutschland und Italien scheint er zu genießen. *My sweetie*, schreibt er auf dem Briefpapier der verschiedenen Pensionen, in denen er übernachtet. *I miss you.* Zu Hause liest Rita die Briefe, schnaubt und legt die in zierlicher Handschrift verfassten Grüße in dieselbe Schublade, in der sie auch einige Strassbroschen und drei dunkelblaue Zigarettenspitzen verwahrt, die sie von ihm bekommen hat, aber nie benutzen mag.

Die Pfeifen der *M & V Coenca* Pfeifenfabrik bestehen aus drei verschiedenen Komponenten: in Deutschland gekauften Mundstücken, aus Italien importierten dekorativen Silberringen und schließlich dem Pfeifenkopf selbst aus dem französischen Saint-Claude. Diese Rohwaren werden jeweils für sich in die schmale Gasse im Zentrum Londons geliefert und – am Kontor der Brüder im Erdgeschoss vorbei – in den ersten Stock gebracht, wo die Pfeifen montiert und anschließend mit dem Etikett *Made in London* versehen werden. Was ja auch beinahe wahr ist.

Ich denke heute viel zu viel, sagt Rita laut in der Küche, obwohl da sonst niemand ist. Sie schaltet das Radio ein und macht sich daran, fürs Abendessen Kartoffeln zu schälen. Wohlmodulierte Stimmen sprechen über Musik. Ein Wiener Walzer erklingt. Die süßlichen Töne verbreiten in Rita ein schwaches Licht, ein Irrlicht der Unterwelt. Die Eintönigkeit des Kartoffelschälens beruhigt. Heute, am 1. Dezember 1949, ist sie tatsächlich all das, wofür sie sich stets ausgegeben hat. Zwanzig Jahre lang segelte sie unter falscher Flagge, mit falschem Namen und hinter falscher Fassade, und jeden Tag hat sie sich eingeredet, das Falsche sei wahr. Und war dabei ständig angewiesen, ja praktisch völlig abhängig von Vidals Gewilltheit, diese Falschheit gemeinsam mit ihr aufrechtzuerhalten. Doch nun ist sie tatsächlich Frau. Fünfzig Jahre alt. Das Gesetz verspricht ihr manche Rechte und eine gewisse gesellschaftliche Stellung, verehrt ihr den Titel *Mrs* mit allem, was dazugehört. Es ist alles gut, sagt Rita wieder laut. Alles ist, wie es sein soll. Je öfter sie diese Worte ausspricht, umso fremder klingen sie.

Die Schüssel mit den Kartoffeln steht im Spülbecken. Während Rita arbeitet, färbt sich das Wasser von den Schalen braun. Tage und Momente aus ihrem Leben mit Vidal wogen in ihren Gedanken auf und nieder, jenseits ihrer Kontrolle kommen Erinnerungsbilder hoch.

Wie sie so in ihrer lichtgelben Küche steht, schießt ihr durch den Kopf, dass er parallel zu seiner loyalen Liebe zu Großbritannien auch eine Sehnsucht nach dem alten Land gehegt haben muss. Als Sally vier Jahre alt war, gab es weit gediehene Pläne, London zu verlassen. Pläne der Familie Coenca, denkt Rita, die nie mit Bestimmtheit sagen kann, was ein Ausdruck von Vidals Wollen und was von seiner Familie gesteuert ist. Sie müssen in dem Haus in der Melrose Terrace darüber gesprochen haben, während Rita mit Sally abends allein auf der anderen Seite der Stadt saß. Sie müssen Familienrat gehalten und miteinander geredet und Strategien entwickelt haben und miteinander eins gewesen sein. Das ist jetzt einige Jahre her, doch Rita spürt immer noch den eisernen Geschmack bitterer Wut auf der Zunge, kann sich genau vorstellen, wie das abgelaufen ist. Die Stadt, in der Vidal geboren wurde, hat sich verändert. Es gibt kein Zurück, so viel weiß Rita. Doch irgendetwas in ihm sehnt sich fort von England, irgendetwas mit der Sonne, aber doch nicht die Sonne, irgendetwas mit dem Schatten, aber doch nicht der Schatten, eine unbestimmte Sehnsucht, aber doch greifbar, so, wie ein Traum oder ein Geruch eine Gemütslage beeinflusst, ohne dass es sich in Worte kleiden ließe. Irgendetwas, was immer es war, denkt Rita, hatte den Traum von einem Leben jenseits von Londons Smog geweckt, und darüber hatte die Familie, *seine Familie*, dann beraten. Erst nachdem alles besprochen war und seine Mutter den Plan gebilligt hatte, erst dann hat er Rita den Vorschlag präsentiert.

Sie erinnert sich an seine Einleitung – lange, gewundene Sätze, Erklärungen und betriebswirtschaftliche Kalkulationen –, erinnert sich, wie sie wartete, worauf diese vielen Worte hinauslaufen sollten, die ihr plötzlich verehrt wurden, bis er schließlich zur Sache kam: Er wollte nach Malta emigrieren. Er wollte, dass sie und Sally mitkämen. Es war 1933, und den Brüdern Coenca war es gelungen, auf der Insel für den Verkauf von Pfeifen und Zigarettenspitzen ein zehnjähriges Monopol zu erhalten. Eine großartige Zukunftsaussicht, sagte er, die zur Folge habe, dass jemand dorthin ziehen müsse, um die Geschäfte zu führen. Der Familienrat habe beschlossen, dass Vidal (soweit sie wüssten, doch ein ungebundener Junggeselle) sich in Valletta um die Geschäfte kümmern und Maurice in London bleiben solle.

Rita erinnert sich an Vidals frohe Stimme, als er von diesen Plänen erzählte: voller Enthusiasmus und Zuversicht. Er sah Bilder vor sich, Visionen von der Zukunft des Unternehmens, sah ein Haus am Mittelmeer und die Möglichkeit eines anderen Lebens. Heute ist Rita klar, dass er die Emigration nach Malta als eine Legierung seiner beiden Existenzen, der alten und der neuen, betrachtet haben muss, dass die Insel der Ort werden sollte, wo er den ehrgeizigen, aber bettelarmen Vidal aus Saloniki mit dem erfahrenen Geschäftsmann aus London in Einklang bringen konnte. Außerdem vermisste er die einfachen Dinge seiner Jugend, den Kern seiner Kindheitserinnerungen, wie sonnengereifte Tomaten, Klippfisch und ein Glas Raki, er vermisste die Hitze, und er vermisste die Kühle und die rasiermesserscharfe Grenze zwischen beidem. Malta schien die Lösung dieses Vermissens zu sein.

Rita schält ihre Kartoffeln, hört einen weiteren Wiener Walzer wie Sirup aus dem Radio fließen und erinnert sich an Vidals Ausführungen. Sie haben sich ewig hingezogen, fand sie damals. Nach so langer Zeit des Schweigens zwischen ihnen verwunderte sie seine Beredsamkeit, und ihr ging auf, dass er und Maurice täglich im Kontor darüber diskutiert haben mussten, dass die ganze Familie Coenca einbezogen und beteiligt gewesen war, und trotz oder vielleicht gerade wegen seines sanften und vorsichtigen Tons steigerte sich ihre Wut, und sie hörte ihn an, immer fester im Griff dieser Wut, und sagte kein Wort, bis er seine Darlegungen in die Frage münden ließ: *Was sagst du?*

»Nein.«

»Nein?«

»Nein.«

Ich bin die Erde und der Morgen und das üppige Grün. Ich bin die Gewohnheiten und die Gedanken, die einander ablösen, ich sehne mich nirgendwo anders hin als nach hier, an den Ort, wo ich stehe und gehe. Ich bin die Schnecke, die auf der Steinmauer unter den großen Hortensienblättern kriecht, ich bin die schlan-

ken Insekten mit durchsichtigen Flügeln, die in der Regentonne ertrinken. Ich bin das Geklirr der Glasflaschen, die auf der Ladefläche des Milchautos aneinanderschlagen, und ich bin die fette, runde, weiße, kühle Milch darin, ich bin die Amsel, die im Rasen nach Würmern pickt, ich bin der Luftzug in der Unterwelt und das Geschepper der alten Wagen, wenn sie durch lichtlose Tunnel rasen, ich bin die tägliche Dosis Whisky in einem Wasserglas und der Geruch der Druckerschwärze in der Tageszeitung, ich bin die sanfte gelbe Rose, die an der Pforte wächst, und der Regenschauer, der durch die Eichenkrone prasselt, und ich bin die Sonne, die an einem Dezembermorgen durchbricht, sodass der Dunst sich verzieht, ich bin der Emigration und dem Streben entsprungen, dem Verlust und dem Abschied, ich möchte nichts als meine verflochtenen Wurzeln tief in die Erde senken, sodass niemals etwas herausgerissen werden kann, all das bin ich, und ich reise nirgendwohin.

Zwei Jahre später ging das Monopol auf Malta an einen anderen Pfeifenhersteller über. Rita befürchtet, Maurice konnte ihr nur schwer verzeihen, dass sie allein die expansiven Zukunftspläne der Familie vereitelt hat. Das ist jetzt fünfzehn Jahre her. Doch Rita spürt immer noch die gleiche Erbitterung darüber, nur am Rande berücksichtigt worden zu sein, wieder einmal. Vidal ist wahrscheinlich der Einzige von allen Beteiligten, der das Ganze auf sich beruhen lassen konnte, denkt sie. Wie sagt er doch gerne in seiner alten Sprache? *Quien quiere la roza, non mire al espino.* Wer die Rose liebt, sieht von ihren Dornen ab.

Vielleicht hätte alles anders werden können, als Flora Coenca starb. Vidals Mutter hatte bis zuletzt geschaltet und gewaltet. Es war ihr gelungen, die Tochter Rakel ohne allzu große Mitgift zu verheiraten, und sie hatte für ihren jüngsten Sohn, den fügsamen Albert, eine Frau gefunden. Zur Hochzeit schenkten Maurice und Vidal ihrem kleinen Bruder ausreichend Geld, damit er ein Gemüsegeschäft aufmachen konnte, denn um in ihre Firma einzutreten, hielten sie ihn für zu begriffsstutzig. Bis zuletzt hatte Flora versucht, Vidal mit einem Mädchen aus einer *buena familia*, einer guten Familie, zu verloben. Ohne je zu verstehen, weshalb Vidal seiner Pflicht, eine Familie zu gründen, nicht nachkam, und ohne zu wissen, dass er bereits Frau und Kind hatte, starb sie am 4. Juni 1934. Endlich, dachte Rita.

Vidal kam zu ihr, dünnhäutig und taumelig bei dem Gedanken an ein Dasein ohne den Rückhalt seiner starken Mutter, sank in die Arme seiner unverheirateten Frau, und sie fing ihn auf, war zärtlich und gab seinem Verlangen nach Haut nach, und so kam ihre zweite Tochter Yvonne zustande. Flora waltete noch immer, denkt Rita, obwohl sie tot war.

Nach dem obligatorischen Trauerjahr fühlte Vidal sich, wenn schon nicht frei, so doch freier. Das Leben wurde einen Hauch einfacher, als Rita nicht mehr völlig geheim gehalten werden musste. Vidal setzte darauf, dass seine Geschwister die Schande innerhalb der Familie belassen und von der Gemeinde fernhalten konnten. Entscheidend war, dass ihm nicht mehr kraftvoll wie eine Verbannung das Urteil seiner Mutter drohte. Falls sie es erfahren hätte, erklärte er Rita, hätte Flora ihn verstoßen und verdammt und wäre selbst vor Scham vergangen. Die Gemeinde in der Holland Park Synagoge hätte ihn geschnitten, womöglich sogar ausgeschlossen: *herem.* Verheerender Tratsch hätte ihn und die anderen bis ans Lebensende begleitet – und was wäre sein Leben dann noch wert? Was wäre er dann noch, fragte er. Mein Mann, dachte Rita bei sich, während er seine Frage in der dritten Person beantwortete: Vidal Coenca hätte seine Ehre verloren, wäre ein Schandfleck, ein Nichts, ein spanisch-jüdisches Staubkorn im Wind, erledigt. Und er hätte sämtliche Familienmitglieder unter dieser seiner Schande begraben, abgrundtief, unverzeihlich, unerträglich.

In der letzten Juniwoche 1936 kam Rita mit dem Baby aus der Klinik nach Hause. Es zeigte sich, dass Vidal seine jüngere Tochter gern auf dem Arm hielt. Rita betrachtete die beiden mit gewisser Verwunderung. Sieben Jahre zuvor, als Sally auf die Welt gekommen war, hatte er jegliche Fürsorge Rita und Mabel überlassen. Er hatte seine Erstgeborene kaum angefasst. Vielleicht besteht ja Hoffnung?, dachte Rita. Selbst den Namen für das Kind schlug Vidal vor. Yvonne Coenca, das klinge wie zu Hause, sagte er. In dem alten Land hießen viele Mädchen Yvonne. Und so kam es.

Auch Sally veränderte sich, als ihre kleine Schwester geboren wurde. Es war, als könnte sie kein weiteres Kind in der Familie akzeptieren. Verwöhnter Fratz, dachte Rita. Zu Mabel sagte sie, sie solle strenger sein. Sie solle sich mit Umarmungen mehr zurückhalten, sagte Rita, hatte aber den Verdacht, dass Mabel insgeheim auf ihre Anordnungen pfiff. Und so wurde Sally jetzt im Kreuzfeuer der widersprüchlichen Fürsorge der Schwestern erzogen, von der einen kühl, der anderen warm. Sieben Jahre lang war das Mädchen der einsame Star auf Ritas und Mabels Bühne gewesen, ein selbstverständlicher Blickfang. Ebenso selbstverständlich hatte sie den Mittelpunkt des Bliss-Clans gebildet. Als aber ihre Tanten und Onkel kamen, um das neue Baby zu bewundern, bekam Sally einen Zornesausbruch. Sie gewöhnt sich schon noch daran, sagten sie, das gibt sich. Es ging jedoch um mehr als nur die Ankunft des Babys. Mit einem Mal zog Vidal ein.

Für Sally waren die Veränderungen schwer zu begreifen. Sie hatte geglaubt, Rita würde endlich nach Hause kommen und schlank sein, und das Leben würde weitergehen wie gewohnt, stattdessen musste Rita ruhen, und Sally wurde ermahnt, leise zu sein. Der freundliche Fremde, den sie *father* nannte, war nun jeden Tag da. Er hielt das Baby. Saß jeden Morgen mit seiner Zeitung in der Küche. Ging zur Arbeit und kam am Abend wieder. Das ganze Haus war allein Sallys Reich gewesen, doch plötzlich hatte die Mutter nie mehr Zeit, dieser Mann hatte sich ungebeten bei ihnen niedergelassen, und das Baby stahl alle Aufmerksamkeit. Hatte das Baby ihn zu einem gewöhnlichen Vater gemacht, der zum Essen nach Hause kam? War dem Baby etwas gelungen, was Sally nie fertiggebracht hatte: ihn nach Hause zu locken? War es die Macht des Babys, seine weichen Wangen, die helle Haut und die großen blauen Augen, die alles veränderte?

Deine Mutter ist müde, sagte der Vaterfremdling, putz dir die Zähne. Iss auf. Räum den Tisch ab. Außer ihrer Mutter und Mabel hatte bisher niemand sie erzogen – jetzt erteilte *er* Anweisungen, er, der sie alle immer in Ruhe gelassen hatte. Sally fügte sich nicht gern, ihm nicht, niemandem. Das Mädchen ist verzogen, hörte sie ihren Vater sagen. Ihre Mutter stimmte zu. Sally wurde rasend.

Niemand hatte Zeit für sie, außer Tante Mabel, die ins Haus kam, putzte und einkaufte. Samstags nahm sie Sally an der einen Hand und den Kinderwagen mit dem Baby in die andere, und dann gingen sie spazieren, damit Rita ein paar Stunden für sich hatte.

Der Sommer 1936 war warm und voller Grün. Das Kind schlief. Sally erzählte ihrer Tante von der Schule, von den Freundinnen und vom Unterricht. Im Turnen wurde sie gelobt, da strengte sie sich gern noch ein bisschen extra an. Sally wollte gewinnen. Das Rennen selbst, das Laufen, war einfach. Aus dem ungeduldigen Feuer in ihrem Innern wurde Bewegungsenergie, die sie antrieb, vorbei an den langsamen und unbeholfenen anderen Mädchen. Deren Schritte waren schwer, ihre Gesichter schnell hochrot und ihre Augen schmal vor Stress. Sally war Pfeil und Wille. Sie war der Blitz, der Sprung über die Linie, sie war die Siegesgöttin. Das Überlegenheitsgefühl erfüllte sie, als wäre es eine Freude. Ihre Lehrerin meldete sie zu Wettkämpfen an. Es spielte keine Rolle, ob es sich um einen *60 yards*-Wettkampf oder ein *Team race* handelte. Am besten, erstrebenswertesten war der Gewinn, die Belohnung der Belohnungen.

Auf ihren Spaziergängen machten sich Mabel und Sally den Spaß, alle Häuser, an denen sie vorbeikamen, zu benoten. Die Farbe, die Größe, ob es im Garten Rosen gab oder Unkraut – alles wurde beurteilt. Sie gingen den Hendon Way entlang und die Highfield Avenue und dann durch die stillen Sträßchen bis zum Golders Hill Park, wo das schönste Gebäude lag, Ivy House, mythenumwoben und magisch, der Höhepunkt des Spaziergangs. Dort hatte die Balletttänzerin Anna Pavlova gewohnt. Ihr Haus mit den weißen Giebeln und den großen und weichen, frisch gemähten Rasenflächen erhielt immer die beste Note.

Auf die Mauern, die den Golders Hill Park umgaben, hatte in Augenhöhe jemand schwarze Buchstaben gemalt. Die Versalien schrien in großen Pinselstrichen, und die Worte schienen überall zu stehen, auf den Schuppen, auf den Bänken und den Zäunen. Die Buchstaben glichen schwarz gekleideten brüllenden Männern, fand Sally, die sich unter deren Kraft ducken wollte. Sie fragte sich, ob auch Tante Mabel diese Worte sah, ob auch sie deren böses Gegröle hörte, doch Mabel wirkte unbekümmert und so fröhlich wie immer. Ihr gefiel es, den Wagen über die Sandwege im Park zu ziehen oder mit dem Baby auf einer Bank zu sitzen und ihm die Flasche zu geben. Sally sagte nichts. Am liebsten wäre sie gegangen, dieser Ort war zwar grün, aber bedrohlich, sie ahnte Schatten hinter den Schatten, Verstecke im Gebüsch, wo sich weiß Gott wer verbergen konnte, sie fand, dass die Buchstaben sie wie Augen auf einem Gemälde betrachteten, und sie folgten ihr, wohin sie auch ging. Das Schlimmste aber war die Einsicht, dass die Worte gegen sie gerichtet waren, dass sie deren Zielscheibe war. Tante Mabel kam ungeschoren davon. Sie war von anderer Art. Auch das wusste Sally: Der eine Mensch kann sich angstfrei bewegen, während der andere als Jagdwild gilt. Wie in der Schule. *Cocoa* wurde Sally von den anderen Mädchen genannt, statt Coenca wurde Kakao zu ihrem Nachnamen. Das hasste sie, sie hasste die Mädchen, mit denen sie spielen wollte, sie hasste deren Gemeinschaftsspiele, weil sie davon ausgeschlossen wurde, und am meisten hasste sie den Farbton ihrer Haut, die dunklen Härchen auf Armen und Beinen, wo die anderen Mädchen hell und weich waren, sie hasste ihre Haare, die ganz glatt herunterhingen, während sich bei den anderen prinzessinnenhaft Locken bewegten, sie hasste ihren Namen – und alles, was sie hasste, rührte von ihrem Vater her: Name, Hautfarbe, Haarfarbe, Fremdheit, alles. In der Schule fürchtete sie sich jeden

101

Tag vor den Sprüchen der Mädchen und vor der Einsamkeit, die auf deren Gelächter folgte. Sie waren in der Lage, Sally auszuschließen, also schlossen sie sie aus. *Little miss Cocoa, because you're so dark.* Im Park las Sally, was auf Mauern, Bretterzäunen und Bänken geschrieben stand, und ihr Herz klopfte, als hätte ein Specht dessen Platz eingenommen. Sie war die Tochter von Vidal Coenca, und deshalb brüllten die Buchstaben sie an, die Worte sahen sie, erkannten sie in der Menge, Sally entkam nicht. *YID* stand auf der Parkmauer entlang der Straße. *GO HOME* stand auf dem Schuppen, in dem die Gärtner ihre Schubkarren verwahrten. *DOWN WITH* stand auf dem Holzzaun, an dem sie vorbeigingen. Und überall stand *THE JEW*.

1936 war die Zeit des Faschistenführers Oswald Mosley. Die Masse bewegte sich, wuchs, immer mehr schlossen sich an; junge Männer, den Kopf so rasiert, dass an den Seiten nur noch Stoppeln übrig waren, während das Deckhaar lang blieb und zu einer Frisur der Exaktheit nach hinten gekämmt wurde. Ihr Schädel ließ keinen Raum für Ambivalenz, sondern sprach von der Ausradierung jeglichen Zweifels. Doch auch Leute mit gewöhnlicher Frisur schlossen sich Mosley und seiner schwarzen Masse an, Leute, die ihre Radikalität in Aktentaschen und Handtaschen verbargen, aber trotzdem an den Kundgebungen der Faschisten teilnahmen und ihre Unterstützung demonstrierten: satt, heil und rein.

An Juden hatte Mosley zunächst kein sonderlich großes Interesse gezeigt, den deutschen Naziführer Adolf Hitler vielmehr für vulgär und grob gehalten. Doch irgendetwas hatte ihn dazu gebracht, seine Meinung zu ändern. Niemand konnte den Erfolg des deutschen Führers übersehen, besonders nicht Oswald Mosley, der eifrigst das gleiche Ziel anstrebte. Niemand konnte vor der Macht, die Hitler sich in ganz kurzer Zeit verschafft hatte, die Augen verschließen, vor allem nicht, wenn man – wie Mosley – eine ebensolche Macht haben wollte, die Macht, gegnerische Organisationen zu verbieten, die Macht über das, was geäußert werden durfte und was zu unterdrücken war, die Macht über die Weißen und über die Schwarzen, die Macht, Vermischung zu verbieten sowie Grauzonen und Unreinheit, kurz gesagt: die Macht, die Demokratie abzuwickeln. Diese Macht lag in Reichweite, und der Faschist Mosley und seine Anhänger hatten den Eindruck, dass sie schon bald, nach einer Wahl, in ein paar Jahren die ihre sein könnte. Hitler hatte eine Erfolgsformel gefunden: Es war irgendetwas mit den Juden, was die deutsche Masse heiß und formbar machte, und so änderte Mosley seinen Kurs. Zwei Elemente kamen hinzu: mehr Straßenversammlungen samt mehr Gesprächen mit gewöhnlichen Leuten, um Probleme vor Ort mitzubekommen, und Judenhass.

Im Oktober 1934 hatte Mosley in einer Rede in der Royal Albert Hall in London zum ersten Mal öffentlich sowohl »die jüdische Finanz« als auch »den jüdischen Kommunismus« angegriffen. Es funktionierte. Je mehr Antisemitismus bei den Versammlungen der Faschisten, desto mehr Gewalt. Je mehr Gewalt, desto größerer Widerstand mit mehr im politischen Kampf aktivierten Menschen – sei es mit Fäusten, sei es mit Worten. Je mehr Aktivierte, desto mehr Anhänger. Nur zwei Jahr später waren die Faschisten überall in London.

Das war im Herbst, in dem Sally sieben Jahre alt wurde. Sie spazierte mit ihrer Tante und ihrer kleinen Schwester durch Hendon und Golders Green. Sie sah die schwarz gekleideten Männer mit ihrem Gleichschritt und ihren exakten Frisuren, ihren Militärjacken und Fahnen, sah sie, drei Mann nebeneinander, jeden Sonntag um drei Uhr im Takt gehen. Und hörte sie *We gotta get rid of the Yids* und *Roll on the pogrom* und *We want Jewish blood* skandieren.

Sie hatte gesehen, wie Unruhe das Gesicht ihrer Mutter überzog, wenn sie auf dem Gehsteig an Faschisten vorbeigingen, wie der Blick ihres Vaters erlosch und er sich unscheinbar machte, als versuchte er, sich seiner Gesichtszüge zu entledigen, wie er, ohne Aufmerksamkeit zu erregen, schneller ging. Sie hatte bemerkt, dass er plötzlich einen Umweg einschlug, wenn Schwarzhemden auftauchten. Diese Angst erschreckte sie, und die Erniedrigung erniedrigte sie. Sally war sieben Jahre alt und verstand, was sie sah. Die Faschistenparaden zwangen auch sie, ihre Körperbewegungen zu zügeln und Umwege einzuschlagen. Sie lernte, sich unbeteiligt zu geben, doch diese Ruhe war eine Lüge, und unter der Lüge lag die Gewissheit, dass die marschierenden Männer ihr übelwollten. Obwohl sie und ihre Mutter sonntags in die Kirche gingen, obwohl sie nichts anderes kannte als das Leben mit dem Bliss-Clan und dass sie eine von ihnen war, sogar der Mittelpunkt des Clans, blitzten die Worte *yid* und *jew* wie Messer. Sie waren gegen Sally gerichtet, und an allem war, wie gesagt, ihr Vater schuld.

Während der langen Tage, in denen Rita allein im Haus ist, geht sie in allen Zimmern ein und aus, besonders in denen der Töchter, und öffnet Schubladen und Schränke, blättert in Tagebüchern und steckt die Hände in die Taschen von getragenen Kleidungsstücken. Sallys Zimmer ist jetzt unbenutzt. So ist es nun mal, denkt Rita. Es ist jetzt ruhiger im Haus. Einsamer, aber auch weniger Krach.

Sally ist jetzt in Schweden, um Englisch zu unterrichten. Wie kam sie bloß darauf?, fragt sich Rita. Hat sie sich in einen Schweden verguckt, steckt *er* hinter ihrer Reise in den Norden? Rita weiß es nicht, aber jetzt ist Sally in einem Dorf am Polarkreis und tanzt etwas, was sie *Letkiss* nennt. Rita ist mit ihr nie zurande gekommen. Schon mit fünfzehn ist sie im Krieg nachts aus dem Haus geschlichen, um mit Soldaten zu tanzen, hat Lippenstift aufgelegt und heimlich geraucht. Rita kam schließlich dahinter, dass Sally an manchen Samstagabenden nur vorgab, schlafen zu gehen, sich stattdessen schminkte und aus dem Schlafzimmerfenster kletterte, um ins nächste Tanzlokal zu gehen. Außerdem wischte sie sich bei ihrer Rückkehr an den Vorhängen den Lippenstift ab. Sie waren weiß und mit roten Segelbooten gemustert, und genau dort, auf diesen Booten, wischte sie sich den Mund ab.

Sie haben einmal zueinander gehört. Sally und Rita haben einander gehört, sind ein und dasselbe gewesen, das Band zwischen ihnen war unzerstörbar. Rita fühlt sich so leer, wie Sallys Zimmer es ist. Ich bin frisch verheiratet, sagt sie zu sich. Ich bin eine Idiotin, sagt sie, spreche laut mit mir selbst. Ich habe niemanden, sagt sie daraufhin, und der Luftstrom aus ihrem Mund versetzt die Tausende kleiner Staubpartikel, die im Raum schweben, in Bewegung, lässt sie steigen und sinken, und jedes absorbiert einen kleinen Teil des Geräuschs ihrer Stimme, sodass kein Nachhall entsteht, sondern die Worte gewissermaßen im selben Moment, in dem sie sie ausspricht, ersterben, und dann fühlt sie sich wieder einsam.

Sie sitzt auf Sallys Bett und zündet sich eine Zigarette an. Sie überlegt, an Yvonnes Bluse den abgegangenen Knopf anzunähen, überlegt, im Badezimmer den Fußboden zu putzen, macht aber weder das eine noch das andere. Ihr Kopf ist schwer von gelebten Tagen, die von ihr betrachtet und noch einmal durchlebt werden wollen, Tage, die sie bewahren möchte, weil sie ihr Leben bilden, aber auch vergessen, weil sie seltsame und unbeständige Gefühle wecken und das Dunkel sich im Mund sammeln und in die Hände fließen lassen. Sie entkommt nicht, die Tage suchen sie auf, sind beharrlich. Soll sie den Abfluss in der Küche reinigen, den kaputten Stecker auswechseln, soll sie im Esszimmer Staub wischen? Alles Dinge, die sie ständig macht, jede Woche all die Jahre, doch heute mag sie nicht. Sie hält es nicht aus. Sie fällt wie in einem Brunnen mit algenverschleimten Wänden, fällt durch Finsternis und Feuchtigkeit, und selbst wenn sie riefe, würde das Licht nicht herunterdringen, sie fällt durch ihre Lebenszeit, klammert sich an gewisse Tage und versucht, anderen auszuweichen, ist aber unfähig, sich selbst zu befreien. Ich bin eingeschlossen, denkt sie, ich sitze fest. Es hat sich so ergeben.

Es ist nicht nur der gestrige Tag, der Hochzeitstag, an den Rita lieber nicht denken möchte. Vor wenigen Jahren erst, mitten im Krieg, ist ihr gemeinsames Leben zu Ende gegangen, zumindest hat sie es damals so gesehen. 1942 war ihr *annus horribilis*. Sie hatte genug bekommen, ertrug diese Leben mit der Lüge und dem Versteckspiel, mit dem Schweigen, das Vidal und sie zwischen sich haben wachsen lassen wie ein ständig anwesendes Familienmitglied, nicht länger. Sie ertrug ihre Einsamkeit nicht mehr. Und dann kam ein Tag, der den Fluss unterbrach, der plötzlich das Vorher vom Nachher trennte. Obwohl seitdem sieben Jahre vergangen sind, erinnert sich Rita an jedes Detail dessen, was sie vergessen möchte. Ihre Gedanken kreisen wie Vögel über einem Kadaver. Sie selbst trägt eine Schuld, Vidal eine andere, und Sally... sie ist ein Mensch, der Unrecht nicht vergessen kann. Sally durchlebt eine Kränkung wieder und wieder. Egal, ob klein oder groß, ob alt oder neu. Sallys Wunden fehlt das Heilvermögen, und sie staut einen Schwall an Wut auf gegen alle, die sie jemals irgendwie verletzt haben. Was an jenem Tag 1942 vorgefallen ist, stellt sich heute als die Mutter allen Unrechts dar. Für Sally ist dieser Vorfall *unverzeihlich*. Rita lebt seitdem unverziehen. Sie findet das ungerecht, sagt aber nichts, Sally sagt ebenfalls nichts und auch Vidal nicht, und so wird es wohl bleiben. Wovon man nicht sprechen kann, darüber muss man schweigen.

Sally begreift nicht, denkt Rita weiter, dass eine Frau ihren Mann unterstützen muss, dass Rita damals nur ihre Pflicht getan hat. Was weiß Sally schon davon? Sie, die nie irgendjemandem gehorcht, sondern ihrem eigenen Kopf folgt, wohin immer der sie führen mag. Sally, die Unbändige. Sie ist ein Halm, der sich im Wind nicht biegen kann, und deshalb wird sie geknickt. Das stimmt heute und stimmte damals, an jenem Tag, als sie dreizehn Jahr alt war.

Sally hatte sich danach gesehnt, dem engen Klassenzimmer in der Wessex Gardens Girl School zu entkommen, wo ihr Name zu Kakao gemacht wurde, und die Kameradinnen, die bereits rundere Formen bekommen hatten, sie wegen ihrer Knochigkeit und des dunklen Flaums auf der Oberlippe verspotteten. Aber Cocoa, dir ist ja ein Bart gewachsen! Sie wollte das enge, hässliche Gitter aus Schultratsch sprengen, in dem sie machtlos den kritischen Blicken der anderen ausgesetzt und stets abwehrbereit gegen Angriffe eingesperrt war.

Nicht weit von ihrer Schule entfernt gab es noch eine andere, voller Jungen. Sally ging jeden Tag auf dem Heimweg daran vorbei, obwohl sie auch anders hätte gehen können, hielt in den Grüppchen auf dem Schulhof nach den attraktivsten Jungen Ausschau und versuchte deren Aufmerksamkeit zu erlangen. Sie tat, als wäre sie mit einer Freundin ins Gespräch vertieft, sie lief und hüpfte, lachte viel zu laut, sie schüttelte den Kopf, dass ihr Haar im englischen Sonnenschein glänzte, doch sobald sie merkte, dass einer der Jungen in ihre Richtung sah, schaute sie weg und spielte die Ahnungslose. Die Jungenschule veranstaltete jedes Jahr einen Ball, und jedes Jahr gingen Einladungen an die Mädchen der Mädchenschule heraus. Doch nicht an alle. Einige wurden auserwählt, andere nicht. Die Mädchen, die so eine vorgedruckte weiße Einladungskarte mit geprägtem Vor- und Zunamen bekamen, ließen sie gern im Klassenzimmer kreisen. Die Nichteingeladenen durften sie in die Hand nehmen, lesen und drehen und wenden (vorausgesetzt, sie hatten keine schmutzigen Finger). Es war, als hielte man einen Schlüssel zum Paradies in Händen, fand Sally. Die Karte war das Tor zu einer unbekannten Welt, in der Torte serviert wurde, ein richtiges Orchester Musik machte und das Leben vor Seide und Lächeln glänzte. Sally war noch nie eingeladen worden. Sie wusste nicht, wie das ging. Woher wusste die Jungenschule, welche Mädchen gekrönt werden sollten und welche als zweitrangig, unwichtig oder hässlich einzustufen waren? Wer fällte die Entscheidung und auf welcher Grundlage? Sally wollte so gern auf einen Ball gehen. Hätte sie die Wahl gehabt zwischen ihrer Schnelligkeit auf der Wettkampfbahn, den vorbehaltlosen Huldigungen von Sportlehrerin, Mutter und Tante, der in ihrem Innern explodierenden Freude, wenn sie gewann, einerseits und einem Abend mit Tanz auf dem jährlichen Ball der Jungenschule andererseits, dann hätte sie sich für den Ball entschieden. Und es geschehen noch Zeichen und Wunder, schlagen wie Freudenblumen aus. Als Sally eines Nachmittags nach Hause kam, war ein Brief für sie da. Rita hatte ihn auf dem Küchentisch so an das Salzfässchen gelehnt, dass das cremeweiße Kuvert den Mittelpunkt der Küche bildete. Sally hatte eine Einladung erhalten.

Hätte ich es kommen sehen müssen?, hat Rita sich hinterher gefragt. Doch wer konnte das denn ahnen? Rita hatte sich über Sallys Freude gefreut. Endlich war es so weit! Sie redeten darüber, was Sally anziehen würde, wie sie ihr Haar locken würde, vielleicht ein bisschen Rouge auf die Wangen auflegen dürfe, sie planten und freuten sich. Sally war von der Einladung elektrisiert. Sie wollte die Karte am nächsten Tag in die Schule mitnehmen, alle sollten sie sehen, alle mussten es erfahren.

Ich bin fünfzig Jahre und zwei Monate alt, wie viele Tage lebe ich insgesamt nun schon?, denkt Rita. 18306, nicht mehr und nicht weniger. Die Anzahl stimmt exakt und fasst ihr Leben ohne Zweifel oder Wattigkeit zusammen, ohne *so viele Gefühle*. Bei all den Tagen, aus denen das Leben besteht, denkt sie weiter, wie soll ein Mensch da wissen, welcher Tag zu einem Wendepunkt wird?

Sie sitzt in derselben Küche, am selben Tisch, und auf dem Tisch steht dasselbe Salzfässchen wie damals, als sie Sallys Kuvert dort hingestellt hat. Der Raum ist derselbe, nach wie vor in sanftem Lichtgelb gestrichen, Fußboden, Herd, Schrank, Speisekammer, alles ist noch so wie damals, alles außer dem Dasein selbst. Wie kann ein einziger Nachmittag alle folgenden Tage anders färben? Wer kann das erklären?

Die dreizehnjährige Sally war die Treppe rauf- und runtergerannt, hatte die Karte mit auf ihr Zimmer genommen, um sie auf die Kommode zu stellen, sodass sie sie am nächsten Morgen beim Aufwachen sehen würde, kehrte, immer noch mit der Karte in der Hand, wieder zurück. Rannte erneut die Treppe hinauf, um ihre Halskette mit dem goldenen Herzen zu suchen, kam heruntergerauscht, zauste ihrer kleinen Schwester, um die sie sich sonst nicht kümmerte, die Haare und rannte wieder nach oben. Dann wurde es still.

Rita erinnert sich an diese Stille, daran, dass sie ihr zuerst willkommen gewesen ist und sie gedacht hat, Sally habe wohl ein Buch gefunden und lese jetzt und müsse daran erinnert werden, Klavier zu üben. Doch dann ging die Stille in seltsame Geräusche und Gepumper über. Rita ging nachsehen. Ihre Tochter weinte.

Was war passiert? Sally konnte es vor lauter Weinen erst

111

nicht deutlich machen. Aber es klärte sich: Sie hatte die Karte in der Hand gehalten und den Text mehrmals gelesen und sich bei jedem Lesen aufs Neue gefreut, und dabei, begriff Rita, war ihr etwas aufgefallen, ein Detail, ein Kinkerlitzchen. Mit einem Mal war die Freude gedämpft und Sally in einen einzigen konzentrierten und prüfenden Blick verwandelt. Irgendetwas stimmte nicht an der Einladungskarte, hatte Sally bemerkt, irgendetwas mit der Brillanz, der Unebenheit, der Schrift. Sie hatte sie schräg ins Licht der Bettlampe gehalten, und da war ihr aufgegangen, dass diese Einladung nicht, wie die Karten der Jungenschule sonst, gedruckt war. Sie war handgeschrieben. Sorgfältig, fehlerfrei und wohlformuliert, aber eben handgeschrieben. Sie war nicht echt. Ein Plagiat, eine Fälschung. Irgendjemand (sie ahnte, wer) wollte sehen, wie sie mit stolz geschwellter Brust die Karte in der Schule vorzeigte und damit prahlte – und diese Person würde dann den Bluff auffliegen lassen. Alle würden über Sally lachen. Oder noch schlimmer: Diese Person wollte sehen, wie sie in einem schönen neuen Kleid und mit errötenden Wangen zum Tanz käme und ihr der Eintritt verwehrt würde. Alle anderen würden an ihr vorbeigehen, eingelassen und begrüßt werden, während sie dastünde, draußen bliebe, verhöhnt.

Sally weinte. Sie hatte Bücher auf den Boden geschmissen, sie hatte mit der Stirn gegen die Wand geschlagen und ihre Wut herausgeschrien. Obwohl seit jenem Tag viele Jahre vergangen sind, erinnert sich Rita, wie diese Wut damals auch an ihr zerrte. Sie weinte wegen Sallys Tränen und war wütend wegen Sallys Wut, sie rauchte eine Zigarette nach der anderen, aufgebracht über die Bosheit hinter der Bluffkarte und die berechnende Vorgehensweise. Es war also das Werk von Mädchen aus Sallys Schule!

Als Vidal nach Hause kam, erzählte ihm Rita, noch ehe er seinen Mantel aufgehängt hatte, die Geschichte. Sally lag bei zugezogenen Vorhängen mit Kopfschmerzenin ihrem Zimmer; sie hatte ein Glas warme Milch bekommen, und Rita war den ganzen Nachmittag in der Küche umhergetigert, die Mutter so gekränkt wie die Tochter. Beide waren von dem Gedanken an eine Bestrafung der Übeltäterinnen und die Rehabilitierung des Opfers erfüllt. Die Schule müsse handeln, sagte Rita zu Vidal. Die Rektorin müsse die Mädchen bestrafen, Sally wisse, wer es sei, so gehe das schließlich nicht!

»Sally, hol die Einladungskarte, zeig sie deinem Vater!«

Sally brachte die Karte, und ihr Vater setzte sich in der Küche auf einen Stuhl und betrachtete sie eingehend. Sally erzählte von den Mädchen, nannte die Namen der Verdächtigen, heulte erneut vor Wut. Rita rauchte. Wir werden der Rektorin schreiben, wiederholte sie mit Nachdruck, dein Vater wird der Rektorin schreiben, wir werden die Intrigantinnen beim Namen nennen, wir werden zusehen, dass sie bestraft werden, sagte sie. Sie sollten von der Schule gewiesen werden, es sind schon welche für weniger relegiert worden.

»Sie müssen mich um Verzeihung bitten«, sagte Sally.

»Sie müssen dich um Verzeihung bitten«, sagte Rita.

»Vor allen anderen«, sagte Sally.

»Vor der ganzen Schule«, sagte Rita.

»Ich schreibe keinen Brief«, sagte Vidal.

Rita und Sally starrten ihn an, ohne zu verstehen, ohne seine Worte ins Bewusstsein dringen zu lassen, ohne wahrzuhaben, dass er sie soeben ausgesprochen hatte, so unbegreiflich waren sie. Die Asche an Ritas Zigarette wurde immer länger. Aber …, setzte sie an zu sagen.

»Das macht ein Jude nicht«, fiel Vidal ihr ins Wort. »Wir lösen Probleme nicht dadurch, dass wir neue schaffen. Wir bereiten keine Scherereien.«

Er stand auf und ging hinauf ins Badezimmer.

»Ich möchte jetzt mein Fußbad machen.«

Rita folgte ihm, sie nahm eine Schüssel und nach Lavendel duftendes Fußsalz, das sie ins warme Wasser schüttete. Sie wollte den Vorfall noch einmal schildern, als hätte Vidal ihn nicht verstanden, als erforderte die Bosheit eine weitere Erklärung, als müsste die Demütigung hervorgehoben, die Kränkung präzisiert werden, doch er fiel ihr ins Wort.

»Ich schreibe keinen Brief.«

Damit war das Gespräch beendet. Rita kehrte in die Küche zurück, wo Sally wartete.

»Du hast gehört, was dein Vater gesagt hat.«

Sally geriet ins Trudeln. Nein, sie fiel kopfüber. Stürzte durch den Fußboden, geradewegs in ein Sinkloch. Es war nicht nur ungerecht, es war unbegreiflich. Nur wenige Sekunden zuvor hatte ihre Mutter noch neben ihr gestanden, mit ihr geweint, mit ihr gewütet. Den ganzen Nachmittag hatten sie zusammen gekämpft, gleichermaßen gekränkt, gleichermaßen böse und gleichermaßen entschlossen in puncto Sallys Recht auf Wiedergutmachung und die Bestrafung der Missetäterinnen. Und dann das: ein einziger Satz von Vidal, ihrem Vater, dem Fremdling. Offenbar brauchte es nicht mehr, damit Rita ihrer Tochter den Rücken kehrte. Es kostete Sally eine enorme Anstrengung, überhaupt nachzuvollziehen, was da gerade geschehen war. Zuerst der grausame Streich ihrer Schulkameradinnen, dann Rita, die Sally von einem Moment auf den anderen verließ und

114

sich stattdessen mit Vidal zusammentat, und schließlich das Schwerste, das Unbegreifliche, nämlich die Einsicht, dass er, *ihr Vater*, ihretwegen keinen Finger rühren wollte und seine Passivität eigentlich nur einen Grund hatte: weil er ein … Sally war dreifach verraten.

Bei dem darauffolgenden stillen Abendessen unternahm sie noch einmal einen Versuch und wandte sich direkt an ihren Vater. Doch der ließ sich nicht umstimmen. *Der Halm, der sich im Wind biegt, wird nicht geknickt*, fügte er hinzu.

An diesem Abend passierte etwas mit Sally, jenseits ihrer Kontrolle. *Das macht ein Jude nicht.* Diese Worte sollten sie den Rest ihres Lebens verfolgen, für immer mit diesem Tag, mit diesem Moment verbunden sein. Sie weigerte sich, sie zu akzeptieren. Sie hatten nichts mit ihr zu tun. Sie brach mit den Worten. Sie brach mit ihrem Vater. Sie brach mit ihrer Mutter. Natürlich blieb sie im Haus, in ihrem Leben und ihrem Alltag. Doch sie sehnte sich wild nach einem anderen Leben, einem anderen Haus, sie sehnte sich fort aus der Eingeschlossenheit, fort von dem Verrat – aber sie blieb. Sie war ja erst dreizehn. Der Angriff der Schulkameradinnen schmerzte, doch diesen Schmerz konnte sie immerhin begreifen. Dass ihre Mutter und ihr Vater es geschehen ließen, dass sie beschlossen, zu Abend zu essen, Fisch und grüne Bohnen, während direkt vor ihren Augen Sally mit dem Schmerz rang, war dagegen mehr, als sie hinnehmen konnte. Und alles gehörte mit nur einem Wort zusammen. *Jude.* Dieses Wort rief marschierende Männer und drohende Gewalt hervor, allein dieses Wort hinterließ Brandwunden bei ihr freigelassenen . Von allen Worten, die an dem Abend in der Küche ausgesprochen wurden, allen freigelassenen Dämonen, die unkontrolliert durchs Haus fuhren, weigerte sich just dieses Wort zu verschwinden – und ebenso weigerte sich Sally, seine Existenz anzuerkennen.

Von diesem Tag an begleitete sie dieses Wort, wohin sie auch ging, und sie war unentwegt damit beschäftigt, es zu verneinen. Es fasste alles zusammen, was stach, was brannte und schmerzte, es tauchte sie in Ausgesetztheit und Verrat. Das Wort war das Synonym für Verlassenheit schlechthin. Es war natürlich Vidals Wort, man kann sogar sagen, das Wort *war* Vidal, und deshalb konnte man mit Fug und Recht ebenso behaupten, das Wort *war* Sally. Doch sie würde sich niemals unterwerfen, sich nie wie Gras im Wind biegen, nie und nimmer anerkennen, dass dieses Wort und sie zusammenhingen. Niemals Jude. Nie.

Ein Kern von Undurchdringlichkeit war entstanden und nahm jetzt ein Stück Platz in ihrem Herzen ein. Sally betrachtete Rita und ihren Vater in kälterem Licht. Die Härte war ein wachsender Gletscher, der sich kilometerdick zwischen Kind und Eltern legte und auch dort bleiben sollte.

Einige Monate später kam ein Tag, an dem Rita genug hatte und gehen wollte. Sie beschloss, das Haus zu verlassen und wie früher mit Mabel zu leben, sie würde wieder den Namen Bliss annehmen und sich Arbeit suchen. Als Sally die Treppe herunterkam, stand Rita in der Diele, und der angestaute Druck in ihrem Innern, der schmerzlich drängende und beunruhigende Entschluss zum Aufbruch ließ sie plötzlich die Frage laut aussprechen:

»Wenn ich gehe, kommst du dann mit mir oder bleibst du bei deinem Vater?«

Trotz allem, was passiert war, zögerte Sally nicht einen Moment, sie brauchte keine Hundertstelsekunde Bedenkzeit. Ich komme mit dir, lautete ihre Antwort. Die Familie würde zu ihrer Urform zurückkehren: Sally, Mabel und Rita. Und Yvonne. Kein Mann. Es würde wie früher sein, ein gutes Dreieck aus zwei Schwestern und großzuziehenden Kindern, genau wie in den ersten sechs Jahren von Ritas Ehe, *den glücklichen Jahren.*

Doch Rita blieb. Was sollte sie in der Stadt anfangen, wer würde sie denn jetzt einstellen, wie würde Yvonne mit einer alleinstehenden Mutter zurechtkommen? Würde der Verdienst reichen? *Better the devil you know than the devil you don't.*

Der wortlose Dezembertag ist fast vorüber. Es beginnt zu dämmern. Rita setzt sich an den Küchentisch und nimmt einen Bleistift und das Heft mit dem weichen Einband zur Hand, in dem sie über *pounds, shillings and pence* Buch führt, täglich, wöchentlich, Jahr für Jahr.

Sie hat ihr Haus und ihre Ehe nie verlassen. Ebenso wenig wie das Schweigen. Auch das ist immer noch präsent, wenn sie und ihr Mann sich ausziehen, wenn sie das Bett für die Nacht herrichten, wenn er sich nach ihr streckt und sie sich steif macht. Das Schweigen liegt zwischen ihnen, das enttäuschte Schweigen, das verletzte Schweigen, das anklagende und das strafende.

Sie listet den Einkauf dieses Tages auf: Tomaten, Fisch, Cider, Gemischtwaren, Pflaumen und Schokoladenpulver für Yvonnes Abendmilch. Ein Pfund, zwölf Schilling und neun Pence mehr als berechnet sind diese Woche draufgegangen. Wut steigt in ihr auf. Wird er sie verschwenderisch nennen, wird sie wieder einmal erfahren, dass sie keinen Haushalt führen könne, dass sie eine schlechte Hausfrau sei? Sie tue ihr Bestes, würde sie sich verteidigen, habe wochenlang kein Fleisch gekauft. Doch sie wusste jetzt schon, wie der Streit ein dunkles Netz auswerfen und sie beide gefangen halten würde, wie sie zu hören bekäme, dass er nicht aus Geld gebaut sei, auch wenn er ihretwegen Tag und Nacht arbeite. Sie würde das Haushaltsbuch über den Tisch schieben, um es ihm zu zeigen, denn sie kann ihre

Sorgfalt mit jedem Penny beweisen. Er würde sie mit seiner Mutter vergleichen, und sie würde antworten, dass er bei ihr, *seiner lieben Mutter*, hätte bleiben sollen, und an diesem Punkt würde das Schweigen seinen Speer zwischen sie stoßen, und es würde kein Wort mehr fallen.

Rita sieht den Ablauf vor sich, schon jetzt verärgert, mit klopfendem Herzen und schwer vor Sehnsucht danach, ihre Ruhe zu haben, nur irgendwann nichts als ihre Ruhe zu haben. Sie versieht die Auflistung mit dem Datum dieses Tages, dem 1. Dezember 1949, und schreibt, den Bleistift fest aufs Papier gedrückt: *End of a glorious Happy Week. I don't think!!! R. C.*

Die Falschgeschriebenen sind sich einst im *Hammersmith Palais* in Shepherd's Bush begegnet. Seitdem sind einundzwanzig Jahre vergangen. In ihrem Haus in der Grange Park Avenue 37 geht sie, ihr Reich inspizierend, einsam von Zimmer zu Zimmer, misst mit dem Blick die Staubschicht, schätzt den Grad von Regenschmutz auf den Fensterscheiben ab und zählt Katzenhaare auf dem Sofa. Sie geht die Treppe hinauf, auf deren Stufen der weinrote Teppich festgenagelt ist, und betritt Sallys Zimmer. Sallys Abwesenheit bedeutet auch eine Anwesenheit, denkt Rita. So als hinterlasse sie stärker und spürbarer als sonst jemand Spuren, und sie lebt jetzt dadurch mit ihnen, dass sie verreist ist.

Rita öffnet den Schrank und stöbert in den Kleidern ihrer Tochter, inspiziert zum wiederholten Mal die Taschen. Darin stecken noch immer dieselben Zettel, ein gebrauchter Busfahrschein, dieselben weichen Fussel, die sich tief in den Futternähten angesammelt haben. Sie geht die Schrankfächer durch, in denen Unterwäsche und Strümpfe liegen – das Mottenmittel riecht traulich und bekannt –, und stößt auf einen Schuhkarton mit Fotos. Rita hat vergessen, dass er dort steht, nimmt den Karton heraus, und ganz aufgeräumt, als hätte sie etwas geschenkt bekommen, eine Überraschung, einen Moment, mit dem sie nicht gerechnet hat, setzt sie sich damit auf die

120

Bettkante und hebt den Deckel an. Ihr Blick fällt auf Fotos, die sich in etlichen Jahren angesammelt haben, an die fünfundzwanzig Fotos ihrer Tochter: Sally nach einem Tanz im Arm eines Mannes, Sally tanzend, Sally mit achtzehn und neunzehn, schließlich mit zwanzig, mit verschiedenen Frisuren, verschiedenen Kleidern, aber immer lächelnd, lachend, mit glänzenden Augen und warmen Wangen, kamerablitzglücklich, tanzpalastglücklich, lippenstiftglücklich.

Sally ist versessen aufs Tanzen, denkt Rita. Sie hatte verschiedene Lieblingsclubs, und am besten waren die Lokale, die auch Immigranten einließen, sie hatte sich vergnügt, wo es am vergnüglichsten war, und getanzt, wo sie am häufigsten aufgefordert wurde, man machte ihr den Hof. Rita weiß natürlich nicht alles, was da möglicherweise stattgefunden hat, doch sie kann es sich denken. Sie betrachtet ihre Tochter. Sally sieht aus wie eine Königin. Rita hat den Eindruck, das glamouröse Leben eines Filmstars zu betrachten – auf den Fotos findet sich nichts, was auf sie selbst schließen lässt, auf den Alltag in Winchmore Hill. Sally ist ein fremder Mensch, sie führt ein fremdes Leben. Seit wann gehören sie nicht mehr zusammen? Rita betrachtet diese strahlende und schwitzende Frau, die im Arm verschiedener Männer tanzt. Rita gefällt die Nähe zwischen ihren Körpern nicht, sie möchte nicht an diese Nähe denken. Männer, denkt Rita.

Sie sieht sich die Bilder genau an, eins nach dem anderen, nimmt die Brille ab und hält sich die Fotos, manchmal minutenlang, nahe ans Gesicht, um sie eingehend zu prüfen. Sallys aufgestecktes Haar ist dauergewellt und lockig, es glänzt im Blitzlicht, und sie schaut direkt in die Kamera, während die Männer mit stolzem und leicht verwundertem Blick meistens sie ansehen, als wäre sie eine exotische Trophäe, als trauten sie ihren eigenen Augen nicht, dass sie dort stand, in ihren Armen.

Rita legt die Bilder beiseite und setzt ihre Brille wieder auf. Sie geht in die Diele hinunter zu dem Schrank, in dem sie den alten Nähkasten ihrer Mutter verwahrt, und holt die Schere heraus. Dann geht sie wieder nach oben und nimmt ein Foto nach dem anderen zur Hand. Sorgfältig setzt sie die Schere ans Papier und schneidet an den Konturen jedes Mannes entlang. Einer nach dem anderen fällt zu Boden. Als nur noch Sally allein dasteht (mit einer besitzerlosen Nase an der Wange oder einer übrig gebliebenen Hand um die Taille), legt Rita die Fotos in den Pappkarton zurück und stellt ihn in den Kleiderschrank. Sie sammelt sorgfältig alles zusammen, was auf dem Boden liegt, sodass nicht das kleinste Fitzelchen übrig bleibt, geht hinunter zu dem Schrank und legt die Schere zurück. Dann öffnet sie die Haustür, geht hinaus und wirft die Männer in die Mülltonne.

In der Diele fällt ihr Blick auf das Kuvert, das auf der Vorderseite mit künstlich schnörkeliger Handschrift an sie und ihren Mann adressiert ist: *Mr and Mrs Coenca*. Rita öffnet es und entnimmt ihm ihre Heiratsurkunde. Das Dokument, das ihre Verbindung legitimiert, ist im Londoner Stadtteil Wood Green, Middlesex ausgestellt. Verehelicht am 30. November 1949 in der Stadtteilverwaltung in Enfield wurden vor zwei Zeugen der Junggeselle Vital Coenca (59 Jahre) und Fräulein Rida Blitz (50 Jahre). Ihre Namen: falsch geschrieben.

AM 29. APRIL 1965 wurde ich geboren, wodurch zwei Linien von Menschen vereint wurden, die in ihrer Erbmasse die Sprengungen der Welt trugen.

Dass er jüdisch ist, erfuhr mein Vater, als er eines Tages vor dem Mietshaus spielte, wo er wohnte. Ein fremder Erwachsener nannte ihn *büdös zsidó*. Stinkiger Jude. Da war er fünf Jahre alt. Die Adresse lautete Endresz György tér 7 in Budapest, Ungarn. Das war 1941.

Anderthalb Jahre später wurden sein Vater und dessen Mutter gezwungen, in ihren Tod, ihre Vernichtung zu entschwinden. Der Junge, der mein Vater werden sollte, und seine Mutter überlebten den Krieg. Krieg ist freilich das falsche Wort. Korrekter wäre es zu sagen, dass sie, György und Lilly, die unzähligen Maßnahmen überlebten, zu denen gegriffen wurde, um sie zu ermorden. Sie überlebten Sammelplätze, das Budapester Ghetto, Hunger und Dysenterie. Er, ein Junge von acht Jahren, sollte in einen Zug nach Polen gezwungen werden, doch Lilly gelang es, ihn davor zu retten, Unbegreiflichkeit der Unbegreiflichkeiten.

Mein Vater hat sich nie hingesetzt und gesagt: Das musst du wissen. Er hatte keine Zeit zum Zurückschauen, er wollte lieber aufbauen als sich erinnern, lieber die Welt entdecken als über die Menschheit weinen, wollte eher vergelten als Kompensation verlangen. Er kam 1956 als politischer Flüchtling nach Schweden, ließ sich zum Arzt ausbilden und arbeitete sein Leben lang im öffentlichen Gesundheitsdienst. Das Unsägliche, das ihm widerfahren war, das er überlebt hatte, war mir bekannt und zugleich unbekannt.

Und meine Mutter? Wie soll man ihre Ausgesetztheit verstehen, die Trupps schwarz uniformierter Männer, die schwarzen Buchstaben im Park? Wie das staubige grüne Laubwerk im Juli und die weiß blühenden Rasen im Golders Hill Park begreifen, während die Graffiti die feinen grünen Adern in den Blättern zu durchtrennen schienen? Und auf welche Weise schlichen sich in das Mädchen mit dem spanischen Namen, wenn sie im Sommer dort spazieren ging, die Worte ein, die auf die Bretterzäune und auf den Schuppen gepinselt waren, in dem die Gärtner ihre Geräte verwahrten? *Roll on the pogrom.* Wie verstehen, dass die Angst einsickerte und sich anhäufte, wie Ebbe und Flut stieg und sank, sich aber nie ganz zurückzog?

Lange Zeit später begegneten sie sich im britischen Konsulat in Göteborg, meine Mutter und mein Vater. Ihre Wege kreuzten sich in einem Warteraum, sie erkannten einander, obwohl sie sich nie zuvor begegnet waren, und verliebten sich. Auf den Hochzeitsfotos sehen sie, wahnsinnig lächelnd, glücklich aus. Zwei Erfahrungen von Angst, zwei unterschiedliche Erfahrungen von Bedrohung, zwei verschiedene Überlebensstrategien, gemeinsam aber die Verlassenheit. Ungefiltert und leicht entzündlich floss diese in ihr einziges Kind.

Sally + K

Stockholm, 24. März 1976

Niemand da – nur sie und die Baumstämme und unter ihren Füßen Nadeln und die Angst, sich zu stechen. Die Blaubeeren an den Sträuchern leuchteten lila, doch der Kater war weg. Der Wald öffnete sich zu einem Pfad, den sie ging, die Luft verdichtete sich zu einem Dunkel, das sie atmete, und die Baumkronen verwandelten sich in Wolken. Wie entfernte Blitze schlugen Stimmen ein. Und der Kater? Eben war er doch noch da gewesen, mit schwarzem Rücken und weißem Bauch, rauzüngig und launisch. Und jetzt entlaufen, auf dem Pfad im Wald unter den Wolken, wo die Stimmen immer näher kamen. Zwei Stimmen hörte sie jetzt. Da braute sich so was wie ein Unwetter zusammen. Alles, was sie berührte, war kühl: die Kiefernnadeln, das Moos, die Zweige, die ihr die Arme zerkratzten, sogar die Blaubeeren, alles hatte eine Temperatur der Gleichgültigkeit. Und kein Kater. Spinnen liefen seitlich über den Pfad. Deren Jagdrevier war das Dunkel, und sie trug keine Schuhe. Wenn sie wollten, konnten ihr die Spinnen an den Beinen hochkrabbeln, sie hob die Füße, um sich zu schützen. Der Kiefernnadelpfad verlief wie bei einem Fingerabdruck in weiten Bogen. Die Wolken über ihr bebten, die eine in tiefer Tonlage grollend und die andere lange leise, als würde sie sich füllen, sich ausdehnen und anschwellen, bis sie plötzlich barst und ein Knall zu hören war. Dann wurde es still, und sie konnte weitergehen, um den Kater zu suchen.

Doch da wurde ihre Zimmertür aufgerissen und der Wald verschwand. In ihr Bett fiel, stark nach seinem eigenen Atem riechend, ein Körper. Neben ihr lag jemand, während jemand anderes an der Tür hämmerte, die dann aufging (wie?), und ein weiterer Körper ins Zimmer fiel. Das Unwetter war jetzt rings um sie, im Zimmer regnete es, die Wolke auf dem Fußboden betete weinend um Vergebung, und die Wolke im Bett bebte vor Anklagen, und dazwischen sie, die eben noch mit blaubeerblauen Fingern durch einen Wald gegangen war, um den Kater zu suchen, da lag sie.

Bis jemand sie, freundlich, ergriff. Jemand hob sie hoch, der Regen verschwand, die Wolken donnerten weiter, aber nun ferner. Sie wurde in ein anderes Zimmer mit einem anderen Dunkel in einer anderen Art Nacht getragen. Dort war die Luft leichter, nicht so dicht. Sie wurde in ein anderes Bett gelegt. Die Trägerin mit den starken Armen, ihre Schwester, legte sich daneben, und unmittelbar bevor K einschlief, sah sie den Kater, er lag, von seinem Schwanz umschlossen, ruhig auf dem Teppich vor dem Bett im Zimmer der Schwester.

Auf Englisch lautet ihr Name Katherine, er ist lang und schwer zu schreiben, und die meisten sprechen ihn ohnehin schwedisch aus, hart und kurz. Aus ihren Mündern rauscht ein Güterzug voll mit dem Buchstaben *i*. Darum nennt sie sich K.

Sie sammelt Wörter. In ihrem Gehirn sind zwei Magazine, das eine für ungefährliche Wörter, das andere folglich für gefährliche. (Alles, was in der Regel nach »folglich«, »somit« und »also« kommt, langweilt K, weil es signalisiert, dass sie etwas erfahren wird, was sie schon weiß. K langweilt alles, was sie vorhersehen kann. Das Wort »ergo« dagegen gefällt ihr.) Zwei Magazine also. Und ein Tresor. Darin liegt hinter schusssicherem metaphorischem Metall das Nicht-Denkbare verwahrt: ein einziges Wort. Das undenkbare Wort zu benutzen ist, als würde man in den bodenlosen Schatten einer kastilischen Schlucht fallen oder bei lebendigem Leib ins Feuer geworfen. Das ist lebensgefährlich. Sie scherzt nicht. K kann nicht an den Inhalt des Tresors denken, ohne dass eine starke Unruhe sie befällt, also vermeidet sie, auch nur an den Tresor selbst zu denken. Der bloße Gedanke, dass sie dieses Undenkbare in sich trägt, reicht, um Schwindel hervorzurufen.

Heute ist Sonntag. Sie ist zehn Jahre alt, wird aber bald elf. Seit der Nacht, in der sich das Unwetter in ihr Zimmer gesprengt hat, sind drei Jahre vergangen, drei Jahre, seit sie den Kater gekrault hat. Sie hatte geglaubt, es wäre ihr Kater, doch das war ein Irrtum. Als die Schwestern zu ihrem Vater nach Göteborg zogen, da zog auch der Kater aus. K vermisst ihn, obwohl er unberechenbar war, oft unter einem Sessel auf der Lauer lag und mit ausgefahrenen Krallen ihre Beine attackierte. Sie vermisst die zwei großen Schwestern, die ihren eigenen Vater haben. Die Zärtlichkeit, die sie für sie empfindet, grenzt an Schmerz. Sie möchte sie besitzen, doch sie weiß jetzt, dass auch sie ihr nicht gehört haben.

Die Schwestern sind immer schwer zu haben gewesen. Sie haben Grenzen gezogen, und K wusste nie, was gerade galt. Manchmal durfte sie zu ihnen ins Zimmer kommen, dann wieder war ihre Tür verschlossen. Manchmal durfte sie unter der Bedingung mit ihnen zusammen sein, dass sie gewisse Dienste leistete, wie ihnen bis in alle Ewigkeit mit den Fingern die Arme entlangzustreichen, sodass sie Gänsehaut bekamen. Meistens aber sah sie sie nur von Weitem, obwohl sie im selben Haus lebten. Das war schwer zu erklären und trotzdem wahr. Die beiden großen Schwestern waren einander zugewandt, sie saßen zusammen, sie balgten miteinander, sie leisteten einander Gesellschaft. Sie lebten, als spielte K in ihrem Leben keine Rolle, und womöglich hatten sie recht. Manchmal sahen sie sie zufällig, beschäftigten sich mit ihr, wenn sie ein Viertelstündchen Zeit hatten, falls ihr Blick zufällig zur Seite glitt und K genau in diesem Moment in ihr Sichtfeld geriet. Die Schwestern haben sie aber auch gebraucht, selbst wenn ihnen das gar nicht klar war. Als sie zusammen in einem Haus lebten, arbeitete K hart daran, sie vor dem Zorn der Mutter oder voreinander zu schützen. Immer war jemand zu schützen, und dabei musste es gerecht zugehen. Hatte K beim vorigen Mal Partei für die dunkle Schwester ergriffen, unterstützte sie das nächste Mal die helle. Allerdings gab es oft Streit, und sie erinnerte sich nicht immer, wen sie zuletzt verteidigt hatte. Auf dem Rücksitz im Auto lag K gern auf dem Schoß der Schwestern. Auch hier versuchte sie, gerecht zu sein und mit dem Kopf auf dem Schoß derjenigen zu liegen, die zuletzt die Füße gehabt hatte. Ungerechtigkeit wäre wahrscheinlich weniger ermüdend gewesen. Wenn sie und die Schwestern eine große Tüte *Non Stop* bekamen, mussten diese glänzenden, farbig dragierten Schokolinsen auf genau gleich große Häufchen verteilt werden. Die roten verwendeten sie alle drei als Lippenstift.

K führt Tagebuch. Ein Traum ist festgehalten (sie hat das Haus lediglich in Unterwäsche verlassen, und das Schamgefühl war so stark, dass sie davon aufgewacht ist). Ein wunderbares Ereignis ist beschrieben (sie hat ein Winterlicht über den Himmel flimmern sehen, und irgendjemand hat andächtig gesagt, dies sei das Nordlicht). Eine Liste mit Lieblingsfilmen. Eine Liste mit Theateraufführungen. Das Verzeichnis über das, was sie vermisst, ist dagegen ungeschrieben, und das passt ja. Was fort ist, wird auf leeren Seiten verbucht. Das Fehlen ihres Vaters nimmt eine Bibliothek von Büchern ohne Text ein, was sie aber niemals jemandem erzählen kann.

Sie hatten zusammen in dem Reihenhaus gelebt, die zwei Wolken, die zwei Schwestern, K und der Kater. Dort hatte K ihre Verstecke unter einem Schreibtisch, in der Ecke hinter dem langen, geschwungenen grünen Sofa, im ungenutzten Bereich unter der Treppe: Nicht-Plätze, an denen Platz zu finden K als Einzige in der Familie klein genug war. Ihr Lieblingsraum aber hatte keine richtigen Wände. Zusammengehalten wurde er von der Papawolke, von ihm, der fast jeden Tag Klavier übte. K sah, dass er sich vorbereitete. Das war das Signal, alles stehen und liegen zu lassen und ihm zu folgen. Er wusch sich die Hände, um die weißen Tasten nicht zu verschmutzen. Weil es dort, wo das Klavier stand, kühl war, zog er sich eine Strickjacke an. Er setzte sich auf dem Klavierhocker zurecht, der unter seinem Gewicht ächzte, und während er in den Noten blätterte, kauerte sich K zu seinen Füßen neben den zwei glänzenden Messingpedalen auf dem Boden zusammen und wartete. Sie hörte ihn ungeduldig blättern, als müsste das Notenheft wissen, wonach er suchte, als ärgerte ihn, dass die Dinge nicht seine Gedanken lasen, und wenn er sich schließlich vorbeugte, um die Notenschrift zu inspizieren, merkte sie, wie das Blättern aufhörte. Dann begann er zu spielen. Die schwarzen Kreise und Striche auf dem hellen Papier, der sanft gerundete Violinschlüssel, die kleinen Fähnchen an manchen Noten, alles waren Instruktionen in einer Geheimsprache, einem Code, den nur wenige Menschen verstanden, und ihr Vater war einer davon. Sie saß unterm Klavier und hörte, wie die Zeichen durch seine Hände in die Tasten übergingen, die in einer bestimmten Ordnung und einer berechneten Dauer gedrückt wurden, und so brachte er Musik hervor – und sie, K, war darin eingeschlossen. Die Töne fielen wie Tropfen. Räume aus Licht, Wände aus Schatten und das Dach ein Himmel von Bach.

Eines Tages war alles fort. Das Klavier und ihr Vater zogen aus. Das konnte nur ein Scherz sein. Etwas anderes war nicht möglich. Die Leere, als die Zimmer verlassen wurden. Die Verlassenheit, als die Möbel verschwanden. Die Körper, die nachts in ihren Betten gelegen hatten, und wo es jetzt keine Körper und keine Betten mehr gab. K lachte, als sie Viveka davon erzählte, die im Reihenhaus gegenüber wohnte, und sie lachte, als sie Vivekas Mutter davon erzählte. Meine Wolken lassen sich scheiden. Und während sie lachte, saß K mit dem Rücken an der Wand bei ihnen in der Küche auf dem Fußboden. Viveka war da, und ihre Mutter stand an der Spüle oder am Herd, irgendwo in der Küche, und werkelte oder verräumte oder holte etwas. Ihre Augen standen vor, und K wusste, dass dies von der Struma kam, was immer eine Struma sein mochte. Es sah furchterregend aus. Als K fertig erzählt hatte, wandte sich Vivekas Mutter zu ihr um, sah sie mit ihren eisblauen Strumaaugen streng an und sagte: »Das ist nicht zum Lachen.«

Hätte K. Hätte K nicht. Hätte K nicht die Wand im Rücken gehabt, wäre sie gefallen. Nun fiel sie stattdessen innerlich, ohne dass es jemand merkte. Sie begriff, dass Vivekas Mutter recht hatte. Das war nicht zum Lachen. Danach lachte sie auch nicht mehr darüber.

Es ist neun Uhr, ruft die Mutter aus der Küche. Zeit aufzustehen. K möchte aber noch liegen bleiben. Sie fragt sich, ob die Mutter den Zettel gefunden hat, den K gestern Abend auf den Küchentisch gelegt hatte. *I love you* steht darauf. *I love you too*, antwortet die Mutter normalerweise auf demselben Zettel. K legt an verschiedenen Stellen in der Wohnung Liebesbriefe aus, als Landebahnen, unzählige Plattformen, auf denen sie einander begegnen und sich näher verbinden, ohne dabei im selben Raum zu sein.

K steht auf und zieht einen Morgenrock an. Sie will nicht wach werden, nicht frühstücken, sie will gar nichts. Sie mag keine Sonntage. Im März sind sie von einem eigenartigen Licht erfüllt, unendliches Grau legt sich auf die Häuser und Straßen und Bäume. Alles, was K gewöhnlich gern anschaut, verliert seine Farbe, wird blass und hässlich. Der Sonntag ist auch der längste Tag. Als sollte er zu größtmöglicher Tristesse ausgedehnt werden, halbiert sich die Lichtgeschwindigkeit, jedes Photon fällt langsamer, und jede Minute pocht auf ihr Recht auf ewiges Leben. K mag weder den Monat März noch Religion noch Tristesse. Sie zieht das Rollo hoch, und für eine Hundertstelsekunde wird das Zimmer von einem kalten, blassen Licht erfüllt, das wie Gas die sanfte Nacht tötet.

Da sind Erinnerungen. Trennlinien, Zeiteinteiler. Ereignisse, die zuvor stattgefunden haben, aber erst danach betrachtet werden können. Etwa wenn K im Reihenhaus vor den anderen aufgewacht war.

133

Als Erste aufzuwachen, bedeutete immer eine Enttäuschung. Die Welt war leer, fast tot. Keine Geräusche, keine Körper, die sich bewegten, keiner, der ihr eine Tasse Tee geben oder mit ihr reden konnte. Es gab nur in den verschiedenen Zimmern im Haus die Körper der vier anderen im Halbschlaf, ihre geschlossenen Augenlider, ihre Unbeweglichkeit. K war mit ihrem weißen Teddy und der Strickdecke, womit sie immer schlief, zum Schlafzimmer der Wolken gegangen. Dort standen zwei Betten so nebeneinander, dass sie zu einem einzigen breiten Bett wurden. Hüpfen verboten. An den Fenstern gerade Gardinen, Aussicht auf eine Veranda, dahinter eine Allmende und hinter der Allmende braune Hochhäuser. Die Hochhäuser machten K Angst. Ein Mädchen von dort hatte einem Jungen mit einer Gabel ein Auge ausgestochen, hatte sie gehört. Auch die Allmende machte Angst, sie lag öde da, und da konnte weiß Gott wer gegangen kommen. Zum Beispiel mit einer Gabel.

K öffnete einen Spalt breit die Tür zum Zimmer der Wolken. Und da sah sie, was im Lauf der Zeit zum Mittelpunkt ihrer Erinnerung werden sollte, zu ihrer wertvollsten. Beider dunkle Haare auf weißen Kissen. Beide schliefen auf dem Bauch. Der eine mit ausgestrecktem rechten Arm, die andere mit ausgestrecktem linken Arm, und sie hielten einander im Schlaf bei der Hand.

Das hatte K seinerzeit vor drei Jahren gesehen, und sie sollte diese Erinnerung benutzen wie ein schiffbrüchiger Mensch eine einsame Insel, sie umkreiste sie wieder und wieder. Sie kehrte zu der Szene zurück, zu dem Bild, zur Erinnerung an das Bild, zur Erinnerung an die Erinnerung, zum Bild eines Kindes, das durch einen Türspalt schaut: Dort liegen die Eltern und sehen aus wie Liebende.

Sie blieb lange in der Türöffnung stehen. Es war, als würde ein sehr ruhiger Film vorgeführt, ein Film, in dem nichts passierte, außer dass die Atmung zweier regloser Menschen sich hob und senkte. Pausen entstanden, das Geräusch der Luft, die ihnen durch Lunge und Nase strömte, verschob sich, wurde eins und trennte sich in einem nahezu völlig ruhigen Konzert, in dem einzig und allein Atemmusik aufgeführt wurde.

Es war einmal ein Mädchen, das mit Mutter und Vater, zwei Halbschwestern und einem Kater in einem Reihenhaus in Stockholm lebte. Dann zog der Vater aus, die Mutter schluckte zu viele Tabletten, und fürs Krankenhaus zeichnete das Mädchen ihr ein orangefarbenes Bild, weil sie die Farbe Orange am liebsten mochte, und dann kehrte die Mutter von dort zurück. Sie brauchte beim einen oder anderen Hilfe, und das Mädchen half. Es gab sonst niemanden. Mehr war nicht.

Drei Jahre waren nun vergangen, seit alles verschwunden war. Nur K war noch bei der Mutterwolke, die nach Tränen roch. Das Handgelenk der Mutter war angeschwollen und unbeweglich geworden, sie weinte vor Schmerz, doch kein Doktor wusste, warum. Jeden Morgen, wenn K aufwachte, ging sie zu ihr und wickelte die Elastikbinde ab, die über Nacht um ihr Handgelenk gesessen hatte. K wickelte ordentlich. Sie löste das spitze, stachelige Metallteil und rollte die Bandage sorgfältig auf. Beider Arme beschrieben einvernehmlich Kreise in der Luft, während die Verbandrolle in Ks Händen Schicht um Schicht wuchs. Schließlich war der Arm der Mutter frei, und sie ging sich waschen. Anschließend kam sie zurück. K nahm die Bandage zur Hand und begann mit dem Verbinden: zuerst den Daumen der Mutter und den unteren Teil der Hand, dann am schmerzenden Handgelenk entlang. Der Teil des Verbands, der beim Abnehmen außen gelegen hatte, lag jetzt wie ein kleines Tier, eine farblose Meereskrabbe in einem Schneckenhaus, im Innern der Rolle eingebettet. K bandagierte den Schmerz ihrer Mama nicht zu fest, aber auch nicht zu locker, sondern genau richtig, und befestigte den letzten Teil dann wieder mit der spitzen Metallklammer. Jeden Morgen und jeden Abend. K holte Mamas Tabletten gegen die Schmerzen und vielleicht auch noch gegen etwas anderes. Sie gingen in die Küche, wo keine Schwestern und kein Kater mehr die Ordnung störten, und K bestrich ihrer Mutter ein Stück Toastbrot mit Marmelade, weil sie selbst es nicht konnte.

So vergingen die Tage, zusammenhängend und ohne Abgrenzung. Zu ihrem siebten Geburtstag wurde eine Art Feier ausgerichtet, und auf dem Foto, das jemand aufgenommen, aufgehoben und in eine Schublade gelegt hat, ist K in einem blauen Kleid neben Viveka und einigen Kameradinnen zu sehen. K lächelt. Sie hatte runde Wangen bekommen. War insgesamt runder geworden. Wenn die Mutter es nicht sah, ging sie an den Kühlschrank und aß kalte gekochte Kartoffeln mit Butter direkt aus der Packung, sie kaute rohen Speck, bis das Salz weg war und sie bloß noch zähen Schleim im Mund hatte, sie suchte in der Speisekammer nach versteckten Kekspackungen und nahm nur kleine Stückchen, damit die Mutter es nicht merkte. Viveka wirkt auf dem Bild nach wie vor klein und knochig. Sie sind immer gleich groß gewesen, doch nun ist K größer und eben runder, ein blauer Ballon mit Beinen, weißen Strümpfen und schwarzen Schuhen. Die sie sonst immer war, ist nicht zu sehen. Stattdessen ist da ein großes, fremdes

Kind, das der Fotografin mit einem Lächeln dankt. Danke für das blaue Nylonkleid, danke, dass du mir eine Geburtstagsfeier ausrichtest, ich bin ein Ballon, danke. Dieses Lächeln war die einzige Währung, die K als Entgelt zu bieten hatte. Dann verschwanden Viveka und die anderen Nachbarskinder. Das Reihenhaus verschwand. Die Straße vor dem Reihenhaus verschwand.

K hatte die Straße gemocht, weil es keine richtige Straße mit Gehsteigen gewesen war, sondern ein asphaltierter Weg, der zu nichts Besonderem führte und nach einem Regen wie Frühling roch. Dann hatte sie ihr Fahrrad genommen, mit dem zu fahren ihr die Papawolke beigebracht hatte, und war im Asphaltgeruch des Asphaltregens Asphaltrad gefahren, aber sowohl die Straße als auch das Fahrrad verschwanden. Hatte es sie überhaupt gegeben?

Vor der Mutter und K lagen dafür nun leere Räume. Spät am Tag waren sie zu der Wohnung gekommen. Waren hineingegangen. Durch die gardinenlosen Fenster fiel der Abend herein und füllte die Räume von unten bis oben, die ganze Wohnung füllte sich mit einer Flut von Nacht, in der sich Träume ungehindert bewegen konnten. Eine Taschenlampe änderte daran nichts, wie K merkte. Im Gegenteil. Der schmale Lichtstrahl, der suchend umherschweifte, ohne auf etwas anderes als Wand, Decke oder Heizkörper zu treffen, machte das restliche Dunkel nur noch dunkler.

Der größte Raum war sehr groß, hatte zwei Fenster zur Straße und einen glänzenden, leeren Parkettfußboden. In einer Ecke war ein Kamin, der nicht funktionierte. K musste versprechen, niemals zu versuchen, darin Feuer zu machen. Eine Lampe gab es nur in der Küche und steuerte eine gewisse Ordnung bei.

Die Mutter wischte nach den Vormietern die Schränke aus und machte sauber. Währenddessen saß K in einem der tiefen Fenster des großen Zimmers und schaute hinunter auf die Straße und in die Häuser gegenüber. Es war Abend. Die Fenster waren anheimelnd erleuchtet, und es sah aus, als hätten die Leute, die sich in den Räumen bewegten, es warm und gesellig zusammen.

Dieser Sonntag ist wie alle anderen. Ihre Mutter sitzt in ihrem roten Morgenrock mit einer Zeitung, einer Tasse Tee und Toastbrot in der Küche. Das Radio läuft, bringt Musik. Es riecht nach Essen: Tomaten und möglicherweise Paprika. Die Mutter hat einen Eintopf vorbereitet. Auf der Spüle liegt noch ein Schneidebrett und verbreitet schwachen Zwiebelgeruch. Sie unterhalten sich über das, was sie geträumt haben. Das erinnert an andere Sonntagmorgen, den Sonntag vor einer Woche und den Sonntag davor. Alles könnte gemütlich sein, wenn es nicht so fad wäre.

Im Radio wird ein Stück mit einem italienischen Tenor gespielt. Gleich wird die Mutter ein bisschen weinen, denkt K. Die Mutter weint ein bisschen. Weil es so schön ist, denkt K. Weil es so schön ist, sagt die Mutter und lächelt. Bald werden sie etwas unternehmen, vermutet K, da der Eintopf schon vorbereitet ist. Die Mutter sagt zu ihr, sie solle sich warm anziehen, sie wollten heute aufs Land. Muss das sein?, fragt K. Beeil dich, erwidert die Mutter.

Sie leben zusammen in der Wohnung, die Mutterwolke und K, nur sie beide. Sie gehören einander. Der Rest der Familie ist woanders, die Schwestern sind ausgezogen, Ks eigener Papa ist außer Reichweite und sein Name unnennbar.

Auf einem Spaziergang in Hellasgården hat er K einmal erklärt, dass er lange bei der Mutterwolke geblieben sei, obwohl die Kräche krachend und die Disharmonien disharmonisch gewesen seien, doch letzten Endes habe er nicht länger bleiben können. Es sei nicht mehr möglich gewesen. Er sei aber immer Ks Papa gewesen und werde immer Ks Papa bleiben. Er liebt K. Die Mutter sagt, dass er doch besser gestorben wäre.

Draußen liegen der Park und die Straße und die Stadt und alle Streifen zwischen den Gehwegplatten, die in Reihen gelegt sind, damit die Menschen etwas Festes unter den Füßen haben. K muss vermeiden, auf die Streifen zu treten, die eine Steinplatte von der anderen trennen. Jeden Tag fährt sie mit der Buslinie 52 von der Schule nach Hause; der Bus ist rot wie ein Blutgefäß, und sie selbst ist ein Molekül, das im Stockholmkörper von einem Teil in einen anderen transportiert wird. Die Trunkenbolde, die oft ganz hinten im Bus sitzen, machen ihr Angst. Die lauten Jugendlichen machen ihr Angst. Rikard, der Junge aus ihrer Schule, macht ihr mit seiner harten Stimme Angst. Hure, was bedeutet das, hat sie ihre Mutter gefragt. Er hatte sie mehrmals verdammte Hure genannt. Er hatte auch gesagt, dass man an nur einem Teelöffel Wasser oder einer simplen Pfütze am Boden ertrinken und sterben kann. Wenn K eine Wasserpfütze sieht, denkt sie jetzt jedes Mal an seine Worte: Man kann daran sterben.

Sie mag Hunde, und sie liebt ihre Freundin Helena, die in der Hantverkargatan 44 wohnt. Wie kann eine Adresse so perfekt sein, so spannend und geheimnisvoll? Die ganze lange Straße schimmert von etwas undefinierbar Magischem, denn sie bildet die Fortsetzung von Helena – als ob die Luft dort ihr

Atem wäre, die Bäckereien ihr Brot backten, die Secondhand-läden voller Kleider und Staub aus ihrer Nähe wären und der Kürschner Helenas Haar mit weichen, im Schaufenster in braunen Wellen drapierten Nerzen imitierte. Helena ist klein und flink wie ein Eichhörnchen, das schönste Eichhörnchen der Welt. Sie ist Ks neue beste Freundin.

Um zu Helena zu gelangen, muss man durch den Hauseingang, über den Hof und eine Treppe nach oben gehen. Sie trinken Schokomilch und hören Musik. Helena liebt die Beatles, sie verkleiden sich und gehen zur Musik in schicken Kleidern auf und ab. K mag George Harrison am liebsten, weil er am traurigsten dreinschaut. Die Beatles kommen ihr alt vor, aber sie mag sie. Sie erinnern K an etwas, doch sie erkennt es zunächst nicht, weil es in der Erinnerung weit zurückliegt, unter einem Deckel, der schwer zu lüften ist. Mit einem Mal weiß sie: Diese Musik gehört zu ihren Schwestern.

Zu Hause spricht K nicht von den Schwestern. Ihre Namen lagern im Magazin für Gefährliche Wörter. Dass sich die Mutter in eine dunkle Wolke verwandelt, passiert sehr schnell, sekundenschnell kann das gehen. Am besten vermeidet K die Namen der Schwestern ganz, es ist ohnehin alles weg, die Welt ist jetzt eine andere, und darin leben nur die Mutterwolke und K, sonst niemand. Sie haben mich verlassen, kann die Mutter sagen, wenn sie irgendetwas an die Schwestern erinnert hat, trotz Ks Versuch, ihre Gedanken abzulenken. Sie haben mich verraten, sagt die Mutterwolke, ausgerechnet da, als ich am schwächsten war, ausgerechnet da, als ich Hilfe brauchte, genau in dem Moment, als ich zu Tode verletzt war, da haben sie mich verlassen.

Wenn K bei Helena in der Hantverkargatan 44 ist, vergisst

sie das alles. Dann ist sie fast an der Oberfläche, auf der das Geplauder stattfindet, ohne zu plötzlichen Notlagen zu führen. Die Schwestern hatten also die Beatles gehört, erinnert sie sich, in jener fernen Zeit, die es nicht mehr gibt und in der sie alle im selben Haus gewohnt haben. Die ältere Schwester hatte einen blauen tragbaren Plattenspieler aus Kunststoff, dessen Deckel man abnehmen und zum Lautsprecher machen konnte, und K sieht die Schwester noch vor sich, wie sie mit laut aufgedrehtem Plattenspieler in ihrem Zimmer auf dem Boden sitzt. *Help. I need somebody. Help. Not just anybody. Help. I need someone. Help.*

Helena in der Hantverkargatan mag *Ob-La-Di, Ob-La-Da*. Das ist etwas anderes. Helena zeigt ihr, wie man in einem Glas Kakao und Zucker mit Sahne zu einer fetten und guten Creme mischen kann, und sie essen sie mit Teelöffeln direkt aus dem Glas. Ks Mama sagt, dass K nicht dicker werden darf, doch die Schokoladensahne ist so schokoladig, so sahnig, und Helena ist so unmöglich zu widerstehen. Leider gehört Helena ihr nicht. Sie darf sich nie darauf verlassen, dass Helena da sein wird. Ein anderes Mädchen in ihrer Klasse liebt Helena ebenfalls, und K kann morgens zur Schule kommen und feststellen, dass Helena die andere gewählt hat. Zwischen K und dem anderen Mädchen gibt es keine Gnade. Wer Helena hat, ist Siegerin, ist Die Glückliche. Die Verliererin bleibt allein, und so soll es sein. Jeder Moment in Helenas Gesellschaft ist ein Goldmoment mit Musik und Sahne. An den Tagen, an denen Helena K wählt, darf das andere Mädchen nicht in die Nähe kommen. K genießt es, sie in den Pausen allein zu sehen.

Ks Kopf ist voll von den verschiedenen Stimmen der Mutterwolke. Es gibt eine Kopfwehstimme, eine Schlechter-Tag-in-der-Arbeit-Stimme, eine Schlaftablettenstimme, eine Stör-mich-nicht-Stimme und eine Voller-Energie-Stimme. Manchmal, gern nach einem Glas Wein, ist eine Entspannt-und-leicht-lachen-Stimme zu hören. Die gefällt ihr am besten. Sowohl die Kopfwehstimme ist gefährlich als auch die Schlechter-Tag-in-der-Arbeit-Stimme. Wenn K sich nicht vorsieht und darauf achtet, welche Wörter ausgesprochen werden, führt das unter Umständen zur Ich-will-nicht-mehr-leben-Stimme. Sobald die Mutter nach der Arbeit zur Tür hereinkommt und Hallo ruft, kann K einschätzen, wie der Abend sich entwickeln wird.

Was ist eine Wolke? Niemand weiß das, auch die Wolke selbst nicht. Sie bewegt sich durch die Atmosphäre, schön anzuschauen, schrecklich anzuschauen, sowohl feste Materie als auch ohne jede Festigkeit, zugleich Blitz und Seligkeit. Alles und nichts, weder so noch so, sowohl als auch. Die Wolke kann sich sammeln und verdichten, sich aber nicht selbst von außen sehen. Stets in den Umkreis ihres eigenen Dampfes eingeschlossen, ohne Vorder- und Rückseite unterscheiden zu können, blitzt sie, ohne zu wissen, warum, weint, ohne sich bremsen zu können, und wird zum Nebel ihrer eigenen Landschaft. Eure Majestät. Ihr seid eine Wolke. Ich bin eure ständige Meteorologin.

Für den Sonntagsausflug aufs Land zieht K sich warm an. Sie nimmt die Tüten mit dem Proviant, die Thermoskanne, den Wasserkanister und die Stiefel, die Mutter in die Diele gestellt hat, und bringt sie zum Aufzug, fährt damit ins Erdgeschoss, trägt sie noch ein paar Stufen hinunter und setzt alles gleich neben der Haustür ab. Dann fährt sie wieder nach oben, um mehr zu holen. Sie sind noch nicht abgefahren, als sie sich schon danach sehnt, nach Hause zu kommen.

Die Mutter holt das rote Auto aus der Garage unter dem Pontonjärparken, während K wartet. Sie beladen das Auto, dann hüpft auch K hinein und setzt sich auf den Beifahrersitz. Das ist ihr Platz. Als sie noch eine Familie mit zwei Schwestern, Kater und Ihrem-Vater-dem-Unnennbaren waren, ist niemand auf die Idee gekommen, K vorne sitzen zu lassen. Doch jetzt sind sie nur zu zweit. Die Mutter und K. Es gibt sonst niemanden.

K wird nicht müde, ihre Mutter zu betrachten und wie sich in einer ständig vorhandenen Unruhe der Ausdruck ihres Blicks verändert, von sich verdunkelndem Hell zu sich aufhellendem Dunkel. Wie können Glaskörper, Linse und Iris – letztlich die Anatomie des Auges – Zärtlichkeit, Abscheu, Licht ausstrahlen? Wie können Zellen, Blutgefäße, Sauerstoff, Wasserstoff und Kohlenstoffatome etwas X-Beliebiges ausdrücken? K weiß es nicht. Sie weiß nur, dass *sie* mit einem einzigen Blick K mit Leben erfüllen kann. Dieser Blick, der vom Grün zum Grau zum Grün wechselt, ist wie eine körperliche Berührung, so dicht ist er. Er besteht zu gleichen Teilen aus eingehender Prüfung und Verletzlichkeit. So ist *sie*. So ist ihr Blick auf die Welt, auf sich selbst, auf K: ein Strahl dunklen Lichts, unmöglich abzublenden. Von *ihr* betrachtet zu werden, vermittelt die Gewissheit zu existieren.

Die meisten Menschen verstehen den Weltraum nicht, denkt K. Sie begreifen nicht einmal die Milchstraße mit ihren nur 400 Milliarden Sternen, dabei ist sie bloß eine kleinere Galaxie unter vielleicht 2000 Milliarden anderen. Noch weniger lässt sich begreifen, dass es jenseits des Universums etwas gibt. Da verläuft die Grenze des überhaupt Denkbaren, denkt K. Später wird K klar, dass es auch bei ihr so ist. Etwas anderes als die Mutter gibt es nicht. Sie ist das Universum. Vor ihr: nichts. Jenseits von ihr: nichts. Etwas anderes ist nicht denkbar.

K sitzt neben ihrer Mutter auf dem Beifahrersitz, als wären sie ebenbürtig. Sie kümmert sich um das Radio und redet. Über diese kleineren Arbeitsaufgaben hinaus führt sie ihren Hauptauftrag aus: Die-Mutterwolke-am-Leben-erhalten. Die Mutter kann sterben, also sorgt K dafür, dass sie nicht stirbt. Der Platz auf dem Vordersitz bedeutet deshalb eine Vergünstigung, oder soll man sagen: ein Verantwortungsprivileg?

Eines Tages war die Mutter mit einer langen Liste von Nachnamen aus der Namensbehörde nach Hause gekommen. Sie saßen zusammen auf dem Sofa und probierten Namen aus. Wie wollten sie heißen? Die Mutter suchte einen, der sowohl auf Englisch als auch auf Schwedisch gut klang und dessen erster Buchstabe am Anfang des Alphabets lag. K las lange Listen von Namen, die unter B einsortiert waren. Billstam. Birkö. Bjurnäs.

Björkbo? Nein. Björkhage. Björkskär. Björkö. Bladholm. Blaxnäs. Welcher Mensch möchte denn Blaxnäs heißen? K lachte Tränen.

Dorander, sagte die Mutter, die D-Namen gelesen hatte.

K Dorander? Sally Dorander? Das klang gut. Einen Monat später kam die Mutter nach Hause und teilte mit, dass die Sache geklärt sei. Von diesem Tag an waren die Mutterwolke und K die Einzigen in ganz Schweden, ja auf der ganzen Welt, die Dorander hießen. Mit niemandem verwandt. K musste aufhören, den Nachnamen ihres Vaters zu schreiben und stattdessen einen neuen schreiben üben.

Im Auto haben sie ein Radio mit Kassettenrekorder und eine Lieblingskassette, worauf der Pianist Artur Schnabel Beethovens 5. Klavierkonzert spielt. Die legen sie jedes Mal ein, wenn sie zu dem Häuschen fahren, das Mutter gekauft hat, als das Reihenhaus verschwand, und jedes Mal lächeln sie einander erwartungsvoll und einverständlich zu. Die Mutter und K hören es sich gemeinsam an – es ist ihr Klavierkonzert, niemandes sonst, ihr Beethoven, ihr Artur Schnabel, dessen Finger von den Pauken und Streichern des London Symphony Orchestras begleitet über die Tasten laufen.

Die Mutterwolke fährt sie durch den Morgen. Alles wirkt braun und grau, als fände jeder Sonntag, egal zu welcher Zeit des Jahres, im März statt. Der Himmel ist kalt. Die Stadt liegt leer mit nackten Gehsteigen da. An den Bäumen sind die Äste gefroren. Wind weht zwischen den Häusern hindurch, unrhythmisch und launisch, sich selbst genug. Artur Schnabel spielt klar und beherzt, jeder Ton eine glänzende Perle, die aus dem Lautsprecher des Autos kullert. Ihr roter Morris wird von den weiß schimmernden, harten Tönen erfüllt, die durch die Luft fliegen und gegen die Fensterscheiben prallen. K, die Mutter und die Unruhe fahren auf der Autobahn zur leeren, grauen Stadt hinaus, durch die noch immer im Winterschlaf geduckte braune Landschaft, doch in ihrem geschlossenen Coupé wie in Ks Innerem dehnt sich ein Universum aus Perlmutt aus. Bei bestimmten Trillern und Arpeggien sehen die Mutter und K einander an, ihre Blicke schweifen von der Straße und dem

Verkehr ab, um sich rasch zu begegnen, um zu bekräftigen, dass sie wissen, was die andere empfindet, dass sie gleichzeitig das Gleiche erleben. Triumph, Kraft und Gegenwart.

Die Mutter fährt schnell, sie ist ungeduldig und nennt andere Autofahrer *bloody Sunday drivers*. K hält nach Polizeiautos Ausschau, damit die Mutter rechtzeitig auf das erlaubte Tempo herunterbremsen kann. Deshalb konnte K auch als Einzige in der Klasse die richtige Antwort geben, als die Lehrerin fragte, was *Augendiener* bedeute.

Das Klavierkonzert ist im selben Moment zu Ende, in dem sie die Autobahn verlassen. Die letzte Viertelstunde fahren sie in Stille, zuerst auf einer Landstraße und dann auf einer schmalen asphaltierten Straße, die in eine Schotterstraße übergeht, bis sie in ihre Zufahrt einbiegen und neben den Schlehensträuchern und der Hasel parken. Jetzt steht nur noch der Tag bevor.

Die Liste der Wörter-die-nicht-ausgesprochen-werden-dürfen, ist länger als sie selbst. Sie besteht nämlich nicht nur aus den verbotenen Wörtern, sondern auch aus allen Wörtern, die mutmaßlich zu den verbotenen führen, verbotene Assoziationen wecken. Die Liste ähnelt Treibsand. Sie ändert ständig ihre Form, Länge, Breite und Tiefe, und es spielt keine Rolle, wie genau K mitzählt und glaubt, sie unter Kontrolle zu haben, sie zu kennen. K kann trotzdem von einem Wort überrascht werden, das völlig unschuldig daherkommt, weil es keine Verbindung zu den verbotenen Wörtern zu haben scheint, weshalb sie sich traut, es laut auszusprechen – und dann stellt sich heraus, dass das Wort in die Katastrophe und die Unterwelt führt. Und daran ist sie selber schuld. Sie muss ihre Arbeit immer weiter verbessern.

Der eigentliche Ursprung des Treibsands ist das Wort Papa. Von ihm geht das Verbot aus. Als Nächstes ist Arzt an der Reihe. Nach den Regeln der Logik hängt das eine schließlich mit dem anderen zusammen. Folglich müssen Wörter wie Krankenschwester, Operation und Krankenhaus auf die Liste gesetzt werden. Das Wort zulassen erscheint neutral, ist in Wirklichkeit aber eine Falle, weil es indirekt mit Arzt zusammenhängt. Chirurg ist natürlich undenkbar. Der Begriff Weißkittel sollte ungefährlich sein (er besteht ja nur aus einer Farbe und einem Kleidungsstück), ist aber unmöglich. Krankenwagen gehört zu den Hochrisikowörtern, Notaufnahme und Narkose ebenso, und so weiter. Mit der Mutter zusammenzuleben erfordert ständige Assoziationsbereitschaft. Und K hat Dienst.

Das betrifft auch Rundfunk und Fernsehen. Nicht selten beinhaltet eine Sendung oder ein Lied entweder Wörter-die-nicht-ausgesprochen-werden-dürfen, oder ein eng verwandtes, dem Anschein nach ungefährliches Wort, das seine Ladung wie einen Sprengstoffgürtel unter der Kleidung verbirgt. K hält Wache, überprüft vorweg die Wirklichkeit, damit sie ihnen nicht mitten im Gesicht explodiert, sie errät den nächsten Satz, lernt Signalwörter heraushören. Zum Beispiel sagt im Radio jemand: »Und jetzt geht es nach Budapest.« Dann gilt es ganz schnell, aber zugleich unbekümmert den Kanal zu wechseln, damit die Mutter nichts merkt, so als würde K eine plötzliche Eingebung oder Langeweile überkommen, und sie sagt: Ach, lass uns was anderes hören. Und dann dreht sie am Senderwähler, sodass es zu rauschen anfängt und die eventuell gefährlichen Wörter gar nicht erst eine Katastrophe auslösen können. Eine andere, recht erfolgreiche Strategie besteht darin, schlagartig und relativ laut einen Hustenanfall zu bekommen.

Zu den verbotenen Wörtern zählen verständlicherweise auch: *Liebe. Heirat. Ehe. Scheidung. Glück. Ungarn. Ungarisches Essen. Ungarische Musik. Ungarische Freunde. Alles Ungarische. Konserthuset. Konzerte. Oper. Bach. Reihenhaus. Hägersten. Männer.*

Auch zu wissen, in welche Richtung die Mutter blickt, ist wichtig, damit K sieht, was diese sieht. Wenn sie zum Beispiel an einem Händchen haltenden Paar vorbeigehen, kann

149

das Sinkloch sich auftun. Ineinander verschränkte Hände auf einem Bild in der Morgenzeitung oder ein Liebeslied im Radio reichen. Gelingt es K nicht, die Aufmerksamkeit der Mutter davon abzulenken, bricht der dünne Firnis, und schon beginnt er, der Wortstrom, der Mahlstrom, der Verratsstrom, der Albtraum: Er, Ks Papa, habe die Mutter verraten, habe sie beide verraten, dadurch, dass er gegangen ist, dass er Mann ist, dass er das Unverzeihliche gesagt hat, das Unverzeihliche getan hat, und vor Ks Blick wächst die Wolke, wird immer größer, mit einer Stimme, die alle Räume füllt und sich zu einem Unheil verkündenden Crescendo steigert, mit Details darüber, wie er und sie miteinander geschlafen haben und was er dabei gesagt und getan habe, lange Sätze darüber, wie sie sich dabei gefühlt habe und wie er sie sich jetzt fühlen lasse, in einem sich beschleunigenden Erguss, der in ein fürchterliches Feuerwerk der Wut mündet, das in der eigentlichen Anklagephase gipfelt: *Geh zu deinem Vater*, ruft die Mutter, die schließlich gigantische Dimensionen annimmt. Verlass du mich auch noch so wie er. Ich kann dir nur sagen, dass dein wunderbarer Vater dich verraten hat. Du glaubst doch, dass er so gut ist – ich werde dir erzählen, was er getan hat, wirst schon hören. (K duckt sich.) *Geh*, ruft die Mutter mit Kirchenorgelstimme. *Raus*, befiehlt die ungeheuer große Mutter in ihrem roten Morgenrock, während die Teetassen klirren, wo du ihn doch über alles liebst. Offenbar ist er so viel besser als ich. Geh nur. Macht es euch gemütlich. Mit. Seiner. Neuen. Frau. In. Einer. Kleinen. Familie.

Bei jedem Wort ergießt sich ein Speichelschauer aus ihrem Mund. Diesem schönen Mund. Diesem bewunderten, stets korallenrot geschminkten Mund. *Geh!* Etliches von der Spucke dieses Donnerwetters landet auf K, Tropfen von Schwefelspucke,

Abgrundspucke, von aufgeweichten Brotkrümeln, mikroskopischen Perlen von Orangenmarmelade, doch sie wischt sie nicht ab. Am besten sich nicht bewegen. Ihre Mutter ist jetzt fünf Meter groß und kann unter der Küchendecke nicht mehr aufrecht stehen. Sie ist so breit, dass der Morgenrock Ks ganzes Blickfeld einnimmt. *Was ist das bloß für ein Mistkerl, geh!*

K bleibt. Sie habe trotz allem eine wichtige und einzigartige Aufgabe, denkt sie. Die Aufgabe des Lebens, des Ableitens, des Zuhörens und des Verständnisses. Sie ist die Einzige, die sie erfüllen kann. Die Einzige vor Ort. Wer, wenn nicht sie? Nie würde K die Mutter verlassen, niemals, die Mutter und sie werden immer zusammenhalten. Nach einer Weile bricht die Wolke in Tränen aus. Die Wolke will sterben. Wer soll sich dann um K kümmern?

Je mehr die Mutter weint und sich in Papiertaschentücher schnäuzt, desto mehr traut K sich, ein kleines Gran Hoffnung zu hegen, ein Fitzelchen, einen Hauch. Das Schlimmste ist vorbei. Als die Mutter in die Diele zum Telefon geht, kann K die Küche verlassen. Für diesmal ist ihre Aufgabe erledigt. Der Wortstrom, der Schmerzstrom, der Tränensturm richtet sich nun an irgendjemanden am anderen Ende der Leitung, und das graue Telefon füllt sich mit Ausrufen und Anklagen, Anklagen und Ausrufen, in Tränen aufgelöste Elektrik. K kann sich in ihr Zimmer zurückziehen, zur Musik, zu ihren Büchern, zu den Gedichten.

Keine Kinder, keine Erben, ohne Freund und fremd zu sterben. Niemandem nah zu sein. Wie alle Menschen bin ich mehr, exotisch, Rätsel, fremd und schwer, ein fernes Flammenlicht. Nein, so kann ich nicht mehr bleiben, ich muss und will mich deutlich zeigen, endlich gesehen sein. Hab mich gequält und aufgerieben und will doch nur, dass sie mich lieben, jemandem nahe sein, jemandem nahe sein.

Das Gedicht ist ungarisch, und K liest es mehrmals, bevor sie die Gedichtsammlung, die ihr der Vater einmal geschenkt hat, hinter einem anderen Buch versteckt. Wörter hinter Wörtern. Es ist anstrengend, Dienst zu haben, K ist müde. Doch es hat Sinn. Die Mutter spricht oft davon, ihr Leben zu beenden, manchmal beim Frühstück, manchmal beim Abendessen. Ich will nicht mehr leben, sagt sie. Ich nehme Schlaftabletten, sagt sie. Du, sagt sie zu K, bist die Einzige, die mich davon abhält. Nur deinetwegen sterbe ich nicht. Du, sagt sie zu K, bist die Einzige, die meinem Leben Sinn verleiht.

Die Mutter stellt die Tragetaschen mit den Lebensmitteln und Getränken in das Häuschen, wo es nach Mäusen und Schimmel und anderem undefinierbarem Mief riecht, ein Geruch, der sich in den Haaren und Kleidern festsetzt. K hat schon Hunger, aber die Mutter meint, sie seien doch gerade erst angekommen, holt einen Heizlüfter hervor, um in dem einzigen Raum die Temperatur zu erhöhen, zieht Gummistiefel an und geht nach draußen.

Schweigsam und verschlossen macht sie sich mit Spaten und Hacken an die Arbeit, ans Umpflanzen und Unkrautjäten oder Stutzen abstehender Zweige, Laubfegen und Laubverbrennen. Gelegentlich hilft K beim Fegen, bekommt dabei aber Blasen an den Händen, und außerdem langweilt es sie. Feuermachen findet sie amüsanter, doch manchmal herrscht Feuerverbot. Heute ist ein graukalter Märzsonntag. K könnte sich zwar im Spielhäuschen beschäftigen, aber da ist die Tür undicht und schwer zu öffnen, im Spielherd haben sich die Mäuse eingenistet, und eigentlich ist sie für solche Spiele schon zu alt. Sie könnte sich auch im Haus unter eine Wolldecke legen und ein Buch lesen, aber da ist es immer noch nasskalt – also begibt sich K auf Wanderschaft.

Die Mutter arbeitet unerreichbar und wortlos. Der Tag wird mindestens zwanzig, dreißig Stunden dauern. K kann nicht sehen, dass er irgendwann ein Ende nehmen wird. Sie geht in Richtung Grundstücksgrenze, fort von der Abgewandtheit der Mutter, und lässt das Häuschen und das auf der Schotterstraße geparkte Auto, die dornigen Schlehensträucher und den freundlichen Haselstrauch hinter sich. In dem Moment, in dem sie den Schritt über den Graben macht, der die Grenze zwischen dem Sommerhausgrund und dem Waldstück markiert, das niemandem gehört, verschwindet alles hinter ihrem Rücken und löst sich wie eine alte Erinnerung in Grau auf.

Der Wald gehört denen, die darin gehen. Wer immer will, kann ihn aus jeder Himmelsrichtung erreichen, und so gesehen grenzt er an den ganzen Rest der Welt. Trotzdem ist der Wald nicht Teil von etwas. Er ist unberührt und unkontrolliert. Ein Reh zieht vorüber, ein Igel bringt das Laub zum Rascheln, die Waldmäuse laufen ihre fein gezeichneten Pfade entlang, und im späten Frühjahr findet K manchmal sogar eine rosa schillernde, karierte Schachblume: ein Schatz, eine Freundin, eine Ausnahme.

K dreht sich um, um zu sehen, ob die Mutter merkt, dass sie gerade verschwindet, aber die ist mit den Händen in der Erde über ihre Arbeit gebeugt. K geht jetzt. Lässt jetzt alles hinter sich. Es gibt sie jetzt nicht. In ihrer Einsamkeit wachsen Bäume, der Wind streicht durch sie hindurch, Lichtungen öffnen sich.

K folgt den Tierspuren. Sucht essbare Beeren. Wandert an

der Grenze des Waldes entlang, um sich zu versichern, dass die Steine so liegen, wie sie liegen sollen, dass keine Äste abgebrochen sind und die Pfade frei sind von Müll. Sie guckt nach den grünen Blättern, die aus dem Vorjahreslaub spitzeln, und freut sich, dass die Buschwindröschen schon kommen. Und sie sucht die Fichte auf, ihre Fichte, ihre *Fenyö*, die in der linken Ecke des Waldes auf sie gewartet hat. Sie kriecht unter ihre Äste, in einen Raum mit braunen Nadeln auf dem Boden, grünen Nadeln als Wand und Dach und am Stamm entlang Harz. Sie geht in die Hocke und gräbt zwischen den Wurzeln in der Erde. Dort hat sie ihre Schätze versteckt: einen Flummi aus durchsichtigem Gummi, zwei Glaskugeln, ein Schneckenhaus ohne Schnecke. Krimskrams, eigentlich gar keine Schätze, trotzdem bedeutungsvoll, weil sie ihr gehören, sie hat sie dorthin gebracht und vergraben, und darum beweisen sie unzweifelhaft: Fenyö ist ihr Raum, ihre Zuflucht, ihre Fichte. Fenyö ist ihr Name, der Name ihres Vaters, so, wie sie ursprünglich hieß, bevor die Mutter ihn gewechselt hat. Fenyö bedeutet Fichte auf Ungarisch, und Ungarisch ist die Sprache ihres Vaters, und Fenyö ist der Name ihres Vaters, und darum ist K eine Fenyö, und die Wurzeln der Fichte ein Ort, um die Sehnsucht zu begraben und sie auferstehen zu sehen.

K wiegt die unbedeutenden, aber zugleich wichtigen Sachen in der Hand. Sie hat sie nicht ihres Aussehens oder ihrer Form wegen vergraben oder ausgegraben. Sie möchte nur sicher sein, dass sie schon mal bei der Fichte war, *dass noch besteht, was geschehen ist.*

Unter dem Klavier sitzen, wenn er Bach übte. Sonntags in Hellasgården spazieren gehen. Glauben, dass er das Fahrrad am Gepäckträger fasst, wenn er in Wirklichkeit bereits losgelassen hatte und sie allein fuhr. Auf seine Schultern gehoben werden und sich in seinem Haar festhalten. Auf dem Hof stehen und nach ihm rufen, aber György nicht ordentlich aussprechen können. Zum Geburtstag Bücher geschenkt bekommen: Nils Ferlin, Karin Boye und ins Schwedische übersetzte ungarische Gedichte. Dass er manchmal nachmittags anrief, wenn K nach der Schule allein zu Hause war, und fragte, wie es ihr gehe, und sagte, du weißt doch, dass ich dich liebe, und K nicht reagieren konnte, weil sie verschlossen und blockiert war und nur daran dachte, den Hörer aufzulegen, damit die Wolke nichts erfuhr, denn die Gespräche könnten auf der Telefonrechnung zu sehen sein, dann gäbe es wieder einen Abstieg in die Unterwelt, und darum sagte sie fast nichts, fast überhaupt nichts. Die vergrabenen Sachen sind ein Beweis. K legt sie fürs nächste Mal zurück. Bevor sie aus der Vaterfichte tritt, späht sie durch die Zweige, um zu kontrollieren, dass niemand in der Nähe ist. Niemand darf sie sehen. Fenyö muss unbemerkt bleiben, jenseits der Kenntnis der Mutterwolke, absolut geheim und nichts als geheim, *so help me God.*

Sie kehrt zurück. Es liegt alles noch da, das Braune und das Graue, das Erdige und das Welke, die nackten Äste und das alte Laub. Die Mutter arbeitet gebückt. Es ist ein Tag ohne Ende.

Lange Zeit später sind die meisten Tage verschwunden. Geblieben sind isolierte, von der Zeitachse abgekoppelte Momente, geprägt von ihrem Geruch und dem Licht, das sie durchströmt: schlecht belichtete Filmsequenzen. K erinnert sich, wie sie zusammen gelacht haben, sie und die Mutter. Wie die Mutter ins Zimmer treten und das Zimmer sich dann verändern konnte, wie sich bei ihr die Lebenshitze sammelte, als würde K erst in

155

diesem Moment einen Körper bekommen, erschaffen werden. Es gab keinen anderen Mittelpunkt. Die Mutter war das Schloss, zu dem die Wege führten, der Turm mit seinen Kerkern und Flüchen, sie war die Königin mit einem Blick, der von verheerendem Dunkel wechseln konnte zu Gewölbebogen aus Goldlicht mit Engeln an der Decke. K erinnert sich, wie sie sie geliebt hat, doch die Worte sind bedeutungslos und dünn wie Reispapier. Lieben. Liebe. Unbrauchbare Wörter, wenn es um den Ursprung der Welt geht. *Sie* war der Ursprung des Feuers, der Ursprung der Goldengel und Sonnenreflexe. *Sie* war der Ursprung der Pfeilspitzen, war der Schmerz und die Wunden. Ohne sie, nichts. Aus ihr, alles.

Lange Zeit später sind also die meisten Tage verschwunden. Vielleicht erinnert K sich an die falschen Tage? Wie kann ein Mensch wissen, ob gewisse Stunden, spezifische Gefühle und Erlebnisse deshalb zu Erinnerungen werden, weil sie ganz gewöhnlich waren, sich oft wiederholt und sich deshalb eisern in der Hirnrinde festgesetzt haben? Oder ob diese Stunden, Gefühle und Erlebnisse deshalb in Erinnerung geblieben sind, weil sie ungewöhnlich waren, weil sie von der Alltäglichkeit des Alltags abgewichen sind? Erinnert sich K an das Gewöhnliche oder an das Ungewöhnliche, an das Schmerzhafte oder an das Glückliche?

Der Alltag sieht so aus: Die Unruhewolke geht jeden Morgen zur Arbeit und kommt gegen sechs Uhr nach Hause. Sie macht Essen, und sie essen. Sie gucken die Nachrichten, und manchmal schläft die Mutter auf dem Sofa ein. Manchmal liegt K mit dem Kopf auf ihrem Schoß und kann ihren Magen rumoren hören. Anschließend zieht die Mutter sich zurück, um an ihren Übersetzungen zu arbeiten. Sobald sie die zwei zum Schlafzim-

156

mer führenden Türen mit gefrostetem Fensterglas zugemacht hat, weiß K, dass sie nicht stören soll. K sitzt in ihrem Zimmer und hört die Tasten der elektrischen Schreibmaschine unter den Fingern der Mutter rattern und die lange Stille, die entsteht, wenn ihre Mutter-die-große-Wolke liest oder in Wörterbüchern nach dem richtigen Ausdruck sucht. Manchmal sagt die Mutter Bescheid, wenn Schlafenszeit ist, manchmal geht K von sich aus ins Bett. Dann kommt die Mutter zu ihr, setzt sich auf die Bettkante und sagt gute Nacht, sie umarmen sich, und anschließend schläft K bei Stille und Geratter ein. Später erwacht sie von Weinen.

Durch den Schlaf, durch die Wand, durch den Abend hört K die Mutter in das graue Telefon weinen. K stellt sich vor, wie der Apparat quasi mit Körperflüssigkeit und Worten gefüllt wird, mit der Unruhe der Wolke, einem salzigen Regen. Die Stimme der Mutter ist mal anklagend, mal jammernd. Ihr Weinen unendlich, es steigt und sinkt wie ein Telefondraht an den Masten entlang einer Bahnstrecke, es nimmt kein Ende.

K weiß nicht, mit wem die Mutter spricht. Manchmal ist es wohl ein Pfarrer, den sie im Telefonbuch gefunden hat, manchmal eine Freundin. Hin und wieder ein Psychologe. Doch nie scheint es bei jemandem zu bleiben. Sie werden gewechselt. Ein neuer Pfarrer, eine andere Freundin, ein besserer Psychologe. Sie verschwinden und kehren nicht wieder. Vielleicht sind sie nicht so gut, nicht so im Dienst oder loyal? Vielleicht weiß nur K, wie die Wolke behandelt werden muss? K ist Behutsamkeit und Geduld. Sie hört zu. Sie hat alles gehört, viele Male, und sie hört es wieder. Die Mutter wendet sich an K, wenn die anderen verschwinden, K bleibt.

Ihr tut das Telefon leid, das mit Spucke gefüllt wird, ihr tut diese Person leid, die zuhört und mit Worten und Wut gefüllt wird, ihr tut die Mutter leid, die mit dem Hörer in der einen und einem Papiertaschentuch in der anderen Hand und mit dem Schmerz als lebensbedrohlicher Krankheit dasitzt. Zum Klang der Anklagen schläft K wieder ein. Wenn sie im Morgengrauen erwacht, geht sie durch die Türen mit dem gefrosteten Glas und legt sich neben die Wolke, deren Gesicht vom Weinen und von einer halben Schlaftablette oft gedunsen ist. K massiert der Mutter die Schultern. Das gefällt der Mutter. Anschließend müssen sie sich beeilen, um zur Schule und ins Büro zu kommen, und alles fängt von vorne an: die Heimkehr der Mutter gegen sechs Uhr, ihre Müdigkeit, das Essen, wie sie auf dem Sofa einschläft, die Übersetzungsarbeit hinter geschlossenen Türen, das Gutenachtsagen, das Abendweinen, das Telefon, das immer mehr mit Tränen gefüllt wird, und schließlich K, die ihre Mutter jeden Morgen fragt, ob sie massiert werden möchte. Sie möchte.

K mag *Meine Lieder – meine Träume* nicht. Die lächelnden Kinder, das blödsinnige Gehüpfe über Berghänge, diese Geschwister, die einander zu mögen scheinen … Der Film ist wie ein Glas voll Süßigkeiten, deren Geschmack sie nicht versteht. Sie hat ihn im Kino und im Fernsehen gesehen, sie hat die alte Schallplatte der Schwestern mit der weißzahnigen Julie Andrews auf der Plattenhülle: Die Lieder kreisen K oft und zuckerklebrig im Gehirn herum. Manchmal entstehen neue Textzeilen, was ziemlich irritierend ist: *Ebeltoft, Ebeltoft,* singt es in K, *zart und grün, weiß und schön.*

Das Städtchen Ebeltoft ist wirklich weiß und grün und liegt in Ks Erinnerung wie eine Isolierzelle für sich allein. Was kommt vor Ebeltoft, was danach? Sie hat keine Ahnung. Sie weiß, dass die Stadt in Dänemark liegt. Sie war mal dort. Bäume, Büsche und weiß gekalkte Fachwerkhäuser mit niedrigen Decken und Kletterrosen an den Hauswänden. Sie kam in dem roten Auto dorthin, das die Mutter an Bord einer Fähre gefahren hatte, auf der sie Karten spielten, und dann kamen sie an. Wo waren sie? Hier.

Die Mutter hatte eine Adresse auf einem Zettel stehen, und sie fuhren suchend durch die gewundenen dörflichen Straßen mit dem Kopfsteinpflaster. Die Häuser hatten schiefe Dächer und Fensterscheiben, bei denen die Glasmasse sehr langsam geflossen war und die deshalb unten dicker waren als oben. Gravitation lautet der Name dieses Flusses, dachte K, die sich mit dem Glasbläser in Skansen unterhalten hatte. Sie versuchte zu begreifen, wie eine Glasscheibe starr sein und zugleich fließen kann.

Schließlich fanden sie das richtige Haus. Eine Tür, ein Klopfen. Eine freundlich lächelnde Frau öffnete. Sie sprach Dänisch. Ihr Mann sprach Dänisch. Die zwei Kinder sprachen Dänisch. Die Frau hatte ihre Schwester zu Besuch, die auf dem Sofa saß und Pfeife rauchte. K katte noch nie eine Frau mit einer Pfeife im Mund gesehen und war prompt beeindruckt, beinahe verliebt, doch die Pfeife rauchende Frau beachtete sie kaum.

Die Frau, die die Tür geöffnet hatte, brachte Kaffee, die Kinder bekamen Saft, K verstand nicht, was sie sagten, aber es war alles recht nett, und auf dem Plattenspieler in ihrem Gehirn lief auf eine nervtötende Weise, die K trotzdem belustigte, das Edelweißlied aus *Meine Lieder – meine Träume* mit dem neuen Ebeltofttext, und dann verabschiedete sich die Mutterwolke und fuhr weg.

K blieb.

Die freundliche Frau zeigte ihr ein Bett, in dem sie schlafen sollte. Die freundliche Frau nahm ihre Tasche und öffnete sie. Bei jedem Ding, das die freundliche Frau herausnahm, um es in eine Kommodenschublade zu legen, die sie vorher ausgeräumt hatte, damit Ks Sachen Platz hatten, versetzte es ihr einen Stich. Die Frau redete sanft in der Sprache, die K nicht verstand. Der weiße Teddy war da. Die Wolldecke, mit der K immer schlief, war da. Die Kleider, die aus der Tasche hervorgeholt wurden, waren definitiv ihre: bekannt, vertraut, gewohnt. Doch in einer

neuen Schublade in einem windschiefen Haus in einer Kopf-
steinpflasterstraße in Ebeltoft sahen sie merkwürdig anders aus.
Auch K war dort, aber wo war sie? In ihrem Kopf sang es *Meine
Lieder – meine Träume*, dabei wollte sie, dass es endlich aufhörte.

Abends legte sie sich schlafen. Morgens wachte sie auf. Sie
spielte mit den dänischen Kindern. Sie spielten mit ihr. Sie
lernte ein paar dänische Wörter. *Lad være*, schrien die Kinder
oft, wenn sie sich ärgerten. Gute Wörter. K machte es wie sie
und zog die Wörter zusammen. *Lavär*, rief sie. *Lavär*!

Nachts wachte sie auf. Und fing zu weinen an, wenn sie nicht
wusste, wo sie war. Die freundliche Frau, sie hieß Anne, nahm
sie mit zu sich ins Bett, wo K weiterweinte. Könnten sie die
Mutter anrufen? Nach Singapur ließ sich nicht telefonieren.
Wann würde sie zurückkommen? In drei Wochen. Wann
wären drei Wochen um?

Am Morgen packte Anne Saft und Roggenbrot und Kekse
in Körbe, und dann hüpften sie, die Kinder und K in ein Auto.
K hatte Freude daran, sich die schmalen schilfgesäumten Pfade
hinaufzumühen, bis sie auf dem Kamm einer Sanddüne an-
langte und die Weite, die sich dort öffnete, sie überwältigte:
die Weite des Strandes, die Weite des Meeres, die unendliche,
offene Erhabenheit des Himmels. Sie hatte Freude an den Millionen von Sandkörnchen, die in jeden Spalt rannen, heiß,
wenn man auf ihnen ging, doch im Stranddunkel unter der
Oberfläche nasskühl. Sie badete am Meeresrand, wagte sich
aber nie so weit hinaus wie die anderen Kinder. Sandburgen
stürzten ein, Saftbecher kippten um, die Kinder verstanden
kein Schwedisch, ließen K aber mitmachen. Am liebsten lag
K mit Anne zusammen in einer Sandkuhle. Jede las still ihr

161

Buch, während ringsum Rufe zu hören waren und das sanfte Rieseln des Sandes, der sich im Wind bewegte: Tausende Millionen Körnchen abgeschliffener Schnecken und Bernsteine und Kalksteine und Granite und niedergegangener Meteoriten, die sich wie Stundenglassand im Wind bewegten.

Nachts weinte sie, Anne holte sie zu sich ins Bett, und dann waren es nur noch zwei Wochen, danach noch anderthalb, bis K abgeholt würde. K las ihre Bücher und schaute sich dänische Comichefte an. K lief mit den anderen Kindern an einem Fluss entlang, verstand aber nicht, was sie sagten. K und die Kinder übernachteten im Pfarrhaus, wenn Anne und der Papa essen gehen wollten. Dort brachten andere freundliche Frauen K in ein Bett, dessen Zudecke eine große, bauschige weiße Wolke aus Daunen war. K schlief gut in dieser Nacht, doch dann wachte sie auf und weinte wieder. Nur noch eine Woche. Noch drei Tage. Morgen.

Die Wolke kam. Als ob nichts gewesen wäre. Sie holte sie ab. Spielte auf der Fähre Karten. Fuhr nach Hause. Sie hatte ein Mah-Jongg-Spiel aus Singapur mitgebracht. Die Regeln konnten sie zwar nicht entziffern, doch die Symbole auf den Spielsteinen waren hübsch: Bambus, Drachen, Blumen, Winde. K bekam eine Puppe in steifen Kleidern in einer Klarsichtdose. Spielen konnte man mit der Puppe nicht, aber sie war wirklich schön. Alles war wie immer. Singapur erschien ebenfalls schön, nur irgendwie unvorstellbar.

Als die Mutter Hunger bekommt, gehen sie ins Häuschen und essen zu Mittag. Den Rest des Tages liegt K in dem spärlich beheizten Raum auf dem Sofa unter einer Wolldecke und liest. Mit Einbruch der Dämmerung kann die Mutter nicht länger im Garten arbeiten, und so beladen sie das Auto mit Trageta-schen, Stiefeln und Wasserkanister. Es wird vom Geruch des Häuschens erfüllt, der ihnen jetzt in den Kleidern sitzt. K friert, doch dafür kann das Auto nichts. Der Morris ist ein Freund, eine Verheißung, dass das Graue und Leere bald vorüber ist und sich in Zuhause und Abend verwandelt. Die Mutter fährt, K sitzt daneben. Manchmal hören sie Radio, meistens aber das Best-of von Simon & Garfunkel. *Hello darkness, my old friend.* Die vertrauten Straßen empfangen sie, der Park ist noch dort, wo sie ihn zurückgelassen haben, der Konsumladen ebenfalls, und die Nachbarn bewegen sich wie immer in ihren behag-lichen Zimmern im Haus gegenüber. Die Mutter und K kau-fen für jede eine duftende Pizza und brechen mit der Regel der Mutter, indem sie im Wohnzimmer aufdecken und vor dem Fernseher essen. K wird es langsam wärmer, und ihre Kamera-din, die Einsamkeit, verblasst im Licht des Fernsehschirms zu einem Schatten.

Lange Zeit später erfährt sie, dass der Vater die Stunden, die Tage und die Wochen zwischen ihren Treffen gezählt hatte, Da-tum für Datum, Abwesenheit für Abwesenheit. Sie hat die Liste gesehen, auf der er jeden gemeinsamen Augenblick verzeich-net hatte, und begriffen, dass auch er die Leere zwischen ihnen auf Hunderten von Seiten unausgesprochener Worte und nie erzählter Geschichten festgehalten hatte. Sie hat erfahren, dass er, um seiner Sehnsucht ein Ende zu bereiten, zu einem Anwalt gegangen war. Lange Zeit später liest K die Briefe, die zwischen den eingeschalteten Juristen hin- und hergegangen sind. Darin schreibt der Anwalt der Mutterwolke, dass K selbst es sei, die ihren Vater nicht treffen wolle. Lange Zeit später liest K diese

Worte, die sie nicht erkennt, und zerbricht beim Lesen, bei der Lüge, zerbricht daran, dass es so lange Zeit später geworden ist.

Im März 1976 weiß K noch nichts von diesen Briefen zwischen ihren beiden Wolken und deren Anwälten, sie weiß nur das, was alle Zehnjährigen wissen, das heißt, bestimmte notwendige Fakten über das Dasein: Der Käfig des Goldhamsters muss jede Woche sauber gemacht werden, falschen Onkeln muss man aus dem Weg gehen, und die Schlaftabletten der Mutter liegen in der Diele in der obersten Kommodenschublade links. K zählt sie manchmal. K schreibt ihr Testament und vermacht alles, was sie besitzt, der Mutter.

Das Fenster von Ks Schlafzimmer geht zum Hof. Die Kirsch-
bäume und dornigen Berberitzen sehen klein und zierlich aus
von oben, wie ein durchdachter Plan in jemandes Kopf, eine
Vorstellung von einem Ort, an dem Menschen Freude oder
Ruhe finden. Doch da sind nie Menschen, auch K nicht. Es
ist ein leerer Hof mit Bäumen, die Bäumen Gesellschaft leisten, und Kieswegen, die nie geharkt werden müssen, weil über
den Kies nie jemand geht. Im Haus gegenüber sieht K hin und
wieder eine Frau tanzen. Ihr Kleid (manchmal ist es ein locker
umgeschlagenes Laken) bewegt sich wie eine Luftschicht um
ihren Körper, eine Schicht wirbelnder Bewegung außerhalb
ihrer eigenen Bewegung. K nimmt an, dass die Frau glücklich
ist.

In der Schule sprechen sie über Verwandtschaft. Die Klas-
senlehrerin (ihr Gesicht erinnert an einen Vollmond, freundlich leuchtend und mild) bittet die Kinder, Bilder ihrer Familie
zu zeichnen. Eine nach der anderen bieten die Klassenkamera-
dinnen ihren Reichtum dar. Ich habe acht Cousinen und Cou-
sins, sagt eine. Ich habe zwölf, sagt eine andere, und so entsteht
ein Wettstreit darüber, wer die meisten hat. Zählen auch Halb-
cousinen? Eine mit insgesamt achtzehn Cousinen und Cou-
sins gewinnt. K ist still. Sie versteht diese Wörter nur schwer.

Cousin. Großcousine. Sie findet sie sehr schön, gewissermaßen auf eine rätselhafte Art glänzend. Wie in den Märchenbüchern sieht sie vor ihrem inneren Auge Aladins Höhle, übervoll mit Cousinen, Diamanten, Großcousins und Rubinen. Zusammen verbreiten sie ein funkelndes Licht, so blendend stark, dass alles unerreichbar bleibt.

Es gibt eine Großmutter Rita und eine Tante Yvonne. Sie leben in einem anderen Land. Einmal im Jahr schickt die Tante einen Brief, und wenn K das Kuvert öffnet, fallen zwei oder drei Fotos heraus: Hier ist meine eine Katze, hier streiche ich eine Wand frisch, hier ist meine andere Katze. Die Tante sucht Kontakt, doch K weiß nie, was sie antworten soll.

K steht in der Wohnung am Fenster ihres Zimmers und überlegt, wie schön es wäre, Menschen zu haben, die irgendwie zu ihr gehörten, eine Schar – ihre Schar –, die einfach da wäre und Freude daran hätte, sie zu treffen. Sie schaut auf den leeren Hinterhof und die tanzende Frau, die sich in der Wohnung gegenüber in selbst herbeigeführten Wirbeln dreht. K tut so, als wäre die Frau ihre Tante Yvonne. K lebt nun bald elf Jahre und ist uralt, runzlig und grau wie Treibholz.

Sie lagert die verbotenen Wörter, keschert sie aus ihrem Umfeld. Es werden immer mehr Wörter, die in der Nähe der Mutterwolke nicht ausgesprochen werden dürfen, die Sammlung wächst ständig und wird schwerer zu überblicken. Die Liste mit nah verwandten Wörtern wird ebenfalls größer. Rein logisch betrachtet, denkt K, müsste die Arbeit mit den Wörtern im Lauf der Zeit einfacher werden. Das Lager der erlaubten Wörter wird schließlich kleiner, wenn die nicht erlaubten mehr werden. Rein logisch betrachtet, denkt sie, bleibt die Summe der Wörter ja gleich. Doch das Sortieren, das Wägen und Messen, die Bewertung der Wörter und ihres Gefährlichkeitsgrades beanspruchen einen großen Teil von Ks wacher Zeit.

Ein Wort liegt einsam und radioaktiv im Tresor, versiegelt mit Beschwörungen, Herzklopfen und starker Unruhe.

Wie kann sie ein Wort kennen, das nie gesagt werden darf? Sie weiß es nicht. Sie ist sich nicht einmal sicher, ob der schussichere Tresor überhaupt existiert. Sie will nicht, dass er existiert. Sein Inhalt ist Tod. Man kann nicht davon sprechen. Sag nichts, sagt die Mutterwolke zu K. Erzähl es nie. Niemandem. Das Geheimnis liegt in deinem Namen, erzähl es nie. Das Geheimnis liegt in den dunklen Haaren auf deiner Oberlippe, bleich sie. Das Geheimnis liegt in dem, was du enthüllst, lass es niemanden wissen. Es ist kein Verlass auf die da draußen. Sie ziehen Schlussfolgerungen, sie zählen eins und eins zusammen und fördern eine Wahrheit zutage, und wenn du nicht aufpasst, läuft dein Geheimnis über, und dann gibt es kein Zurück mehr. Nirgendwo ein Entkommen.

Alles ist ganz deutlich, aber zugleich unbegreiflich. K weiß, dass das Wort existiert, weiß, dass es mit ihr zu tun hat *(sie ist es)*, doch sie weiß nicht, wie sie es erfahren hat. Ein Satz hier, ein Blick dort, eine Warnung, eine Unruhe. Eine Vorsichtsmaßnahme, ein Schweigen als Ersatz für ein Wort, die Pausen in den Gesprächen; die Atemstillstände in den Sätzen, die nicht ausgesprochen werden, Signale und das Aufhören der Signale. Ein Morsealphabet der Angst.

Irgendjemand hat einen besonderen Tag gefilmt. Hatte entschieden, ebendiesen Tag aus dem täglichen Strom von ineinandergehakten Tagen und dem nächtlichen Strom von ineinandergehakten Nächten, aus all dem, was man meist ganz generell als Zeit oder Leben bezeichnet, herauszuheben. Dieser eine Tag war also zu einem besonderen bestimmt worden, sollte allein und oktoberschimmernd mit gelbem Laub im Sonnenlicht dastehen und zu einem Solitär werden. Schlichtweg zu einer Erinnerung. K hat keinerlei Erinnerung daran, ist aber nachweislich dabei, wie sie in dem Film ja selbst sieht. Im Grunde sogar als Hauptperson. Der Film ist entstanden, weil es K gibt. Ihre Existenz und die Existenz des Films hängen eng miteinander zusammen. Trotzdem muss sie bei dem Film sozusagen Anleihen von sich selbst machen, um über jenen Tag etwas zu wissen und der Erinnerung auf diese Weise etwas von außen zuzuführen. Es ist immerhin ihr Tag, ihr Film, ihr Sonnenlicht, das in die Einsamkeit sickert, ihr Oktoberlaub, das noch als gelbes Blinken in den Bäumen hängt. Seither hängt es dort: das Oktoberlaub in seinen Oktoberbäumen. Der Film sieht es nie fallen, die Erinnerung sieht es nie fallen, und deshalb ist es noch da, und auch der Tag ist noch da, im Gegensatz zu allen anderen Tagen, die lautlos gealtert sind. Es ist möglich, den 24. Oktober 1965 wieder und wieder zu betrachten. In zirka drei Minuten und fünfundvierzig Sekunden. K kontrolliert die Zeit.

Der unbekannte Filmer leitet seinen Auftrag damit ein, einen Parkplatz zu filmen. Auf blauem Asphalt stehen still und leer zwei Autos, in deren Lack das Sonnenlicht blinkt. K stellt sich vor, wie der Filmer eine schwarze Kamera ans Auge hält, mit den Füßen fest auf dem Boden steht und mit dem Körper eine halbe Drehung macht, um ein Panorama aufzunehmen. Noch ein geparktes Auto wird sichtbar, ein Saab, dann schwenkt der Sucher der Kamera über mehrere Bäume mit scharf gezeichneten Ästen und gelbem Laub auf ein ovales Schild mit leuchtend roten Buchstaben, die das Wort ESSO bilden. Das ist sehr schön, stellt K fest, ein schöner Parkplatz bei einer schönen Tankstelle. Der Filmer, wer immer es gewesen sein mag, hatte ein Auge für die Ungewöhnlichkeit des Gewöhnlichen, die Farbigkeit der Farben, könnte sie auch sagen, dafür, wie diese an dem stillen Tag ohne Bewusstsein für ihre eigene Leuchtkraft strahlen.

Dann fängt der Filmer die Straße ein, die zu dem Parkplatz führt. In einiger Entfernung bewegen sich ein paar Leute, es sind drei Frauen. Mit dem Rücken zur Kamera laufen in der Nähe zwei Männer. Der eine trägt eine Baskenmütze, der andere einen Hut. Achtzehn Sekunden hat der Film bisher dokumentiert, da wird die Kamera ausgeschaltet. Als sich ihr Auge das nächste Mal öffnet, steht der Filmer auf einem anderen Gehsteig in einer anderen Straße. Soeben ist ein Mann mit Hut durchs Bild gelaufen. Ein Schild, das Fußpflege anpreist, taucht auf, ein anderes verkündet das Wort LEDER. Ein Volkswagen und ein Citroën stehen geparkt, und ein gelbbrauner Volvo Amazon fährt vorbei. Für eine Panoramaaufnahme macht der Filmer jetzt wieder diese langsame Schwenkbewegung nach rechts, wo sich eine hohe Kirche aus Ziegeln auftürmt. Jetzt lässt sich der Ort identifizieren. Es ist eine Straße aus Ks Erinnerung, ein nachweislich existentes Gebäude: die Englische Kirche in Göteborg. Die Sonne bescheint die Längsseite der Kirche. Das von einem großen kreisrunden Glasfenster gekrönte, schwere doppelte Holzportal liegt im Schatten. Neugotischer Stil, stellt K fest. Fialen, Spitzgiebel und Strebepfeiler.

Plötzlich tut sich etwas. Ein fröhlicher Mann steigt aus einem Auto und lächelt mit offenem Mund in die Kamera, möglicherweise ruft er etwas. Es gibt keinen Ton. Auf der anderen Seite steigt eine Frau aus. K erkennt die beiden, liebe Menschen mit hochrotem Gesicht, die gern feiern, trinken und rauchen, und jetzt stehen sie da und lächeln, obwohl sie schon lange tot sind.

Der Filmer dreht weiter. Mit energisch blinkenden Seitenlichtern kommt ein grauer Volvo Amazon angefahren. Der fröhliche Mann geht dem Auto entgegen. Es scheint voller Menschen in Bewegung zu sein, ihre Köpfe sind Silhouetten, die Gesichter unmöglich zu erkennen. Der fröhliche Mann öffnet von außen die Autotür, und zwei kurzhaarige Kinder steigen aus dem Fond. Die zwei Schwestern. K versetzt es einen Stich, als sie sie sieht, weiß aber nicht, warum. Sie sind süß und wollen so gern dabei sein, schauen erwartungsvoll drein. Der Filmer nimmt sie jedoch nur beiläufig auf, vom Rest des Films sind sie praktisch ausgeschlossen. Auch von dem Tag? K weiß es nicht. Die Mädchen. Die Schwestern. Ks Schwestern. Mit ihren gleichen blauen Anoraks. Warum schmerzt es, sie anzusehen?

Eine weitere Person entsteigt dem Fond, eine zarte und lächelnde Frau mit Hut: Lilly, die bis aus Budapest nach Göteborg angereist ist. Auch sie zu sehen, schmerzt, allerdings auf andere Weise. (*Ich wünsche, ich hätte dich kennenlernen dürfen.*)

Jetzt steigt der Fahrer aus, der junge Mann, der Ks Vater ist. Dann kommt *sie*. Ks Vater hilft ihr aus dem Auto. Er steht mit dem Rücken zur Kamera, doch sie lächelt ihn groß und elektrisierend an, und es ist undenkbar, dass er das Lächeln nicht genauso elektrisierend erwidert. Sie trägt einen hellen Pelz mit großem Kragen und auf ihrem dunklen Haar einen schwarzen Hut, auf ihrem hellen pelzschimmernden und leuchtenden Arm hält sie das Kind.

Das Haar des Kindes ist gebürstet, aber trotzdem in Unordnung. Irgendjemand hat dem Kind einen Scheitel gezogen, hat ihm das Gesicht gewaschen, weiße Kleider angezogen und es in eine weiße Wolldecke gewickelt, und *sie* trägt es auf ihrem weißen lächelnden Arm. In dem Film kann K sehen, wie die Mutter das Kind so wendet, dass sie sich anschauen. Ringsum versammeln sich die Menschen, die anderen, doch in der Mitte des Bildes leuchtet *sie*. Der Mann dreht sich jetzt zur Kamera um, und es wird deutlich, dass auch er lächelt, groß, breit, unentwegt. Eine Minute und zehn Sekunden des Films sind vorbei.

Der Filmer kommt näher. Die Mutter lächelt und unterhält sich mit den Leuten ringsum. Sie steht im Zentrum, sieht zärtlich und stolz ihr Kind an, sie scheint es zu lieben, scheint in all der Aufmerksamkeit und vor dem erfassenden Objektiv der Kamera ganz bei sich zu sein. Kurz gesagt: Sie wirkt glücklich. Es ist wohl ein glücklicher Tag. Vor dem Kirchengebäude in gelbem Ziegel steht eine kleine Schar von Menschen versammelt, die beiden Schwestern, die kaum zu sehen sind, Ks Papa und schließlich *sie* mit K auf dem Arm.

Lange Zeit später erst sieht K den Film ihrer eigenen Taufe. Die war das Besondere, was bewahrt, was unterschieden werden sollte von allen anderen Tagen, die nur nahtlos im Dunkel verrinnen, verschwinden und in ungeordnetes Vergessen übergehen. Dieser Tag, er sollte übrig bleiben – doch nicht als Erinnerung, als etwas, um das man sich versammelt, um einen Initiationsritus noch einmal aufleben zu lassen, oder als Beweis einer Art Familienglück. Der auf drei Minuten und fünfundvierzig Sekunden verdichtete Tag hat eine andere, tiefere Bedeutung. Das Ganze war in Wirklichkeit ein Scheinmanöver, ein Ritual der Illusion, eine gemeinsam manifestierte Schutzmaßnahme. Das Schweigen unter dem unausgesprochenen Wort im Tresor, die Angst, identifiziert, unterschieden, abgesondert, abgewiesen und dann zu einem Sammelplatz geführt zu werden – all das sollte dieser Tag mit der Taufe verhindern. Der Film ist Beschwörung und Beweismaterial. Das Kind sollte in einen Tarnumhang der Christenheit gehüllt werden, um die Dämonen, die beileibe nicht eingebildet waren, davon abzuhalten, es zu holen.

K sitzt noch immer der Geruch des Häuschens im Haar. Die Mutterwolke kümmert sich in der Küche um den Abwasch, danach schließt sie die Schlafzimmertür und möchte nicht gestört werden.

Obwohl sie das eigentlich nicht darf, sitzt K auf dem Fensterbrett des tiefen Fensters und schaut in den Abend hinaus. Sie hat im Wohnzimmer alle Lampen gelöscht, als wäre sie nicht da. Das Zimmer liegt im Dunkeln, doch sie weiß genau, wie es beschaffen ist, wo die Möbel stehen, wie die Dinge sich zu den Wänden, zum Tisch und zu den Bücherregalen verhalten, sie weiß, wie der Bezug des grünen Cordsofas, wenn sie mit den Fingern über die Streifen im Stoff fährt, Widerstand leistet, wie schwer die Messingkerzenleuchter sind und dass die Zigaretten aus Mutters weinroter Packung der Marke Dunhill einen trockenen Geschmack im Mund hinterlassen. Sie sieht das Zimmer, aber das Zimmer sieht sie nicht. Niemand sieht sie. K mag das Dunkel um sich herum, weil es sich mit dem Dunkel in ihrem Innern vermischt und die Grenze dazwischen verschwimmt. Die Schwärze fließt wie Wasserfarbe in den Abend aus. Wenn alles dunkel ist, wirkt nichts ganz so dunkel, denkt K.

Mit der Zeit wird die Wohnung eins werden mit ihr, ewig wie

an diesem Sonntag im März 1976 möbliert sein, begehbar und intakt wie eine Erinnerung in den Erinnerungen. Die Schatten in den Ecken bleiben unverscheucht, die Schlaftabletten der Mutter liegen immer in der Diele in der obersten Schublade der Kommode links. Im Kühlschrank steht eine grüne metallisch schimmernde Blechbüchse mit löwengelbem Sirup, von dem K nur zu besonderen Gelegenheiten kosten darf, damit sie nicht zu dick wird, und die Frau, die in der Wohnung auf der anderen Seite des Hofs tanzt, dreht sich weiter um die eigene Achse, als genügte die Rotation der Erde nicht, um ihre Sorgen aufzulösen. K wird Traum für Traum, Nacht für Nacht hierher zurückkehren, und wohin sie später auch immer zieht, ein Teil von ihr wird stets unsichtbar in einem dunklen Zimmer in einem tiefen Fenster sitzen und die Menschen gegenüber beobachten, wie sie sich in ihrem warmen, erleuchteten Zuhause bewegen – unerreichbar.

ICH SUCHE INFORMATIONEN über meine Familie, finde aber fast nichts. Es ist wie im Winter einen Sumpf zu durchqueren. Der Boden ist weiß und gefroren, doch plötzlich bricht der Fuß ein, und die Stiefel laufen voll Wasser, einer eiskalten Flüssigkeit aus nichts. Am besten ist es, von einer Anekdote zur nächsten zu springen und die Leere dazwischen einfach einzugestehen.

Meine Mutter hieß Sally Coenca, sie war die Tochter von Vidal.

Cuenca ist der Ort, an dem unsere Vorfahren gelebt haben, bis König Ferdinand und Königin Isabella 1492 alle Juden aus Spanien vertrieben. So lautete die Erklärung des Familiennamens. In meiner Kindheit wurde sie wie ein Abzählvers oder eine Beschwörung wiederholt. Gleichzeitig wurde meine Mutter unleidlich, wenn die Rede auf das Thema kam. Alles, was mit der väterlichen Seite ihrer Familie zu tun hatte, brachte sie in Rage. Ich wuchs auf, ohne zu verstehen, warum, und als ich schließlich erwachsen war, gab es sonst niemanden, den ich hätte fragen können. Ich bekam einen einzigen festen Hinweis an die Hand: die Verbindung unseres Namens mit *Vertreibung*. Als lebte meine Mutter am Rand eines Abgrunds, als hätte sie in Gebirgsschluchten aus Dolomit und Kalkstein geblickt, als hätte sie die Flüsse an deren Grund dahinrauschen sehen, als brächte ein Fehltritt sie zum Fallen.

Fiel sie, dann fiel auch ich.

Ich begann Bücher über das Jahr 1492 zu lesen. Schrieb Briefe an Forscher, Historiker und Theologen, ohne je Antwort zu erhalten. Ein bodenfrostiges Niemandsland. Ich fragte auf einer Familienforschungsseite ins Blaue hinein: Gibt es jemanden namens Coenca? Ich kam mir dumm vor.

Ein Mann aus London antwortete. Joe schrieb, er könne mir vielleicht helfen. Hieß er Coenca? Nein, aber er war mit einer Frau verheiratet, die mal so geheißen hatte. Wir wechselten einige Mails. Ich schrieb, dass ich mit dem Gedanken an eine Reise nach England spielte – ob wir uns wohl treffen könnten? Natürlich, lassen Sie von sich hören. Mehr passierte nicht, denn Arbeit, Kinder und eine Scheidung beanspruchten meine ganze Zeit. Die Fragen kamen wie Schübe einer chronischen Krankheit wieder.

Einmal fragte ich meine Mutter, wo Vidal Coenca begraben liege. Sie wisse es nicht, sie sei nur einmal dort gewesen. *Damals.* Wann, fragte ich. Als er beerdigt wurde, sagte sie. *Sie waren alle miteinander dort, trugen seinen Sarg. Mir war das Ganze fremd. Ich wollte mit ihnen nichts zu tun haben.*

Ein paar Jahre später versuchte ich, mit Joe in London wieder Kontakt aufzunehmen, erhielt aber keine Antwort. Im Familienforschungsforum sah ich, dass er einen Sohn hatte, und spürte ihn in Kalifornien auf. Ich schrieb: Ihr Vater Joe, wie geht es ihm? Er ist tot, antwortete der Sohn. Vielleicht sind wir verwandt, schrieb ich, aber das ist nicht sicher. Seine Rückmeldung kam schnell: Ich habe meiner Cousine in London gemailt, ihr könnt Kontakt aufnehmen.

So traf ich Linda.

Eine Verwandte.

Ich mochte sie vom ersten Moment an. Linda nahm mich mit auf den Friedhof Hoop Lane Cemetery in London, wo unsere Großväter, Vidal Coenca und Maurice Coenca, begraben liegen. Auch deren Mutter Flora liegt dort, der Vater Solomon und die Geschwister samt Ehepartnern. Eine Familie. Meine Familie. Ich hatte nicht mal gewusst, dass es sie gab.

Und ich hatte noch nie zuvor einen sephardischen Friedhof gesehen. Wie Dächer liegen die Grabsteine aus Dolomitmarmor und Kalkstein über den Toten, in langen Reihen, einer neben dem anderen. Horizontal wie das Meer, horizontal wie der Erdboden, horizontal wie Lindas Handbewegung, als sie mit den Fingern den verwitternden Inschriften auf Hebräisch und Ladino folgte, als läse sie Blindenschrift. Geliebter Ehemann. Schmerzlich vermisste Ehefrau. Natürlich regnete es. Lindas Regenschirm war dunkelblau und hatte weiße Tupfen. Sie ging von einem Familienmitglied zum nächsten und blieb hauptsächlich am Grab ihrer Mutter stehen und weinte. All die Toten waren mir unbekannt, doch sie war ihnen begegnet, hatte sie gekannt, mit ihnen gesprochen, sich über sie geärgert,

mit ihnen auf Sechzehntem-Jahrhundert-Spanisch Gebete gesprochen. Die Gräber breiteten sich wie ein helles, horizonta-
les Steinmeer aus, und Linda ging mit ihrem getupften Schirm
durch den Regen.

Kriegerin
verlorener Erinnerungen

Thessaloniki, 29. April 2019

Am 29. April erwacht Katherine in Thessaloniki, der Stadt, die ihren eigenen Schatten verleugnet. Die Mauersegler wecken sie, die Balkontür steht offen, und die kleinen Vogelkörper schneiden wie scharf geschliffene Pfeile durch den Himmel, durch die Luft, durch den Luftwiderstand, schneiden direkt in Katherines Schlaf.

Es ist ein fremder Ort. Wie üblich fühlt sie sich zu Hause.

Ein gewisses Maß an Vergessen ist nötig, um leben zu können, denkt sie, während sie im Waschbecken ein Zahnputzglas ausspült, Pulverkaffee hineinschüttet und darauf wartet, dass der Wasserkocher endlich fertig gerauscht hat. Wer sich an alles erinnert, explodiert. Geschichten formen sich durch Auswählen und Abwählen, auch die Geschichte über unser Leben. Verdrängung dagegen – wenn wir uns erinnern, aber nicht erinnern wollen, wissen, aber nicht wissen wollen, wenn etwas geschehen ist, wir die Existenz des Geschehenen aber nicht eingestehen wollen, weil es mit uns etwas machen würde, was wir nicht aushalten – Verdrängung ist etwas anderes als Vergessen.

Vom Balkon des Hotelzimmers aus sieht sie oben ein Rechteck klarblauen Himmel, das von den benachbarten Hausdächern begrenzt wird. Schwerfällig fliegen Tauben von einer Fensterbank zur anderen, folgen einander gurrend mit aufgeplustertem Gefieder. Hoch oben ziehen die Mauersegler ihre schwarzen Bogen durch die Luft. Ihr Pfeifen legt sich im Diskant über den Gesang der Tauben, und ganz unten grollt, als Bordun, der Verkehr: der Dreiklang eines thessalonischen Morgens.

Katherine versucht sich vorzustellen, wie die Stadt in Vidal Coencas Kindheit und Jugend ein anderes Leben gelebt, mit einem anderen Atem geatmet hat. Die türkischen Herrscher in den von Bergwinden durchwehten nördlichen Stadtteilen. Die Griechisch sprechenden Christen rund um das Hippodrom. Am Meer, mit Gassen, so staubig, dass jeder Sonnenstrahl sich getrennt von den anderen abzeichnete, die dicht gebauten weißen Häuser, wo die Juden lebten. Die spanischen Juden. Vidal.

Sie sitzt mit ihrem Kaffee auf dem Balkon und beobachtet eine Katze im Hof nebenan, die sich auf dem Boden wälzt und den Rücken reibt. Bald wird Katherine in die Stadt gehen. Sie hat am Vormittag um halb elf einen Besuchstermin im Archiv der jüdischen Gemeinde bekommen. Für die Vereinbarung hat sie eine Bescheinigung einer außenstehenden Referenzperson über ihre Identität benötigt, und ihr wurde mitgeteilt, dass sich nicht mehr als drei Besucher auf einmal im Archiv aufhalten dürfen. Sie ist vorbereitet, ihre Fragen hat sie auf einer Prioritätenliste zusammengestellt, Notizbuch und Stift sind bereit. Sie wird nach etwas suchen, was mit ihr selbst und mit Vidal Coenca zu tun hat, sie weiß nur nicht, was. Eine Art Anfang.

Das Wort Archiv kommt von dem griechischen Wort für Ursprung, *arché*, Anfang. Katherine sammelt Wörter.

Die archaische Periode im Leben eines Menschen besteht aus seiner allerersten Zeit, bevor die Sprache existiert. Rachen und Kehlkopf eines Kindes sind für mehr als Lallen nicht ausreichend entwickelt, und das Gehirn ist noch unfähig, Sinneseindrücke in Worte zu übersetzen. Trotzdem wird jeder Moment von Hunger, jede Stille, jeder Gesang, jeder Blick und jede Abgewandtheit bewahrt – und dort, in dieser wortlosen Sammlung von Erfahrungen, formt sich die erste Erinnerung des Menschen, die archaische. Doch sobald sich die Sprache herausbildet, verändert sich alles. Worte überdecken das Wortlose. Die archaische Erinnerung sinkt ab. Lehm am Grund eines Flusses. Eine Schicht von Erinnerungen unter den Erinnerungen.

Katherine hält das Wort *arché* neben dem Wort *psȳché* in ihrem Notizbuch fest.

Im Hotelzimmer liegen Bücher, die sie auf diese Reise mitgenommen hat, und noch ein paar andere, die sie hier gekauft hat. Die alte Zeit in der alten Stadt mit dem alten Namen, mit den Menschen, die nicht mehr existieren, ist fragmentarisch auf Englisch, Griechisch und Französisch beschrieben. Die Angaben sind verstreut, doch sie markiert sie, hebt sie hervor, ordnet sie in verschiedenen Formationen und variierenden Mustern an, sortiert und schiebt sie umher. Erkennt, dass das, was sie sucht, sich in den Leerräumen dazwischen befindet, in den Rissen der Erzählung.

Die Stadt, die einst Saloniki hieß, war ein Organismus mit drei Herzen, der zwischen Berg und Meer lag.

In *Ano poli*, der Oberstadt, waren die Straßen luftig und kühl, näher an den leichten Winden aus dem Norden. Dort wohnten die Türken, die osmanische Herrscherklasse, in geräumigen Häusern mit Schatten spendendem Grün, Rosensträuchern und Springbrunnen im Garten. Die Frauen blieben im Haus oder bedeckten sich mit ihrem *feredjé*, wenn sie unter die Augen der Stadt treten mussten. Die Männer trugen einen Fez. Die Kleider der Mädchen waren geblümt, erinnerten an Nachthemden. Überall standen Moscheen, ebenso viele wie Synagogen, allerdings größer, sichtbarer, mit grazileren Verzierungen und Kuppeln wie Mondscheiben über den Dächern der Stadt. Von drinnen war das Geräusch der aneinanderklackernden Steine der Gebetsketten in den Händen der Männer zu hören: ein Stein für jeden Namen Gottes, *allahu akhbar*, zusammengerechnet neunundneunzig Steine.

Die Christen lebten in den östlichen Vierteln Salonikis, rund um das alte Hippodrom. Hier standen, groß wie Geheimnisse, tausendjährige byzantinische Kirchen. Die Fassaden waren heruntergekommen, Fenster gab es nur wenige, und die Holzportale verrieten nichts von dem, was sich im Innern verbarg, davon, wie brrennende Kerzen das Dunkel unter den Kuppeln zerstreuten und jede Flamme von den Zehntausenden Goldstückchen reflektiert wurde, die zu Mosaiken der Jungfrau Maria zusammengesetzt waren, zum Gold in ihrem Heiligenschein, ihrer Kleidung und dem Kind auf ihrem Arm. Die Luft war dick von Gebeten und Weihrauch.

Salonikis drittes Herz lag zwischen der Via Egnatia und dem Kai. Dort waren die dicht besiedelten Viertel, in denen die jüdische Bevölkerung der Stadt, *los djudios*, lebte. Und irgendwo dort befand sich Vidal Coencas Elternhaus. Wohl-habende lebten Wand an Wand mit Handwerkern, Trägern, Fischern und Straßenverkäufern. In dem Maße, wie die jüdische Bevölkerung zunahm, wurden den vorhandenen Häusern neue Stockwerke aufgesetzt, oft mit überstehenden Anbauten, die die Sonne verdeckten und die Straßen verdunkelten. Die Häuser waren konstruiert wie in Toledo, mehrstöckig und um einen Hof, einen *cortijo*, gruppiert. Sie sahen aus, wie sie immer ausgesehen hatten, in Spanien. Balkone und Veranden lagen nach innen zum Hof, während die Fenster zur Straße klein waren und Holzgitter hatten, sodass weder Sonne noch Blicke eindringen konnten. Jedes Haus zählte viele Familien, und jede Familie zählte viele Kinder. Zur Straße hin waren *las casas djudios* anspruchslos, sogar heruntergekommen, doch in den Höfen wuchsen Feigenbäume und Granatäpfel, an den Veranden entlang rankte Wein, und Jasmin- und Rosensträucher dufteten. Durch die jüdischen Viertel wanden sich Schleichwege und Seitengässchen, die sich unversehens auf einen kleinen Platz, eine *placeta*, öffneten. Und über allem hing der Gestank aus Gerbereien und Schlachtereien sowie der dumpfige Geruch nassen Garns aus familienbetriebenen Wollfärbereien.

Ich traue der Welt nicht. Warum sollte ich das tun? Meine Mutter hat einmal gesagt: Nicht, dass ich etwas gegen Juden hätte, ich möchte sie nur nicht in meiner Nähe haben.

Die Menschen in Salonikis jüdischen Vierteln lebten dicht beieinander. Zusammenhalt war eine Lebensbedingung und eine Folge des Gebots der muslimischen Herrscher: Ihr könnt euren Glauben frei ausüben unter der Bedingung, dass ihr eure Steuern zahlt. (Dieselbe Bedingung galt, nebenbei bemerkt, auch für die Christen.)

Die Gemeinden bildeten daher die Nabe der Juden. Sie sammelten die ausschlaggebende Steuer ein, organisierten Schulen und Krankenpflege und verteilten Wohltaten an die Bedürftigen; die Rabbiner lösten Konflikte und verurteilten und bestraften diejenigen, die gegen die Regeln verstießen, alles nach dem Prinzip des Osmanischen Reiches für die Selbstverwaltung seiner kleineren Bevölkerungsgruppen. Ohne Gemeinde kein Zusammenhalt und ohne Zusammenhalt keine Ordnung.

Wer aus der Ordnung fiel, war verloren.

Sie macht ein paar Fotos von der Katze, die jetzt auf dem Rücken in einem quadratmetergroßen Sonnenfleck schläft, löscht sie aber gleich wieder. Am Grund ihres Glases sind noch ein paar Tropfen bitterer Kaffee, sie hat vergessen, Milch zu kaufen. Sie muss jetzt gehen, hat einen Termin wahrzunehmen, es ist Zeit, in den griechischen Morgen aufzubrechen, um nach seinen Rissen zu forschen.

Das Archiv der jüdischen Gemeinde in Thessaloniki ist sehr jung. Aus der Zeit vor 1917 gibt es hier keine Dokumente. Katherine erwartet nicht, irgendeine Information über Vidal Coenca zu finden, aber, denkt sie, wer nicht suchet, wird nie finden. Auch neue Erinnerungen sind Erinnerungen, denkt sie und fragt sich, ob sie das auf einem Kühlschrankmagneten gelesen hat.

Sie ist in Vidal Coencas Geburtsstadt. Hier atmete er die salzige Luft der Ägäis oder fror im nördlichen Vardarwind aus den Schluchten Makedoniens, hier steht der Weiße Turm Wache. Katherine ist gekommen, um die gleiche Luft zu atmen, das gleiche Meer zu sehen, in der gleichen Hitze zu schwitzen und am gleichen Kai mit seinen Packhäusern und Cafés auf der einen und der blauenden Bläue des Meeres auf der anderen Seite entlangzugehen. Sie betrachtet, wie er es getan haben muss, den schneebedeckten Olymp auf der anderen Seite des Thermaischen Golfs – an manchen Tagen schwer und unbeugsam wie eine lebenslängliche Verurteilung, an anderen Tagen sich entziehend und durchsichtig, im Meeresdunst kaum auszumachen, ein Schimmer, eine zwischen Wolken verborgene Wolke, eine archaische Erinnerung.

Sie ist hergekommen, um Vidal Coenca über den Ort, den er verlassen hat, kennenzulernen. Das ist verrückt.

Mein ganzes Ich ein Zorngesang.

Katherine geht durch seine Stadt, das stimmt. Doch diese Stadt ist nicht die seine. Der Name hat sich geändert, Straßen sind ausgelöscht und Tempel verschwunden. Zu seiner Zeit standen mindestens zwanzig kreideweiße Minarette mit schwarzen spitzen Dächern wie Ausrufezeichen ringsum in der Stadt. Sobald die Sonne am Himmel stieg, waren die melancholischen Aufrufe der Muezzins zum Gebet zur Ehre Gottes zu hören. Nicht nur die Muslime erwachten bei diesem ersten aller Geräusche des Tages, sondern auch die Christen und Juden. Heute erwacht hier niemand mehr zum Morgengesang auf Allah. Die namenlosen Gassen, gewundene Pfade im Schatten von Balkonen und Baldachinen, sind verschwunden. Das Menschendunkel aus Handwerkern, Ein- und Verkäufern im Gewühl mit Eseln und verschreckten Katzen ebenso. Die überdachten Basare, in die nie ein Windhauch gelangte, sind abgerissen und ebenso die kleinen Cafés, wo türkischer Kaffee serviert und Wasserpfeifen angeboten wurden. Weder die kraftstrotzenden Träger im Hafen noch die Frauen, die in ihren Innenhöfen Tabakblätter zu schweren Girlanden auf Schnüre zogen, damit sie in der Sonne trockneten, existieren noch. Keine Vermittler neuester Nachrichten ziehen mehr von Tür zu Tür, keine Klatschmäuler oder Stadtchronisten schildern die Hochzeiten, Taufen oder Beerdigungen in der Stadt oder überbringen Grüße von *señora* zu *señora*. Es gab eine Zeit, in der Muslime, Juden und Christen einander zu ihren Festen einluden und die Musiker der anderen für Auftritte bei Festlichkeiten und Feiern anheuerten, in der sie in dieser weißen Stadt, die sich unter dem großen und weiten blauen Himmel am Berg neben dem Meer hinstreckt, das Dasein teilten – als Vidal Coenca hier lebte. Jetzt sind die Menschen, mit denen er verwandt war, seine Nachbarn, seine Freunde und Feinde verschwunden.

Verschwunden, denkt Katherine, was ist das für ein blödes Wort?

Tot, denkt sie.

Ge-tö-tet.

I'm sorry. I thought you were Greek, sagte gestern ein unbekannter Mann zu ihr. Unter den Sandalen leuchtete das Pflaster auf dem Aristoteles-Platz marmorweiß, und die umliegenden Hotels leuchteten hotelweiß hinter ihren ordentlich platzierten sonnenschirmweißen Sonnenschirmen. Der Mann sprach ein sanft dahinfließendes Griechisch, bis ihm aufging, dass sie nichts verstand. *I could have been Greek,* denkt sie. Wenn Vidal Coenca geblieben wäre. Eine Hundertstelsekunde lang hat sie überlegt, es zu sagen, doch es wäre eine Lüge gewesen. Wenn Vidal Coenca in Saloniki, das jetzt Thessaloniki heißt, geblieben wäre, würde es sie gar nicht geben.

Einige Tage nach ihrer Ankunft wurde nach dem griechisch-orthodoxen Kalender der Karfreitag begangen. In der Abenddämmerung füllten sich die Straßen mit Prozessionen, die im Trauermarschtakt Richtung Hagia Sophia zogen. Schwarz gekleidete Priester trugen einen blumengeschmückten Katafalk, dem Hunderte Menschen folgten, die mit der hohlen Hand behutsam brennende Kerzen schützten. Viele weinten wortlos. Die Vögel flogen davon, und die Autos standen mit abgeschaltetem Motor still. Auch die Zuschauer waren still, wie angesteckt vom gemeinsamen Gedenken an eine Person, die vor zweitausend Jahren in den Tod ging. Falls man Jesus eine Person nennen kann.

189

Nach ihrem Besuch im Archiv wird Katherine mit ihrer Kamera losziehen und nach Zeichen der Vergangenheit forschen. Auf den Gehsteigen, vor dem Königlichen Theater, in den Steinmauern um die eleganten Villen im Wohngebiet Panórama ... schön und weiß liegt überall zwischen den Bauten und im Straßenbild versprengt Marmor. Dort wird sie nach Inschriften und eingeritzten Ornamenten, Jahreszahlen, Blütenranken und Spuren von Namen suchen. Es gibt sie, sie weiß, dass es sie gibt, und sie wird sie finden. Und wenn die Sonne am heißesten brennt, wird sie sich auf den Platz der Freiheit stellen und an ihn denken, ihn, der die Stadt, die nicht mehr existiert, verlassen hat, und sie wird das Gedenken an diejenigen beschwören, die geblieben und, zu Zehntausenden, in den Tod gegangen sind. Ihretwegen sieht Katherine keine Trauermärsche oder behutsam gehaltene Kerzen. Sie ist nicht irgendeine x-beliebige Touristin, sie ist eine Kriegerin. Ihr Kampf passt weder in das Morgengrauen noch in die Abenddämmerung, nichts wird im Verborgenen geschehen, sie wird sich am helllichten Tag erinnern. Sie kämpft gegen Prozessionen und Wortlosigkeit, sie kämpft gegen die Amnesie des weißen, glänzenden Marmors.

Sie verlässt das Haus. Der Morgen ist neu, gewissermaßen unbenutzt, durchsichtig und ohne den geringsten Schmutzrand. Ein Weilchen ist die Luft exakt in Schatten und Licht aufgeteilt, als zögen die Nacht und der Tag die Grenzen ihrer Territorien selbst, und für einen Augenblick herrscht absolutes Gleichgewicht. Während die Truppen des Tages sich am Kai positionieren, patrouilliert die Nacht noch an ausgesuchten Ecken.

Gleich vor dem Hoteleingang ist ein Straßencafé, wo im Schatten einer Platane Espresso serviert wird. Katherine hat mitbekommen, dass sich morgens dort gern Thessalonikis Polizisten versammeln. Sie legen ihre großen weißen Helme neben kleine weiße Kaffeetassen, wirken entspannt und gefährlich zugleich. Bereit. Doch wozu? Sie reden nicht viel, wechseln nur Blicke. Katherine befindet sich außerhalb deren Sprache und deren griechischer Wirklichkeit, ist als Touristin getarnt, als eine, die am Strand englische Bücher liest. Die Polizisten nehmen sie gar nicht wahr und merken deshalb nicht, dass sie sie beobachtet. Sie hat gehört, dass viele im Polizeicorps der Stadt enge Verbindungen zu Rechtsextremisten hätten, weiß aber nicht, ob das stimmt. Die Polizei Thessalonikis trinkt ihren Kaffee, und Katherine macht sich auf den Weg durch eine Stadt, die sich nicht an ihr eigenes Vergessen erinnert.

Seit heute ist sie vierundfünfzig Jahre alt. *Wie lang das Leben ist, wie inhaltsreich und wie lächerlich kurz, ein Blinzeln nur, seit ich geboren wurde.* Sie geht durch eine fremde Stadt in einer Außenseiterschaft, die zu ihrer einzigen festen Adresse geworden ist.

Der Kai von Thessaloniki ist lang und weiß. Einzelne metallgraue Frachtschiffe unterbrechen den Horizont des Meeres. Katherine erfüllt eine elektrisierende Freude darüber, im Sonnenschein zu gehen, ihre Schritte auf dem Pflaster zu spüren, so viele Tage gelebt zu haben und einen weiteren dazuzubekommen. Die Tage gibt es, Euphorie gibt es, den Horizont gibt es und Frachtschiffe. Die herrenlosen Hunde gibt es und die Orangenbäume. Ihre Kinder gibt es, erwachsen und selbstständig. Sie wissen nicht, dass jeder ihrer Schritte ein Gruß an sie ist, dass sie nachts von ihnen träumt, sie bei den Händen hält und Gespräche über die Tage und den Tod führt. Sie wissen nicht, dass sie bei jedem Buch, das sie geschrieben hat, auch von einer Entbindung geträumt hat und die Bücher so gesehen ihre Geschwister sind.

Katherine macht sich keine Illusionen: Wenn sie stirbt (und sie wird kämpfend sterben), dann stirbt auch ihre Erinnerung. Es ist eine Bedingung menschlichen Lebens, dass die Lebenszeit stets lächerlich viel kürzer ist als die Nicht-Lebenszeit, denkt sie. Über ihren Tod werden keine Worte verschwendet werden, das weiß sie, das hat sie immer gewusst. Sie wurde in der tiefen Zeittasche des Vergessens geboren, ist hilflos strampelnd, um Widerstand zu leisten, darin verschwunden, vom ersten Augenblick an aber überwunden und besiegt.

In ihrer Tasche brummt einige Male das Handy, vielleicht sind es Glückwünsche, doch sie wartet, will noch nichts lesen, will an der Morgenluft sein, im Rauschen des schweren Meeres, das gegen den gepflasterten Kai schlägt. Sie wird durch die Stadt gehen, in der ihre Vorfahren gelebt haben, sie wird spüren, wie die Sonne heiß wird, und sie wird mit Knoblauch geschmorten Spinat und Salat aus Kreta essen und einfache Rotweine trinken, wie ihre Vorfahren sie einst gemacht haben und ihre Kinder sie einst machen werden. Sie ist vierundfünfzig Jahre alt, uralt und neugeboren, und jeder Schritt ist ein in schwarzer Nacht flackerndes Licht und ein Jubel.

Kassander hieß der Mann, der die Stadt einst gegründet hat. Um ihn kümmert sich Katherine nicht, er war ein machtlüsterner General unter Alexander dem Großen und wurde später König von Makedonien. Sie interessiert nur sein Erbe, die nach seiner Frau benannte, sagenumwobene Stadt. Er hatte den besten aller Plätze gewählt, umgeben von Wald und Grün, schattiger als Athen. Der Berg Chortiatis bot Schutz vor unerwarteten Angriffen, die Ägäis öffnete den Bewohnern die Welt, und auf der anderen Seite des Golfs prangte der Olymp, wo der Wolkenauftürmer Zeus und die weißarmige Hera ihren mythischen Götterhof hielten. Hier reiften Pfirsiche, Maulbeerbäume standen bereit, um Seidenraupen zu beherbergen, und die Orangenbäume blühten weiß. Durch die Stadt verlief einer der wichtigsten Handelswege des römischen Reiches, die Via Egnatia, die als Fortsetzung der Via Appia Rom mit Konstantinopel verband.

Vom ersten Moment an war Thessaloniki ein Ort, wo Ströme aufeinandertrafen und sich trennten, ob nun Flüchtlingsströme oder Soldatenströme, Ideenströmungen oder religiöse Überzeugungen. Hier liefen Bergpfade, Landstraßen, Seewege und Winde zusammen, änderten ihr Aussehen und gingen ineinander über, gleich einem griechischen Gott, der Menschengestalt annehmen kann, oder einem Gedanken, der seine Form ändert und neu ersteht. Wer von Süden kam und nach Norden wollte, vom Mittleren Osten auf den Balkan, musste hier durch. Wer von Westen kam und nach Osten wollte, von der Adria nach Konstantinopel, musste hier durch. Die Welt konnte keinen Umweg machen – doch das wollte sie auch gar nicht. So wurden Hunderte Ströme zu einem einzigen zusammengepresst, *dem Strom durch Thessaloniki*, und darin fanden sich alle Sprachen, alle Arten von Münzen, alle erdenklichen Waren sowie unzählige Weisen zu beten. Der Apostel Paulus kam hier durch, predigte in einer der Synagogen und brachte viele Juden dazu, Christen zu werden. Um sie zu unterstützen, schrieb er die zwei Briefe an die Thessalonicher, worin er vor dem alten Glauben warnte.

Die Juden haben den Herrn Jesus getötet und die Propheten, sie haben uns verfolgt, sie missfallen Gott und sind allen Menschen feind, weil sie uns daran hindern, den Völkern das Wort zu verkündigen, das ihnen Rettung brächte; so machen sie unentwegt das Maß ihrer Sünden voll. Aber schon ist der Zorn über sie gekommen in seinem vollen Ausmaß.

Thessaloniki wurde zum Kreuzweg der Kreuzwege und zum Wendepunkt der Wendepunkte, die Lage der Stadt setzte sie ständig Diebstahlversuchen aus. Die Normannen wollten sie haben, und die Bulgaren wollten sie haben, ebenso die Römer, Araber und Venezianer. Im Jahr 1430 wurde die Stadt vom osmanischen Herrscher mit großer Gewalt und vielen Toten erobert, von da an gehörte sie den Türken und erhielt den Namen Selanik. Fragte jemand, wo sich Ost und West begegneten, war die Antwort einfach. *Hier.*

195

An diesem Ort wurde also am 2. März 1890 Vidal Coenca als Einwohner des Osmanischen Reiches geboren. Er lebte mit seiner Mutter Flora, seinem Vater Solomon, seinem älteren Bruder Moise und den jüngeren Geschwistern Rakel und Albert, als das neunzehnte gerade ins zwanzigste Jahrhundert überging. Die Adresse ist abgebrannt, zu Asche und Vergessen geworden, nicht mehr aufzuspüren. Katherine hat gesucht, doch arme Menschen hinterlassen keine Spuren. Es wurden keine Ölgemälde vererbt, keine Häuser gekauft oder verkauft, kein Pfad wand sich durch Besitztümer, weil es keine Besitztümer gab, es sind keine Briefe bewahrt, keine Fotos, keine Tagebücher, nichts. Das Leben armer Menschen ist allenfalls flüchtig zwischen zufällig hinterlassenen Zeichen erkennbar, Höhlenmalereien gleich, die die Hinterbliebenen sich zu deuten bemühen.

Eine Hand? Ein Jubel? Eine Jagd? Ein Gebet?

Die übrig gebliebenen Familienkleinode sind Worte, Sätze, die jedes Mal, wenn sie ausgesprochen werden, ein klein wenig ihre Form verändern; so wird Familiengeschichte zu einer Stillen Post durch die Generationen und ist unmöglich wahr oder falsch zu nennen.

Katherine lässt das Hotel hinter sich und folgt der Ermoustraße in Richtung Archiv, bleibt an einem Blumenladen stehen. Er öffnet gerade und fährt rote Markisen aus mit der Aufschrift Λουλουδάδικα, Blumen. Sie saugt den Duft der Mimosen ein, die in wassergefüllten Eimern auf dem Gehsteig stehen, atmet deren Sprödheit und Süße. Die Liste der Orte, die sie besuchen will, ist lang, und jeder Ort ist zweigeteilt – sie wird den einen betrachten, den jetzigen, und gleichzeitig versuchen, einen anderen zu sehen, den voraufgegangenen, den vergessenen.

Sie denkt an ihre Ahnin, Flora Maissa, die Solomon Coenca geheiratet hat und Vidals Mutter wurde. Der Familienname findet sich in Saloniki seit dem frühen sechzehnten Jahrhundert; Katherine weiß, dass am 1. Januar 1508 auf dem großen sephardischen Friedhof ein Moise Maissa begraben wurde. Was bedeutet, dass sie von einer der ältesten spanisch-jüdischen Familien der Stadt abstammt. Doch wer weiß das? Wer kann es noch wissen? Flora ist verschwunden, das Melderegister ist verschwunden, die Gemeindebücher sind verschwunden. Auch Mose Maissas Grab ist verschwunden.

Katherine hat von Flora ein einziges Foto gesehen. Schwarz gekleidet steht sie neben ihrer Tochter Rakel vor irgendeinem Grün. Flora schaut an der Kameralinse vorbei, denn in dem

197

Moment, als das Licht durch den Verschluss gefallen ist, hat irgendetwas sie abgelenkt. Trotzdem dominiert sie das Bild. Sie hat etwas an sich (die markanten Backenknochen, der Blick aus tief liegenden Mandelaugen), was Kraft sammelt und Beharrlichkeit ausstrahlt. Wenn sie einen Raum betrat, spürte man: *Sie ist da.*

Lange Zeit später verbarg Vidal sich vor dem Blick seiner Mutter. Er verbarg seine Liebe und seine Tochter, verbarg sein Geheimnis, um einem von Flora ausgestoßenen Fluch, ihrem Bannstrahl und ihrer Verzweiflung zu entgehen. Lange Zeit später.

Hätte Flora aus einer wohlhabenderen Familie gestammt, dann wäre sie, wie es bei den spanischen Juden üblich war, sehr jung verheiratet worden. Stattdessen bekam sie ihr erstes Kind als Siebenundzwanzigjährige, mit einem zwölf Jahre älteren Mann. Hatte sie keine Mitgift? Kann das der Grund für die späte Elternschaft gewesen sein? Alle wissen, dass eine große Mitgift zu einem reichen Mann führt, eine kleine Mitgift zu einem armen Mann und keine Mitgift zu gar keinem Ehemann. Möglicherweise hatte sie als Wäscherin gearbeitet oder zu Hause im Hof gesessen und für eine der Tabakfabriken Zigaretten gerollt, um ihre Hochzeit selbst auf die Beine zu stellen. Oder war sie eine willensstarke Frau, die von keinem Ehemann unterjocht werden wollte? Wurde eine Heirat erst denkbar, als der gutmütige, ältere Solomon in ihr Leben trat? Alles kann stimmen.

Floras Erstgeborener wurde Moses genannt, ein Name, der ein ganzes Meer und dessen Teilung umfasst. Ihr zweiter Sohn erhielt einen Namen von weniger historischem Gewicht, dafür aber einen, der das Leben selbst ausdrückt: Vidal. Die spanischen Juden wechselten nach einer Krise gern den Vornamen, um zu feiern, dass die Gefahr vorüber war. Frauen nahmen dann den Namen Vita an, und Männer konnten sich Vidal nennen. War Vidal womöglich ein zarter und kränklicher Säugling und seine Geburt schwer gewesen? Er hieß jedenfalls Vidal Solomon Coenca: etwas Lebensbejahendes, etwas Zurückblickendes, etwas, was die Dämonen beschwor, etwas, was die Familienbande stärkte, etwas Hebräisches und etwas Spanisches. Stets etwas Spanisches.

Man kann die Juden aus Spanien vertreiben, aber niemals Spanien aus den Juden.

Mein Großvater wurde in ein Universum aus Komplikationen geboren, denkt Katherine. Im Osmanischen Reich ein spanischer Jude zu sein, bedeutete, an seinem Zufluchtsort zu Hause zu sein. Zu Hause in der Fremde. Von seinem ersten Atemzug an gehörte Vidal zu einem Ort, den er nie besucht hat, er war eins mit Spanien. Die Grundbedingung der Sepharden, der eigentliche Kern dessen, ein spanischer Jude zu sein, war, dass man seine Namen, seine Sprache, seine Art, die Speisen zuzubereiten und zu fasten, seine Häuser zu bauen, seine Toten zu begraben und seine Gebete zu sprechen, aus einer Zeit nahm, die mehrere hundert Jahre zurücklag, und von einem Ort, der sie vertrieben hatte.

Saloniki stellte im Osmanischen Reich, das vom Islam beherrscht wurde, eine Anomalie dar. Es war eine jüdische Stadt. Als Vidal Coenca aufwuchs, war der allgemeine Ruhetag der

199

Samstag. Die ganze Stadt war geschlossen, wenn die Juden Sabbat hielten, die Märkte lagen verlassen, der Hafen stand still, der Zoll war unbesetzt, und die Postämter waren zu. Auch die herrschenden Muslime ließen die Arbeit ruhen, genau wie die Christen der Stadt.

Hier sprachen alle mindestens drei Sprachen. Ladino, Türkisch und Griechisch strömten wie Flüsse durch die Bevölkerung der Stadt und wurden von Bulgarisch, Albanisch, Französisch, Italienisch, Arabisch und Russisch gespeist. Die Sprachen flossen ineinander, hinterließen Wörter und Ausdrücke, als Geschenke oder Verhunzung. In der Schule lernten die Kinder *Alif-ba*, das türkische Alphabet. Ihre Großmutter nannten sie *Babu*, wie die Bulgaren. Wenn sie Hunger hatten, baten sie auf Ladino um *un poco de pan*, und geschah etwas Überraschendes, riefen sie auf Arabisch *Billah!* Die Gebetsrufer in den Minaretten der Stadt wurden von den spanischen Juden *turkitos* genannt, kleine Türken. Und die Türken ihrerseits konnten einen Christen *giaour* nennen, Ungläubiger, nach dem persischen Wort *gdwr*. Die Sprachen tauschten miteinander die Plätze, wurden durcheinandergewürfelt und zurückgegeben. Der Schlüssel, der alle sprachlichen Schranken öffnete, war freilich die Sprache der Juden. Die bulgarische Frau, die Seide verkaufte, der türkische Straßenbahnfahrer, der griechische Kellner, der Roma-Schuhputzer, die albanische Fabrikarbeiterin – alle mussten sie die Sprache beherrschen, die Cervantes benutzt hatte, um seinen *Don Quijote* zu schreiben, jenen kastilischen Dialekt des sechzehnten Jahrhunderts.

Camina con buenos, te haceras uno de ellos. Geh mit den guten Menschen, dann wirst du einer von ihnen.

200

Der osmanische Herrscher hatte aufgenommen, was die christliche Welt ausrotten wollte. Saloniki hatte Flüchtlingswelle auf Flüchtlingswelle willkommen geheißen. Jede neu angelandete Schar gründete eine eigene Gemeinde um eine eigene Synagoge. Zur Zeit von Vidal Coencas Geburt gab es in Saloniki deshalb:

eine Synagoge, *Gerush sefarad*, für diejenigen, die zuerst aus Spanien angelandet waren

vier Synagogen für die Juden aus Kalabrien

zwei für die Juden aus Apulien

eine Synagoge, *Mograbish*, für die nordafrikanischen Juden

zwei Synagogen für die Juden aus Mallorca

drei für die sizilianischen Juden

die *Provencia*-Synagoge für diejenigen Juden, die aus Südfrankreich geflohen sind

Aschkenaz für die mitteleuropäischen Juden

fünf Synagogen für die aus Portugal vertriebenen Juden

eine mit Namen *Aragon* für die Juden aus Aragonien

eine mit Namen *Katalan* für die Juden aus Katalonien

eine für die Juden aus Kastilien (ging Vidal zum Beten dorthin?)

die Lebensbaum-Synagoge für die Juden, die seit der Römerzeit in der Stadt lebten

sowie weitere zehn Synagogen.

Verschwunden jetzt. Und ausgerottet ist auch Vidal Coencas Sprache.

Katherine saugt den Mimosenduft ein, als könnte sie die Zeit selbst einatmen, Vidals Zeit, alle Zeit, die in dieses Jetzt geführt hat. Thessaloniki liegt offen und verschlossen vor ihr: ein Lächeln und eine Zurückweisung. Mit jedem ihrer Schritte in der Stadt macht die Stadt auch einen Schritt in sie. Sie wird ein Teil des heißen Drucks der Sonne auf die Stirn und der kühlenden Befreiung der Nacht. Thessaloniki ruft ihre Zärtlichkeit hervor, aber auch eine Abhängigkeit. Sie muss die Stadt bald verlassen, obwohl sie doch gerade erst angekommen ist, und sie will bereits zurückkehren. Gleichwohl singt unentwegt der Zorn in jedem Schritt, bei jedem Atemzug und bei jedem Gedanken daran, dass unter der Straße einst eine andere Straße lag und bei jedem Haus ein anderes Haus stand, wo andere Kinder spielten, und dass im Laufe von knapp achtzig Jahren alles ausradiert wurde. Vergessen sind die Menschen, die hier einmal gelebt haben, ebenso ihr Tod. Der Zorn singt, weil jeder Straßenname eine Augenbinde ist und weil sich die Leute hier taub stellen gegenüber all den spanischen Liedern, die nicht mehr zu hören sind.

Auf halbem Weg zum Archiv überkommt Katherine das Gefühl zu sinken. Es ist ein überraschendes, aber trotzdem selbstverständliches Gefühl. Ein Teil von ihr hat den Abstieg zu etwas Darunterliegendem angetreten, sie weiß bloß nicht genau, zu was. Wer sie zufällig, ganz objektiv, von außen beobachtet, wird nur ihre großen Schritte bemerken, einen gewöhnlichen Spaziergang von A nach B. Das stimmt ja auch. Sie geht unzweifelhaft den Gehsteig der Vasileos Irakleiou entlang und gelangt zu einem Platz, dessen weiße und rote Steinplatten, unter den Sandalen noch morgenkühl, in einem wohlgeordneten Fischgrätmuster verlegt sind. Ohne Zweifel bewegt sie sich horizontal auf der Oberfläche der Stadt, etwas anderes zu behaupten, wäre gelogen. Trotzdem ist da dieses Sinken, eine Bewegung des Abstiegs. Die Ungeduld des Verkehrs, die Schilder, die den Inhalt der Geschäfte verkünden, und das Zickzack der Mopedfahrer durch die Autoschlangen verblassen. Sie zweiteilt sich – in eine, wie es scheint, gewöhnliche Frau an einem gewöhnlichen Morgen in einer gewöhnlichen griechischen Stadt und in eine andere, unbekannte Person. Diese andere Frau ist gierig, und die Gier bringt sie dazu, in die Unterwelt der Suche hinabzusteigen und eine Ausgräberin des Vergessens zu werden, eine Erinnerungsarchäologin. Sie wird die Abscheu und die

203

Begierde, das Zersprungene und das Reparierte, das Zusammengenähte und das Weggeschnittene, das Bewahrte und das Verbotene sammeln, wird Gedächtnisströme, Nachtträume, ungesagte Worte, unbestelltes Land, genähte Stiche und alles, was aufgetrennt wurde, Stoffstücke, die nicht mehr zusammenhalten, Fadenenden und Nähte und die Tücher, die an einem kühlen Abend jemandem um Schultern gelegt wurden, sammeln sowie die bleibende Zärtlichkeit der Toten.

Ist sie dabei, den Verstand zu verlieren? Womöglich lässt sich ihre Suche nach verlorenen Erinnerungen nicht von Verrücktheit unterscheiden, womöglich ist es ein und dasselbe? Egal, denkt Katherine. Außerdem gibt es unterschiedliche Arten von Verrücktheit. Die *wirkliche Verrücktheit* besteht darin, dem Vergessen die Macht zu überlassen. Wer sich nicht erinnern will, verliert sich, und dann bleibt nur die Lüge übrig. Das sollte in einer Kreuzstichstickerei festgehalten werden, denkt Katherine und schreibt es in ihr Notizbuch.

Sie hat den Platz mit der Ruine des Yahudi Hamam erreicht. Das alte jüdische Bad ist ein ziegelfarbenes, tief liegendes Gebäude mit Kuppeldach, ein von rechtwinkligen und hohen weißen modernen Häusern umgebener Anachronismus. In die Ecke geschleuderte Glasflaschen, Pissflecken und Fahrradständer. Das Bad steht seit über fünfhundert Jahren hier, Vidal Coenca muss mit seinem Vater und seinem Bruder hergekommen sein, denkt Katherine und legt die Hand an die Außenmauer. Vielleicht wurden vor hundert, zweihundert oder vierhundert Jahren schon andere Hände an diese Wand gelegt, wodurch ein Gruß von Mensch zu Mensch übermittelt werden kann, als wäre die Zeit nicht linear, sondern ständig und überall präsent.

Eine blondierte Frau mit einer rosa glitzernden Handyhülle kommt auf Katherine zu und fragt mit runden russischen Vokalen nach dem Weg zu einem Kaufhaus. Katherine kennt die Geschäfte in Thessaloniki nicht. Sie sei selbst eine Besucherin, antwortet sie und schüttelt bedauernd den Kopf. Die Frau schaut verlegen drein. *I thought you were Greek.*

Das Kind Vidal wurde mit spanischen Kinderliedern in den Schlaf gesungen. Seine erste Sprache war der altmodische kastilische Dialekt, und er ging mit sephardischem Stolz einher. Die spanischen Juden kannten ihren Wert. Ihre Lieder, ihre Gebete, ihr Handwerk und ihre Buchdruckerkunst, die Gelehrtheit ihrer sephardischen Rabbiner und ihre mehrere tausend Jahre alten spanischen Ahnen, all das brachte eine Selbstachtung hervor, die von Generation zu Generation weitergegeben wurde.

Jahrhundertelang, *vor der Vertreibung*, hatten sie auf der iberischen Halbinsel als königliche Ratgeber und Leibärzte und als Entdeckungsreisende im Dienste sowohl christlicher Königlicher Hoheiten als auch muslimischer Herrscher gewirkt. Die Mächtigen kamen und gingen, die Invasionen überzogen Spanien wie Feuerstürme. Fahnen mit dem Halbmond und dem Kreuzzeichen wurden gehisst und eingeholt, mit Blut besudelt und verbrannt – doch die spanischen Juden blieben bestehen. Weil sie Arabisch sprachen, hielten sie die Verbindung zu al-Andalus, dem muslimischen Teil der Halbinsel, aufrecht. Die spanischen Juden druckten Bücher auf Latein, Hebräisch, Ladino und Arabisch.

Als sie dann aus Spanien vertrieben wurden und kaum etwas

mitnehmen durften, wählten sie das, was sie tragen konnten, ohne dass es sie belastete, was sie packen konnten, ohne dass es Platz beanspruchte, und was einen Reichtum darstellte, der unmöglich gestohlen werden konnte: ihr Wissen. Vertreibung und Verfolgung bildeten ihre Geschichte, ihre Tränen und ihren Schmerz, doch trotz Tränen, Vertreibung und Verfolgung war ein Sepharde stets ein Sepharde. Der spanische Stolz verlieh ihnen einen überaus geraden Rücken.

Vidal Coenca lernte früh, *los todescos* zu verachten, alle Juden, die keine Sepharden waren. Eine *todesca* zu heiraten, war undenkbar. Schon als Kind wurde er wie alle spanisch-jüdischen Kinder vor gemischten Verbindungen gewarnt. In seiner Umgebung gab es keine Familie, die sich an eine Mischehe gewagt hätte.

Wer aus der Ordnung fiel, war verloren.

Doch auch innerhalb der spanisch-jüdischen Gruppe herrschten bedeutende Unterschiede. Es war edler, von den ersten spanischen Flüchtlingen abzustammen, als einer Gruppe anzugehören, die erst später nach Saloniki gekommen war. Erfolgreich oder reich zu sein, fiel ins Gewicht, anständig zu leben, war maßgebend, Abstammung aber bedeutete alles. Einige wiesen ihre uralten spanisch-jüdischen Ahnen mit ihrem Namen nach, etwa die Familie Alterac, abgeleitet aus dem Spanischen *alta raza*, die Hochstehenden. Besonders begehrt war es, aus *una buena familia*, einer guten Familie zu kommen. Wie Flora. Sie trug den mittelalterlichen Stolz als Mantel über ihrer Armut. Geld und Besitz waren weg, doch sie war hochmütig wie eine spanische Königin.

Hochmut vererbt sich, denkt Katherine. Ein Speer des Stolzes schlägt von einer Coenca zur nächsten durch, von Flora zu Sally und weiter zu Katherine – sie, die pompös ihre Kriegstat erklärt, die gegen das Verschwiegene streiten und dem Schweigen einen Namen geben will. »Ich kämpfe gegen das Vergessen«, hat sie in ihr Notizbuch geschrieben. Plötzlich muss sie lachen. Welch ein Witz, welch lächerliche Hybris! Habt ihr schon die Geschichte von der arrogantesten Armee der Welt gehört? Sie besteht aus einer einzigen Frau, und ihre Waffe ist ein kleines Stückchen Abgrund. Ihre Strategie, ihre Manöver, ihre Kriegskunst? Sich selbst in einem Luftstrom toter Menschen zu suchen. Das Territorium, das sie verteidigen will, sind die Namen der Toten, die Namen ihrer Friedhöfe, mit Gebeten gefüllte Röhrenknochen. Kriegerin verlorener Erinnerungen lautet ihr Titel. Ihre verheerendsten Verluste, die Schlachten bei Präsens, Imperfekt und Futur, werden kaum in die Geschichte eingehen.

Um die Zeit von Vidal Coencas Geburt kam eine neue Welle von Flüchtlingen, diesmal russische Juden auf der Flucht vor den Pogromen, die die Behörden nach der Ermordung Zar Alexanders II. angezettelt hatten. Es hieß, dass einer dieser Unglücklichen heimatlos und verloren am Kai gestanden habe und alle, die vorbeikamen, auf Hebräisch fragte: *ma shemeha?* Wie heißt du? Die Juden von Saloniki lachten über ihn. Seine Verwirrung wurde zum Sinnbild für die Neuankömmlinge schlechthin, die daraufhin *mashemehas* genannt wurden. Ihre Sprache, das Jiddische, wurde *mashemehesko* getauft, ihre Synagoge erhielt den Spitznamen *Moskva*.

Wie alle Juden, die nach Saloniki kamen, mussten sich die Flüchtlinge anpassen und assimilieren, allerdings nicht in das herrschende Osmanische Reich, sondern an die spanischen Juden der Stadt. Nicht nur, dass sie die Sprache der Sepharden lernen und das Verb *enladinar* verstehen mussten. Sie mussten auch den Prozess durchlaufen, den dieses Verb beschrieb, eine Ladinisierung, bei der die russische Jüdischkeit Brauch für Brauch ins Sechzehnte-Jahrhundert-Spanisch übersetzt wurde. Kurz gesagt, sie mussten sich genau wie die ungarischen, polnischen und französischen Juden vor ihnen den sephardischen Traditionen unterordnen. Sogar die Griechisch sprechenden

Juden, die schon in der Stadt lebten, als der christliche Prophet Paulus dort predigte, waren ladinisiert worden, obwohl sie zuerst da gewesen waren. Egal welcher Herkunft, in Saloniki wurden alle Juden eins mit der großen, stolzen Gruppe spanischer Juden, sie gingen zur Sprache Cervantes' über und wurden auf diese Weise Einwohner von Salonikis selbstbewusster und selbsternannter sephardischer Republik, *la republica sefardita*.

Eine weitere Denkwürdigkeit soll sich zur Zeit von Vidal Coencas Geburt ereignet haben: Einer der Lebenslänglichen im Gefängnisturm am Meer tünchte sein ganzes Gefängnis weiß. Mit einem Mal hob sich die runde Festung ebenso hell leuchtend gegen den Himmel ab wie die Minarette und die Wolken und der Schnee, der im Vardarwind fiel, sie einzunehmen, war ebenso unmöglich, wie daraus auszubrechen. Der Gefangene wurde zur Belohnung freigelassen, das tausendfach auf Ansichtskarten und Selfies abgebildete Gebäude heißt seit der Zeit Weißer Turm. In Thessaloniki weiß kaum jemand, dass hier auch dreißig Moscheen, zwanzig Minarette und zweiunddreißig Synagogen gestanden haben, stellt Katherine fest. Was da einmal existiert hat, ist aus der Zeit geschnitten wie ein mit einer Schere zerschnittenes Foto: Das Bild besteht zur Hälfte aus sich selbst und zur Hälfte aus Leere. Deshalb bin ich hier, schreibt sie in ihr Notizbuch, um zu betrachten, was es nicht mehr zu sehen gibt. Verlassenheit ist unheilbar, krakelt sie hin und streicht es dann durch.

Sie wandert durch den griechischen Vormittag. Ausgerüstet mit Büchern und einer Kamera in der Tasche und mit Wut gepanzert geht sie hinaus in ihre eigene weiße Unkenntnis, um sie mit Dunkelheit zu füllen.

Das Archiv ist nicht dort, wo es sich angeblich befindet. Die Erinnerung ist verschwunden.

Katherine kontrolliert den Namen der Straße. Er stimmt. Sie sucht die Hausnummer, auch sie ist korrekt – doch da gibt es kein Archiv. Hinter den gläsernen Eingangstüren des Gebäudes sieht sie an einem blanken Schreibtisch einen uniformierten Mann. Sie tritt in das klimatisierte Foyer und fragt, ob er Englisch spreche. Er schüttelt den Kopf. *No English.*

The archive?, fragt sie dann. Der Mann fuchtelt energisch mit den Händen in Richtung Straße: Sie solle hinausgehen. Hinaus? Sie geht wieder durch die großen Glastüren und bleibt auf dem Gehsteig stehen. Der Mann folgt ihr mit dem Blick. Als sie ihn fragend anschaut, zeigt er eifrig nach rechts. Da sieht sie es. Dort. Eine erste Stufe, ein Weg in die Unterwelt. Das Archiv liegt unter dem Haus, unter der Straße, unter der Stadt, am Grund.

Wo auch sonst?

Der Treppenabgang ist so schlicht, dass sie ihn im Vorbeigehen gar nicht bemerkt hat. Er sieht aus, als würde er in ein Kellerlager, in eine Waschküche oder einen Müllraum führen. Katherine wird schlagartig klar, dass dies kein Zufall ist. Sondern die wirkliche Wirklichkeit. Ein jüdisches Archiv kann seine Existenz nicht hinausschreien, das gebietet die Sicherheit. Und richtig, auf halber Treppe ist der Abgang mit einer schweren Gittertür versperrt. Die Welt ist verrückter, als ich es bin, denkt Katherine. Dann kommt sie zu einem weiß gestrichenen Kellergang, wo an einer unauffälligen Tür ein ebenso unauffälliges Schild mit der Aufschrift *Historical archive of the J. C. T.* angebracht ist. Die Tür ist verschlossen und mit Überwachungskameras, Spion und Sprechanlage gesichert. Nachdem sie sich ausgewiesen hat, wird sie in die fensterlosen Räume eingelassen.

Die Archivleiterin hat lange, frisch lackierte rote Fingernägel und spricht mit einem anderen Besucher. Beachtet Katherine gar nicht. Erst als der Besucher geht, wendet sich die Frau um und legt den Kopf schräg: *What can I do for you?* Katherine wiederholt, was sie bereits in einer Mail geschrieben hat, und erzählt von Vidal Coenca und seiner Familie. Die Frau hört zu, ohne eine Miene zu verziehen. Sie setzt sich zurecht und greift zu Stift und Papier.

»Wann hat Vidal Coenca die Stadt verlassen?«

»1912.«

»Dann ist nichts mehr da. Und seine Familie, wann hat sie Saloniki verlassen?«

»Das weiß ich nicht.«

»Und sie hieß?«

»Coenca.«

»Dann haben sie die Mayor-Synagoge besucht.«

»Aha! Das wusste ich nicht. Woher wissen Sie das?«

»Das sehe ich in meinen Registern. Die Coencas kamen aus Mallorca, nicht wahr?«

»Nein. Sie kamen nicht aus Mallorca. Ich glaube, sie haben die kastilische Synagoge besucht.«

»Es gab keine kastilische Synagoge.«

»Doch. Im Jüdischen Museum habe ich eine Karte mit den Synagogen gesehen. Die kastilische lag hier.« Katherine hält ihr ein Foto der Kartenskizze auf ihrem Handy hin.

»Aha. Meine Familie ist eine der ältesten in der Stadt, sie kamen unmittelbar nach der Vertreibung. Deshalb gehörten sie der Gerush-Synagoge an. Haben Sie den Text gelesen, den ich geschrieben habe?«, fährt die Frau fort.

»Äh, ich habe in letzter Zeit viele verschiedene Texte gelesen … Welchen genau meinen Sie?«

»Wenn Sie ihn gelesen hätten, würden Sie es wissen. Er ist auf der Homepage veröffentlicht. Da steht alles drin.«

»Alles. Ich verstehe. Dann habe ich ihn vermutlich nicht gelesen.«

»Ich merke schon.«

»Entschuldigen Sie bitte. Glauben Sie, mir trotzdem helfen zu können …?«

»Ich weiß nicht.« Die Archivarin wirkt auf einmal müde. »Ich bin allein hier. Und für all das zuständig.« Sie breitet die Arme aus, um auf die vielen Ordner und Mappen um sich herum zu verweisen, auf all die Bücherregale und Aufbewahrungsschränke. Ihre langen roten Nägel blitzen.

»Das muss eine einsame Angelegenheit sein.«

»Sehr einsam.«

»Aber haben Sie zum Beispiel die Volkszählung von 1917 hier, oder eine Kopie davon? Ich habe sie in New York ausfindig gemacht, aber es ist eine weite Reise bis dorthin.«

»Die gibt es in New York nicht.«

»Ach nein? Ich habe bereits mit dem YIVO-Archiv gesprochen und …«

»Nein, die haben sie nicht. Im Übrigen ist die Volkszählung in Solitreo geschrieben. Wissen Sie, was Solitreo ist?«

»Eine der vier Möglichkeiten, Ladino zu schreiben. Es basiert wohl auf einer Art hebräischer Zeichen?«

»Nein. Nicht auf hebräischen.«

»Okay.«

»Können Sie Solitreo?«

»Leider nicht.«

»Es gibt auf der ganzen Welt nur drei Personen, die Solitreo können.«

»Ich verstehe. Sie ist also nicht hier, diese Volkszählung?« Katherine nennt die Rotnagelige bei sich Königin Nein.

»Nein.«

»Ich wüsste so gern, zu welchem Zeitpunkt Vidal Coencas Eltern Saloniki verlassen haben, ob vor oder nach 1917. Gibt es im Archiv Material, das mir einen Anhaltspunkt liefern kann?«

»Bedaure.« Königin Nein schaut auf die Uhr. »Aber ich kann Ihnen einige Bücher zeigen, die vielleicht von Interesse sind«, sagt sie, wie um Katherine ein Abschiedsgeschenk zu machen.

»Gerne. Und ich hätte noch eine Frage: die Grabsteine? Des sephardischen Friedhofs?«

»Was ist damit?«

»Gibt es ein Verzeichnis darüber, wo sie zu finden sind?«

»Mit derlei beschäftige ich mich nicht.« Die Archivarin schaut mit einem Mal unwirsch drein, scheint es sich mit bewundernswerter Geschwindigkeit aber anders zu überlegen und notiert etwas auf einen Zettel. »Hier haben Sie eine Telefonnummer. Rufen Sie diesen Mann an. Er weiß es.«

»Danke. Was genau weiß er?«

»Er kann Fragen nach den Grabsteinen beantworten. Ich glaube, er spricht Englisch. Schreiben Sie etwas in mein Gästebuch, bevor Sie gehen.«

Für den Fall, dass sie das Archiv noch einmal aufsuchen muss, formuliert Katherine ein paar überschwängliche Sätze, verabschiedet sich rasch und geht durch den Korridor zur Grenze des Reiches der Archivkönigin. Die Sicherheitstür ist schwer, doch sie bekommt sie auf. Schnell steigt sie die Treppen hinauf, hört die Tür hinter sich zuschlagen, tritt durch die Gittertür und gelangt wieder an die Oberwelt, auf die heiße Straße mit ihrem Lärm und ihren beschmierten Wänden. Katherine ist nicht mehr zweigeteilt und in mehreren Zeitschichten unterwegs, sondern gesammelt und heil.

Ist sie dafür nach Thessaloniki gereist?

Andererseits, denkt Katherine, die denselben Weg zurückgeht, den sie gekommen ist, eine Telefonnummer zu haben, ist immerhin besser als nichts. Das Unpraktische ist auf lange Sicht das einzig Praktische.

Der 29. April ist Katherines Geburtstag. Nach dem griechisch-orthodoxen Kalender des Jahres außerdem Ostermontag. Mitten am Tag ist es in der Stadt still. Thessalonikis alte Hunde liegen im Schatten und schlafen einen bewusstlosen Schlaf. Einsam leuchtet die Sonne über den Straßen. Die Menschen sind in eine der vielen Kirchen der Stadt gegangen, wo eintönige Gesangsfäden zu Ehren Gottes verwoben werden. Hinterher warten Suppe mit Lammfleisch und Eier, rot bemalt wie Christi Blut. Das Notizbuch ist Katherines Gesellschaft, der Stift ein Schutz vor Blicken und Schreiben ein Gespräch mit der Einsamkeit. Im frischen Wind rauschen die Orangenbäume.

Katherine hat über die Kindheit und Jugend ihres Großvaters Geschichten gehört, kennt deren Ursprung aber nicht und weiß nicht, was daran wahr ist. Die Stadt, in der er gelebt hat, diese Stadt und doch eine andere, war stets eine des Zusammenlebens. Jesus, Allah und Er-der-Unnennbare, alle bekamen sie von den Einwohnern Salonikis den ihnen gebührenden Teil Anbetung. Die Gebete wurden Seite an Seite gesprochen. Trotzdem gab es auf Ladino einen Ausdruck dafür, sich verirrt zu haben: *ir al prodrom*. So hieß es über jemanden, der sich verlaufen hatte, weit von zu Hause weg war oder in Unsicherheit lebte, diese Person sei beim Hippodrom gelandet, wo die christliche Bevölkerung der Stadt lebte.

Katherine begreift, dass die Juden, wenn das orthodoxe Osterfest gefeiert wurde, am liebsten drinnen blieben. Niemand wollte den Prozessionen, bei denen eine ausgestopfte Menschenfigur herumgetragen wurde, in die Quere kommen. Die Figur, auch Jude genannt, war mit Heu und Feuerwerkskörpern gefüllt. Sie wurde zu einem offenen Platz getragen und dort zur Strafe für Judas' Verrat aufgehängt. Am Ostermontagabend kamen die Christen erneut zusammen, um sich anzusehen, wie der Strohjude brannte und die Feuerwerkskörper in seinem Leib explodierten.

Bis in die siebziger Jahre verwahrte meine Mutter ihren Pass immer zusammen mit Geld, stets fluchtbereit.

Katherine hat gelesen, dass im Frühjahr 1891, Vidal war ein Jahr alt, auf der Insel Korfu ein jüdisches Mädchen verschwand. Die Eltern alarmierten die Polizei, und die Inselbevölkerung beteiligte sich an der Suche. Als der Vater und der Onkel des Mädchens die Leiche des Kindes fanden, wurden sie wegen Mordverdachts festgenommen, und möglicherweise waren sie auch schuldig. Als sie aber mangels Beweisen freigelassen wurden, hatte sich unter der christlichen Bevölkerung Korfus bereits ein Gerücht verbreitet: Das Mädchen sei eigentlich Christin gewesen und entführt worden, um ihr Blut zur Zubereitung des ungesäuerten Brotes der Juden zu verwenden; die Juden hätten sie ermordet.

Die Eltern des toten Mädchens legten eine Geburtsurkunde

vor, sie war wirklich ihre Tochter, doch das Gerücht ließ sich nicht mehr aufhalten. Die Häuser und Geschäfte der Juden wurden geplündert und verwüstet. Die Stimmung wurde so rabiat, dass die Polizei beschloss, Korfus Juden »zu ihrem eigenen Besten« ins Ghetto zu sperren. Der Vorfall weckte auch auf der Insel Zakynthos starke Gefühle. Dort lebten nur dreihundert Juden, und die Koexistenz mit der christlichen Bevölkerung war bis dahin von Ruhe geprägt, vor allem dank des »liebenswürdigen und freundlichen Charakters der Zakynthos-Juden«, wie es jemand ausdrückte. Nun versammelten sich am Karfreitag vor dem dortigen Ghetto Tausende Menschen, um den militärischen Schutz zu durchbrechen. Die Soldaten eröffneten das Feuer, einige Christen wurden getötet, viele verletzt. Zur selben Zeit starben auf Korfu diejenigen, die man in das übervölkerte Ghetto gesperrt hatte, allmählich an Nahrungsmangel und Hitze. Die Zeitungen überall auf der Welt verfolgten die Ereignisse intensiv.

Dass die antijüdischen Osterpredigten der griechisch-orthodoxen Kirche zu dieser Gewalt beitrugen, war offensichtlich – diesen Zusammenhang erkannte sogar der führende Patriarch. Im April 1891 erging deshalb ein kirchliches Rundschreiben, dass das österliche Verbrennen ausgestopfter Judenfiguren, egal wo im Lande, unterbleiben solle.

Katherine setzt sich in ein nahezu leeres Lokal, um auf ihrem Handy Nachrichten zu lesen, Kaffee zu trinken und ein Stück mit Honig getränkten Orangenkuchen zu essen. Es ist hier und heute, es ist zufällig ihr Geburtstag, und das orthodoxe Osterfest hat die Stadt geschlossen. Die Nachrichtenagentur AP meldet, dass die Bewohner der Hafenstadt Ermioni am Vorabend einen Judas aus Stroh verbrannt haben. Es gibt bewegte Bilder davon. Der Jude brennt auf einem von anderen Booten umgebenen Boot im flammenden Licht explodierender Feuerwerkskörper. In Chania auf der Insel Kreta haben sie einen Holz-Judas gezimmert, der durch die Stadt geschleppt wird, damit die Leute auf ihn einschlagen können. In Thrakien basteln die Kinder einen eigenen Judas und bitten die Leute um Zweige und Holzstücke, um einen Scheiterhaufen errichten zu können. In manchen Kleinstädten wird der Strohjude mitten auf dem Marktplatz verbrannt, in anderen ist es in Ordnung, auf ihn zu schießen. Und AFP berichtet aus der alten Stadt Monemvasia auf dem Peloponnes, dass am Tag zuvor ein silberbärtiger Strohjude an einem Holzgerüst gehisst worden sei. Ein Priester steckt ihn in Brand. Der Jude explodiert. Der Kopf wird weggesprengt. Erwachsene und Kinder stehen drum herum und filmen mit ihren Handys.

Ich bin nicht schon immer Kriegerin gewesen. Einst war ich eher eine Schmetterlingslarve als Soldatenmaterial, dünnhäutig und ohne Orientierungsvermögen. Da gab es meine Mutter und Schweigen ringsum, da gab es eine große Sehnsucht nach einem anderen Leben – doch was weiß eine Zehnjährige von einem anderen Leben als dem, das sie selbst lebt?

Zu Hause bei meiner Mutter, wo ich aufwuchs, war sowohl das Wort Jude als auch das Wort Vater verboten, und mir wurde klar, dass dies zusammenhängen musste. Zu Hause bei meinem Vater, den ich besuchte, sah ich, wie er aß, als wollte ihm jemand das Essen stehlen, und mir wurde klar, dass es einen weiteren Zusammenhang gab, den zwischen Verlassenheit und Zutrauen.

Ich habe meinen Vater über seinen Vater sprechen hören.

Ich habe das darauffolgende Schweigen gehört.

Schweigen kann Milchstraßen und Unterwasserhöhlen beinhalten. Es kann weiß sein von fallendem Schnee. Es kann von der Pause zwischen zwei Tönen erfüllt sein und auf diese Weise aus Musik bestehen. Schweigen kann aus dem Blick eines Menschen bestehen und dem Geruch von warmer Haut und Schweiß. Es kann aus einem abgewandten Rücken bestehen. Das Schweigen meines Vaters ist von Verlust erfüllt. Es beherbergt das, was es nicht mehr gibt, die Matratze, die in einer Juninacht auf dem Rücken getragen werden muss, weil bewaffnete Männer ihm im Alter von acht Jahren befehlen, sein Zuhause zu verlassen, ein ständiges Warten auf einen Papa, der gezwungen wurde, Sklave der ungarischen Armee zu werden, und das Geräusch der Nadel im Stoff der Jacke des Jungen, als unmittelbar über dem Herzen der gelbe Stern aufgenäht wird. Das Schweigen meines Vaters enthält die Stunden, die er im Hof der Polizeiwache stand und darauf wartete, auf einen Zug gezwungen zu werden.

Ich war, wie alle Kinder, ein Kind mit begrenztem Wissen von der Welt, aber das wusste ich: In dem Wort Jude lag ein Dunkel, ein von bewaffneten Wachen flankierter Stacheldraht, dort herrschten Nacht und tödlicher Nebel, ein Massengrab, ein panisch klopfendes Herz, kalter Schweiß und der Impuls zu fliehen.

Ich wusste außerdem, dass das Wort auch etwas mit mir zu tun hatte, weil meine Mutter mir beigebracht hatte, es niemals auszusprechen. Da war also eine Schande zu verbergen, und ich war ihre Wächterin. Da war eine Bedrohung, deretwegen ich an einem Oktobertag in eine Kirche getragen und mit christlichem Wasser gesegnet wurde. Unter den Geschenken, die es hinterher gab, befand sich ein Goldkreuz, das man an einer Kette um den Hals trug, und ich trug es. Als wäre ich von Vampiren umgeben gewesen, als könnte ein zentimetergroßes Kruzifix die Bedrohung auf Abstand halten, als vermittelte das Taufwasser nicht nur Segen, sondern auch eine Beschwörung, als wäre ich der griechische Held Achilles, die Verwundbarkeit der Verwundbarkeit, die durch die rituelle Taufe einen Schutz erhielt, der mich überall bedeckte (außer im Herzen). Mein Name konnte das Geheimnis verraten, also wechselte meine Mutter später den Namen. Dunkle Haare konnten es verraten, also kaufte sie in der Apotheke Wasserstoffperoxid und zeigte mir, wie ich damit meine Oberlippe jeden Abend befeuchten sollte, damit der dunkle Flaum gebleicht würde. Das Geheimnis musste ständig bewacht werden. Niemand durfte etwas erfahren.

Ich hasse Zionisten, ich hasse Israel, aber eine einzelne Jüdin mag angehen, sagte ein Mann zu mir, als ich fünfzehn war (und dann wollte er in seinem Studentenbett mit mir schlafen).

Ich bin tüchtig gewesen, habe das Schweigen getragen und die Schande bewacht. Unablässig arbeitete ich am Bau eines Bollwerks, einer Festung, warf Schutzwälle auf und armierte Eingänge. Bis eines Tages alles barst. Ich las einen Roman über eine Frau (ihre nächtlichen Träume waren amorph und irrational) und ihr Dasein bis zu dem Tag im September 1941, als sie gezwungen wurde, zusammen mit 33 770 anderen zur Schlucht von Babyn Jar bei Kyiv zu gehen, wo sie sich ausziehen musste und anschließend erschossen wurde: ein Mord, umgeben von 33 770 anderen Morden. Die Lektüre brachte jegliche Abwehr zu Fall. Ich lag in meinem Zimmer auf dem Boden und weinte. Ich riss das Kreuz ab, das mir an einer Kette um den Hals hing, und schwor einen Eid, dass die Lüge, die Heimlichkeit und das Leugnen aufhören mussten. Die Verwandlung hatte begonnen. Nie wieder trug ich christlichen Schmuck, auch kein anderes religiöses Symbol. Ich verließ die Schwedische Kirche und trat nie *irgendeiner sonstigen Gemeinde bei. Blieb frei von Bindungen, allein mit meinem geschworenen Eid, und so musste es auch sein. In den folgenden Jahren sollte ich mich in eine Hülle einspinnen, zögern und warten und mich quälen. Doch die Verwandlung ging voran, langsam und unaufhaltsam, und ich wurde transformiert.*

Nicht, dass ich etwas gegen Juden hätte, sagte meine Mutter vor einigen Jahren, ich möchte sie nur nicht in meiner Nähe haben. Die Kriegerin hatte erwidert: Dein Vater war einer, du hast einen geheiratet, und hier bin ich.

Katherine stellt sich Flora Coenca zusammen mit fünf, sechs anderen Frauen vor. Auch Rakel, die kleine Schwester von Moise und Vidal, ist da. Es ist das Jahr 1904. Eine Woche zuvor hat Flora ihr viertes Kind, einen weiteren Sohn, zur Welt gebracht, und seitdem war sie Tag und Nacht von Familie und Nachbarn umgeben. Eine Wöchnerin durfte nicht in einem dunklen Raum alleingelassen werden, denn da könnten böse Geister die Oberhand gewinnen. Katherine stellt sich vor, dass die Frauen für das Neugeborene ein Fest vorbereiten. Zuerst wird *la viola* gehalten, ein Essen am Abend vor der Beschneidung. Tags darauf werden sie sich in der kastilischen Synagoge versammeln, der Rabbiner wird das Kind halten und segnen, dann wird vor der gesamten Gemeinde die Beschneidung vollzogen, und anschließend wartet das Fest.

Die Frauen mahlen frische Mandeln. Sie hacken Knoblauch, Auberginen, Birnen und Äpfel und versetzen sie mit Weinessig. Sie machen *bourekas*, gefüllte Teigtaschen, und Spinat-Pie. Sie bereiten *albóndigas* zu, Fleischklößchen in Tomatensauce, sowie einen Kichererbsentopf mit Honig und Granatäpfeln. Und sie singen bei der Arbeit mit festen, schrillen Stimmen über den Greis, der eine junge Frau verführen will, und wie sie ihn auslacht. Hier ist das alte Land zu hören: Andalusien, Aragonien und Kastilien. Als wären das spanische Begehren, die spanische Hitze und die spanischen Schatten von höherer Intensität als das Begehren, die Hitze und Licht und Schatten in Saloniki. Einige Frauen tragen zu den spanischen Häusern, die die Vorfahren verlassen mussten, noch immer die Schlüssel bei sich, Schlüssel, die seit über vierhundert Jahren von Generation zu Generation vererbt wurden. Auch sie werden besungen. *Onde esta la yave ke estava in kashun? Mis nonus la trusherun kon grande dolor de su kaza de Espania. Suenios de Espania.* (Wo ist der Schlüssel, der in der Lade lag? Meine Vorfahren brachten ihn unter großem Schmerz aus ihrem spanischen Haus mit. Träume von Spanien.)

Ewig besitzen wir nur das Verlorene.

Flora muss als gute Ehefrau gegolten haben, nachdem sie drei Söhne geboren hatte. Eine Tochter zu bekommen, ist wie Wolle spinnen, sagte man, während einen Sohn zu bekommen gleich einen Faden aus Gold spinnen war. Als die Tochter Rakel zur Welt kam, wurde kein Fest arrangiert, und es versammelte sich auch keine Gemeinde in der Synagoge. Stattdessen wurde eine stille Zeremonie abgehalten, ein *fadamyento*, bei dem nur die engere Familie zugegen war. Niemand sang oder jubelte. Wurde eine Tochter geboren, legte man eine Schweigeminute ein. Das war so selbstverständlich, dass es zu einer spanisch-jüdischen Redensart wurde: *Estash cayados, como ke vos nasiera ija.* Du bist so still, als hättest du eine Tochter bekommen.

Die spanischen Juden hegten und pflegten jede Verbindung mit dem verlorenen Spanien. Die Frauen backten zu den Feiertagen *Pan d'Espanya*, sie machten Marmelade aus grünen Walnüssen, *dulce de nuez verde*, und sie verbrachten den Ruhetag gern auf einer Veranda, wo Schalen mit Obst und *pasatempo*, getrockneten Melonenkernen, hingestellt wurden. Ihr Familienname band sie an das Land, das ihre Vorfahren einst vertrieben hatte, sodass sie die Vergangenheit nie aus dem Blick verloren.

Die Familie Canetti zum Beispiel leitete ihren Namen von dem kastilischen Dorf Cañete ab. Als das christliche Spanien mit seinem Massenmord an den Juden begann, floh sie nach Italien, wo der Name seine italienische Endung erhielt. Das Geschlecht Souissa leitete seinen Namen von der spanischen Stadt Suesa her, viele Familien bezogen ihren Namen auf die spanische Stadt Bejar. Der Name Cordovero stammt von Córdoba, und Alcalá, Navarra, Pinto und Toledo wurden von den Städten selben Namens übernommen. Einige hießen ganz einfach d'Espana. Wenn Vidal Coenca seinen Namen nannte, rief er jedes Mal die Bergstadt Cuenca an der kastilischen Hochebene in Erinnerung.

Eine heile Welt ist kein Menschenrecht. Kein Mensch kann es als gegeben nehmen, dass das Heute so aussieht wie das Gestern, dass der Mann, der aus Eimern Sesamöl verkauft, die er an einem Joch über den Schultern trägt, auch an diesem Morgen angewandert kommt oder dass der Wind, der nach Fisch und Tang riecht, ein freundlicher Wind bleiben wird. Niemand darf sich sicher sein, dass die Welt bestehen bleibt. Wer trotzdem sein Vertrauen in etwas so Launisches wie das Dasein setzt, ohne sich der Metamorphose bewusst zu sein, die eine Welt in nur einer Minute, von einem Wort zum anderen, durchlaufen kann, legt entweder eine unendlich große Unkenntnis an den Tag oder macht sich unendlich großer Dummheit schuldig. Eine Welt kann eine Welt sein, heil kann heil sein, und wer hart arbeitet und eine anständige Person ist, kann sich wohl durchbringen, sogar vorwärtskommen in der Welt, doch darauf verlassen darf sich kein Mensch. Das wusste Vidal. Das weiß Katherine.

Sie sitzt in einem nahezu leeren Café in Thessaloniki. Lediglich ein deutsches Paar und eine Handvoll alter Griechinnen und Griechen haben an diesem Feiertag dorthin gefunden. Die älteren Männer und Frauen sehen aus, als kämen sie jeden Tag dort zusammen, die Bedienung weiß, wie sie ihren Kaffee haben wollen, alle sind aneinander gewohnt, ebenso an das Schweigen der anderen und an die Tauben, die pickend auf dem Boden unter dem Tisch kreisen. Ihre Blicke überrascht nichts. Katherine sieht, wie sie ihre Hände verschränken oder wie eine Hand auf der anderen ruht, während die Finger sich in einer mechanisch wiederholenden Liebkosung bewegen. Was Menschen eben machen, die eine Hand streichelt die andere, als wollte sie sich versichern, dass es die Hände gibt, dass es die Haut gibt, dass es die Körperwärme gibt und alles wirklich und vertraut ist. Sie erinnert sich, wie ihre Großmutter beim Fernsehen in einer Ewigkeitsbewegung ohne Sinn Däumchen drehte. Katherine sitzt in Thessaloniki, erinnert sich an Rita in London und denkt dann an ihren Großvater Vidal und den Namen, den er als Erbe trug.

Es gibt ein Bergstädtchen, in dem die Welt explodiert ist – Cuenca, Kastilien-La Mancha, Spanien. Den Ort gibt es und gibt es nicht. Er liegt jenseits der Erinnerung. Kein heute lebender Mensch erinnert sich an jemanden, der sich daran erinnert, wie meine Vorfahren dort gelebt haben. Trotzdem existiert eine Verbindung durch den Namen, den Vidal seiner Tochter Sally gab, die meine Mutter wurde. Der Name enthält sowohl das Zuhause, das meine Vorfahren einst das ihre nannten, als auch die Vertreibung daraus, die Sicherheit, die sie einst hatten, die Sprengung dieser Sicherheit und die Ausgesetztheit, die daraus resultierte. Jahrhunderte von Unsicherheit.

Spanien. Die kastilische Hochebene liegt flach unter einem Deckel aus blauem Himmel, versiegelt von einem dicht schließenden Horizont. Dort wachen Disteln. Die Straßen sind keine Straßen, es sind hellgraue, durch ein dunkleres Grau gezogene Striche, als wäre der Wind quer über den Erdboden gefegt und hätte ihn ohne Schutz zurückgelassen. Wer die *Meseta Sur* durchqueren will, folgt einfach dem Hellen im Dunkeln. An den Flüssen ist der Boden in Lehm verwandelt, das Grün ist unerwartet grün, der Schatten zwischen den Halmen des Uferschilfs ist grün, das ruhige Wasser ist grün, und das Gras rauscht und raschelt. Nur die Störche stehen wie schwarz-weiße Kommas da.

Zweihundert Kilometer östlich von Toledo liegt hoch oben auf einem Felsplateau die Stadt Cuenca. Aus der Ferne ist es unmöglich, ein Haus von einem Berghang und einen Berghang von einem Haus zu unterscheiden, sie scheinen miteinander verwachsen zu sein, eins geht ins andere über. Muslime haben die Stadt im achten Jahrhundert gegründet, Christen haben sie gestohlen, die Muslime holten sie sich zurück, die Christen eroberten sie wieder, und zur Strafe für ihre Verbrechen, ob nun tatsächliche oder vermeintliche, wurden Menschen die felsigen Wände der Schlucht in die Flüsse Júcar und Huécar hinuntergeworfen.

Auf der iberischen Halbinsel lebten Muslime, Christen und Juden Seite an Seite. Diese Zeit, in der Toleranz geübt wurde ohne eine Idee von Toleranz, nennt man Goldenes Zeitalter. Niemand hatte eine Theorie, eine These oder ein Ideal formuliert, in der toleranten Gesellschaft auf der iberischen Halbinsel gab es kein übergeordnetes moralisches Ziel. Niemand hatte einen offiziellen Beschluss gefasst zu koexistieren. Es war schlicht am praktischsten so. Während des Goldenen Zeitalters manifestierte sich dieses Zusammenleben ohne ideologischen Überbau auch in der Stadt Cuenca. Das heißt, Christen oder Muslime nahmen die Stadt ein, während Juden in den Abgrund geworfen wurden.

Der Name der Stadt ist Vidals Name ist mein Name, denkt Katherine. Mehr weiß sie nicht. Diesen Namen tragen die schmalen Straßen, die sich am Bergrand entlangwinden, Steinhäuser auf der einen und weite, unendliche Ausblicke auf der anderen Seite. Der Name ist die im Wind schaukelnde Brücke über die Schlucht, das kalt brausende Gebirgswasser im Fluss darunter und die süßen Kuchen aus fein gehackten Mandeln und Honig. Der Name ist Massaker und Scheiterhaufen, auf denen Menschen bei lebendigem Leib verbrannt wurden.

Es sind fast keine Informationen bewahrt, doch die schlichte Wahrheit lautet, dass Cuenca eines Tages vor Mord und Gewalt explodierte. Danach gab es dort keine Juden mehr. In Valencia, zig Kilometer entfernt, geschah das Gleiche, und auch in Toledo und Barcelona – es geschah in siebzig Städten in ein und demselben Jahr. Gewalt, Mord, Zwangstaufe, dann waren die Juden verschwunden.

Einzig aus Valencia gibt es Aufzeichnungen, protokollierte und noch erhaltene Zeugenaussagen, die Dokumente wurden aufbewahrt. Katherine kann deshalb etwas über das Jahr 1391, das Jahr, das hundert Jahre dauerte, und über ihre Vorfahren lesen. Sie kann erahnen, was in Cuenca geschehen ist. So kompliziert ist das nicht.

Die Juden in den mittelalterlichen Königreichen Europas gehörten dem jeweiligen Herrscher. Sie waren Leibeigene. Sie bezahlten Steuern direkt an die Regenten, die sie ihrerseits vor Angriffen schützten. Hatten Könige und Königinnen neue Gebiete erobert und die Bevölkerung daraus vertrieben, wurden die Juden gezwungen, dorthin zu ziehen: zwangsabkommandierte Siedler. So sahen ihre Lebensbedingungen und ihre Existenzberechtigung aus. Mithilfe ihrer Ausbildung und ihrer Kenntnisse in Handel und Landwirtschaft schufen sie die notwendige Infrastruktur. Sie mussten den Befehlen der Regenten gehorchen. Im Gegenzug durften sie ihren Glauben ausüben. Das Band zwischen den Königshäusern und den Juden war ein unverbrüchliches Übereinkommen, ein Segen, der in den Tod mündete. Die Juden galten als privilegiert und machtlos zugleich, und das, denkt Katherine, hat sich als lebensgefährliche Kombination erwiesen. Die Leibeigenschaft und die Abhängigkeit vom Wohlwollen königlicher Macht waren die Ursachen für hundert spanische Jahre der Unsicherheit. Sie begannen 1391 und dauerten bis zum August 1492, als die Juden aus Spanien vertrieben wurden und man ihnen verbot, jemals zurückzukehren.

Christentum und Neid, schreibt Katherine in ihr Notizbuch, vervollständigt den Satz aber nicht. Sie versucht aus dem Wort

Inquisition ein Anagramm zu bilden, doch alles, was sie zustande bringt, ist das Wort Not. Sie liest über das Spanien des vierzehnten Jahrhunderts und den katholischen Archidiakon Ferrand Martínez. Ein feiner Herr, krakelt sie in ihr Buch. Sie kann sich nicht konzentrieren. Wie als Kind, als sie gern die blonde Agnetha von ABBA gewesen wäre, sitzt sie jetzt in diesem griechischen Nachmittag und wäre gern eine andere, auf keinen Fall eine Kriegerin, keine, die Archivmaterial sichtet, keine, die Zorngesänge in sich trägt. Doch sie ist hier.

Ich komme aus der Verfolgung und dem Goldenen Zeitalter, dem Zusammenleben und der Vertreibung. Tatsachen, die sich nicht abwählen lassen, denkt Katherine. Der Juden hassende Archidiakon Ferrand Martínez ist ein Glied in der Ereigniskette, die bis zu mir führt, hier und heute, bis zu diesem Papier, diesen Worten, diesem Jetzt.

Jahrzehntelang wiegelte der Archidiakon die übrige Bevölkerung gegen die Juden in der Stadt Sevilla auf. Er forderte, ihre Tempel zu zerstören und sie aus der Stadt und deren Umgebung zu verjagen. Um seinen Hasspredigten ein Ende zu setzen, zogen die Juden vor Gericht gegen ihn, doch er behauptete, der Erzbischof stütze ihn, und womöglich hatte er recht. Martínez wurde zwar abgesetzt, aber nach ein paar Jahren war er wieder auf seiner Machtposition. Und als der kastilische König starb und von einem Kind ersetzt wurde, das unter Vormundschaft stand, nutzte Martínez die Gunst der Stunde. Das Königshaus war schwach und vermochte sein Eigentum, die Juden, nicht zu schützen. Auf Befehl des Archidiakons wurden alle Synagogen in Sevilla, Soria und Santillana zerstört. In Sevilla griff man die Juden unmittelbar vor der Karwoche im März 1391 an, und schon ein paar Monate später attackierte man sie erneut und brannte ihre Viertel nieder, viertausend Menschen wurden ermordet. Wem es nicht gelang zu fliehen, musste zum Christentum konvertieren. Seitdem gibt es in Sevilla keine Juden mehr. Dass die Angriffe im Zusammenhang mit dem christlichen Osterfest stattfanden, war kein Zufall. Juden zu steinigen gehörte zum Ritual der Karwoche.

Die Gewalt breitete sich aus. Als Nächstes waren die Juden in Córdoba, Toledo, Barcelona und Madrid an der Reihe. In Stadt um Stadt, Dorf um Dorf wurden Kinder, Frauen und Männer ermordet, ihre Tempel dem Erdboden gleichgemacht und ihre Häuser geplündert und von Christen eingenommen. Einen Monat nach dem Pogrom in Sevilla explodierte die Gewalt in Valencia. Katherine hat die Dokumentation gelesen. Ein mittelalterlicher Angriff auf Juden ging wie folgt vor sich:

Als Erstes zog eine Schar Kinder mit Fahnen und Kreuzen ausgerüstet durch die jüdischen Viertel und skandierte, dass die Juden konvertieren oder sterben müssten. Verschreckt schlossen die jüdischen Bewohner die Tore zu ihren Vierteln, um sich zu schützen. Daraufhin wurde das Gerücht verbreitet, ein christliches Kind sei dort zurückgeblieben und werde nun ermordet. Volksmassen versammelten sich rings um die Viertel und begannen Steine zu werfen. Anschließend drangen sie durch Nachbarhäuser und andere offene Stellen ein, vergewaltigten, mordeten und plünderten. Entkommen konnten nur diejenigen Juden, die sich taufen ließen. Christen, die Juden halfen, würden, wie der Bischof von Valencia verkünden ließ, mit dem Bann belegt. Dasselbe wurde auch einige Monate später verkündet, im August, als die Juden in Barcelona vernichtet wurden.

In Cuenca begann das Morden am 18. Juni 1391. Das Viertel *el Judería*, das von einer starken Mauer mit zwei Toren geschützt war, das eine in der Calle Mosén Diego de Valera, das andere vermutlich in der Calle Zapaterías, wurde gestürmt. Kirchenglocken läuteten, um die Christen Cuencas aufzufordern, sich am Pogrom zu beteiligen. Die Synagoge wurde niedergerissen, alle Frauen, Kinder und Männer, die sich nicht taufen ließen, ermordet, entweder mit dem Schwert oder indem man sie die Felsen hinunterwarf. Einigen gelang die Flucht. Das jüdische Viertel wurde in Santa Maria umbenannt. Seitdem gibt es in Cuenca keine Juden mehr.

Rund einhunderttausend Juden ließen sich in diesem Jahr taufen, um ihr Leben zu retten – war darunter die Familie Coenca? *Auch das wird vorübergehen.*

Lebten sie als Christen weiter, obwohl sie eigentlich bei ihrem jüdischen Glauben bleiben wollten? Führten sie ein Doppelleben? *Ein Jude macht keine Scherereien.*

Verließen sie die Stadt Cuenca so schnell sie konnten, versuchten sie sich in Italien oder in Portugal niederzulassen, oder hielten sie in Erwartung besserer Zeiten aus? *Das Gras, das sich im Wind biegt, wird nicht geknickt.*

Katherine weiß es nicht. Niemand kann es wissen. Die Erinnerung ist ausradiert. Eine Zeit war explodiert, ein Dasein, ein Universum. Es muss jedoch ein Tag gekommen sein, an dem alles vorüber war. Ihre Vorfahren in Cuenca müssen diesen Tag erlebt haben. Eine Sonne muss aufgegangen sein, ein klarer Morgen sich geöffnet haben. Die Ermordeten waren ermordet, und wer überleben wollte, war zum Christentum übergetreten. Wie roch dieser Morgen? Wie ging die Sonne auf? Wie waren die Menschen durch die Nacht gekommen? In ihren geplünderten Häusern oder unter freiem Himmel, auf einem blutüberströmten Marktplatz? Welche Gedanken waren sie imstande zu denken, als sie erwachten, an diesem ersten Tag in ihrem christlichen Leben? Das Schwert hatte sie getauft, sie hatten gesehen, wie Freunde und Familienangehörige über den Rand der Schlucht geworfen wurden. Sie hatten gesehen, wie ihr Tempel niedergerissen und ihre heiligen Texte zerstört wurden. Sie bestanden aus zwei Leben – einem Leben, das sie zur Welt kommen und aufwachsen sah, und einem zweiten, nagelneuen Leben, das sie, anstatt zu sterben, gezwungenermaßen gewählt hatten.

Was macht ein Mensch am ersten Morgen seines neuen Lebens? Erwacht, schaut über die Bergkämme hin, hört am Grund der Schlucht die Flüsse rauschen und dankt einer höheren Macht dafür, dass er lebt, dass seine Kinder leben, dass die Sonne am Himmel aufgegangen ist – trotz allem? Er dankt Gott, weiß aber nicht, ob es der alte oder der neue ist. Er macht sich daran, das Blut am Boden aufzuwischen. Versucht sein Heim wiederherzustellen. Erinnert sich daran, dass der Samstag ein Arbeitstag ist, während der Sonntag geheiligt werden muss statt umgekehrt. Hört die Kirchenglocken, hört ihren Klang anschwellen und abnehmen, nahezu vertönen, um dann lautstark dröhnend wiederzukehren, und begreift, dass von nun an sie seine Herrscher sind.

Jedes Sternenlicht im Universum ist vermessen, auch das Licht toter Sterne. Denn auch tote Sterne geben Licht ab.

Da sehen die Astronomen schon andere Räume als eine einzelne Kriegerin, denkt Katherine. Sternenlicht leuchtet stets im Imperfekt. Licht zu messen, stellt deshalb eine zeitliche Versetzung dar – je weiter entfernt die Sterne sind, desto weiter zurück kann man in der Zeit sehen.

Zwischen Angst und dem Licht im Universum gibt es eine Parallele, schreibt sie in ihr Notizbuch. Die Verfolgten in Spanien lebten vor vielen Jahrhunderten, doch ihre Angst ist immer noch erkennbar – Katherine kann sie wie einen Rauchgeruch wahrnehmen, manchmal beißend, manchmal dünn und durchsichtig, doch nie gänzlich aufgelöst. Sie sieht sie vor sich, die Menschen in Cuenca, am ersten Morgen nach dem Morden, als die spanische Sonne über der kastilischen Hochebene aufging und das lateinische Gemurmel der Priester endlich verstummt war. Verspürten die Zwangsgetauften Erleichterung? Würde jetzt Ruhe einkehren, würden sie in einen Tarnumhang der Christenheit gehüllt werden, um die Dämonen (die beileibe nicht eingebildet waren) davon abzuhalten, sie zu holen?

Jahrhunderte später wittert die Kriegerin diese Menschen.

Angst zu messen, stellt deshalb eine zeitliche Versetzung dar. Katherine trägt deren Ausgesetztheit in ihrem Blutkreislauf, langzeitverwahrt und messbar.

Ganz Spanien wurde 1391 von der Zwangschristianisierung erschüttert. Hunderte Städte und Dörfer wurden offiziell für judenfrei erklärt, über einhunderttausend Menschen gezwungen, die Religion zu wechseln oder zu sterben. Ebenso viele waren ermordet worden. Zehntausende befanden sich überall im Land auf der Flucht.

War Gott froh?

Und war den Christen klar, dass ihr Schwert eine umwälzende Veränderung der Gesellschaft bewirkt hatte? Dass die gleichzeitig und unmittelbar nebeneinander einhergehenden Morde und Taufen eine Wende bedeuteten?

Es entstand eine völlig neue Bevölkerungsgruppe, *los conversos*. Die Bekehrten. Ihnen eröffneten sich bis dahin unerschlossene Welten. Weil sie keine Juden mehr waren, durften sie jetzt öffentliche Ämter übernehmen, sie erhielten die Erlaubnis, Mitglied von Zünften oder geschlossenen Vereinigungen zu werden, konnten ihre Betriebe ausbauen und zu gleichen Bedingungen Karriere machen wie die Christen. Sie durften Priester und Bischöfe werden, Beamte und Machthaber. *Los conversos* jagten in ihrer neuen Freiheit dahin und taten alles, was Juden nicht erlaubt war. Besonders in den Städten wurden sie im Laufe nur weniger Generationen erfolgreich und wohlhabend. Sie heirateten gern unter sich, und schon bald hatten sie eine neue spanische Gesellschaftsklasse hervorgebracht, *los Cristianos nuevos*: die Neuchristen.

Die alten Christen erduldeten das nicht. Dies hatte niemand vorhergesehen. Deshalb musste zwischen den neuen und alten Christen die Grenze neu gezogen werden. Es durfte keine Verwechslung der Gruppen geben und keine Vermischung. Statt *los Cristianos viejos* nannten sich die Altchristen darum von nun an *los Cristianos puros*, die reinen Christen. Mit einem Mal war die Taufe, dieser heilige rituelle Zutritt zur Gemeinschaft der Christen, dieser Akt, der die Juden vor sich selbst retten sollte, nicht mehr bedeutungstragend. Ausgerechnet das, wofür die Christen bereit gewesen waren zu morden, die Taufe, wurde plötzlich als Scheinmanöver betrachtet. Aus reiner Wut über die Erfolge der Neuchristen setzten die Spanier entscheidende theologische Änderungen durch und legten fest, dass der wirkliche christliche Glaube tiefer liege als die Taufe, er liege im *Blut*.

Nur sechzig Jahre nach den Zwangstaufen gab es in Toledo erneut Krawalle. Das geschah 1449, und diesmal waren ihnen nicht die Juden (die gab es ja nicht mehr), sondern die Neuchristen ausgesetzt. Der Grund war ihr »unreines Blut«. Wer mit dem Leben davonkam, wurde gezwungen, seine Arbeit bei Gericht und anderen öffentlichen Behörden zu verlassen. Um zu verhindern, dass Neuchristen jemals Zutritt zu solchen Positionen erlangten, wurde mit *limpieza de sangre* das allererste spanische Statut erlassen, wonach für die Bekleidung öffentlicher Ämter die Reinheit des Blutes erforderlich war. Es sollten noch viele weitere folgen.

Viele Neuchristen waren vom Leiden Jesu am Kreuz und von der Dreieinigkeit aufrichtig überzeugt, sie wurden Bischöfe und bekleideten hochrangige Posten in der kirchlichen Hierarchie, sie waren gut ausgebildet und hoch angesehen. Trotzdem wurden sie infrage gestellt: Waren sie wirklich durch und durch christlich? Waren da nicht noch jüdische Gewohnheiten hinter der Fassade? War da nicht hinter jedem Ave Maria das Gemurmel eines jüdischen Gebets zu hören? War da nicht hinter jedem Kreuzzeichen schattenhaft eine abwehrende Handbewegung zu sehen?

Und wie war das mit den kleinen Leuten, den Ungebildeten, den Handwerkern, den Pfandleihern? Wer unter Todesdrohungen gezwungen wird, die Religion zu wechseln, konvertiert möglicherweise nicht von ganzem Herzen, das weiß doch jeder Mensch. Es war denkbar, dass ein falscher Glaube aufrechterhalten wurde, dass die Leute nur so taten, als wären sie bekehrt, dass sich direkt vor den Augen der *reinen Christen* ein religiöser Betrug abspielte. Diese Frage ließ den Machthabern Spaniens im Lauf der Zeit keine Ruhe mehr. Der Zweifel an der Christlichkeit der Neuchristen erfüllte, quälte und ängstigte sie das ganze fünfzehnte Jahrhundert hindurch, raubte ihnen in der Nacht den Schlaf und machte sie am Tag nervös. Dieser Beunruhigung mussten sie ein Ende setzen. Die Sache musste mithilfe von Befragungen und Verhören geklärt werden.

So kam es, schreibt der (neuchristliche) Dichter Samuel Usque in einem Klagegedicht von 1550, dass die spanischen Monarchen das Oberhaupt der katholischen Kirche in Rom darum baten, ein Monster, ein ungezügeltes, wildes Monster in ihr Land auszuschicken. Das Untier war seltsam anzuschauen und so erschreckend, dass ganz Europa zitterte, sobald jemand seinen Namen aussprach. Äußerlich wirkte es wie eine Mischung aus Eisen und Gift, es war von tausend Stahlschuppen bedeckt, mit tausend schwarzen Flügeln flog es durch die Luft oder kroch auf tausend Zerstörerfüßen über die spanische Erde. Und alles, was das Monster fraß, war Feuer, ein Feuer, in dem Menschen bei lebendigem Leib verbrannt wurden. Die Inquisition.

Die Inquisitoren gingen immer auf die gleiche Weise vor. Zuerst wählten sie einen Ort für ihre Ausforschungen aus, eine Region oder eine Stadt. Dort ließen sie den Menschen dann eine bestimmte Anzahl von Tagen Zeit, ihre Sünden zu bekennen, das heißt, zur Ausübung irgendeiner *Jüdischkeit*. Zur Hilfe und Unterstützung aller Betroffenen wurde eine Liste von Zeichen der Sünde bekannt gegeben.

Jude war:

… wer den Sabbat hält. Wer am Freitag ein Essen zubereitet, das über den Sabbat reicht, und es wie ein Jude am Samstag isst. Wer vor der Zubereitung von Fleisch Sehnen und Fett entfernt. Wer, wie es das jüdische Gesetz vorschreibt, weder Schweinefleisch noch Hasen, Kaninchen, erdrosselte Vögel, Meeraal, Tintenfisch oder Fisch ohne Schuppen isst. Wer beim Tod seiner Eltern gekochte Eier, Oliven und dergleichen isst. Wer Fleisch wässert, um es vor der Zubereitung zu entbluten. Wer ohne besondere Erlaubnis in der christlichen Fastenzeit oder an anderen christlichen Feiertagen Fleisch isst. Wer das Laubhüttenfest feiert, indem er am Morgen dieses Tages Salatblätter, Sellerie oder bittere Kräuter isst.

Die Denunziationen schossen ins Kraut. Bei Juana Nuñez zum Beispiel. Die Nachbarn informierten die Inquisitoren darüber, dass Juanas Kinder ihr zum Gruß (auf jüdische Weise) die Hand küssten. Daraufhin lege sie den Kindern die Hand auf den Kopf, mache aber kein Kreuzzeichen. Sie putze am Freitag das Haus und nehme mit ihren Freundinnen, genau wie die Juden vor dem Sabbat, ein Bad. Außerdem habe sie angeblich den ganzen Samstag Kopfschmerzen, damit sie nicht zu arbeiten brauche. Das war übel. Sie wurde zu Hausarrest verurteilt, musste einen speziellen »Schandmantel« tragen und durfte keinen Schmuck anlegen. Da es ihrem Mann gelungen war, nach Portugal zu fliehen, konnte er nicht auf dem Scheiterhaufen verbrannt werden. Statt seiner wurde eine Strohpuppe mit seinem Namen verbrannt.

Eine andere Frau, Beatriz Nuñez, war zum Katholizismus konvertiert, kochte aber immer noch nach jüdischer Tradition. Sie wurde von ihrem Dienstmädchen angezeigt. Die Inquisitoren erhielten eine Aufzählung aller Zutaten, die das Jüdische dieses Unterfangens bewiesen: Lammfleisch, Kichererbsen und hartgekochte Eier. Ein entscheidender Beweis war, dass der Eintopf am Freitagabend zubereitet wurde, damit er am Samstag gegessen werden konnte. Beatriz Nuñez wurde bei lebendigem Leib auf dem Scheiterhaufen verbrannt.

Vor allem der Freitagseintopf, *adafina*, war eines der sichersten Zeichen dafür, dass jemand heimlich das Judentum praktizierte. Fleischklößchen zu essen, *albóndigas*, ebenso. Olivenöl zu verwenden, war jüdisch, weil ein wirklicher Christ seine Speisen mit Schweinefett zubereitete. Überhaupt war Essen in der Beweisführung der Inquisition so zentral, dass manche Neuchristen sich demonstrativ und für alle Vorbeigehen-

243

den gut sichtbar auf ihre Veranda setzten und Schweinefleisch aßen. Schweinefleisch aller Art. Massenhaft Schweinefleisch. Sie erhielten den Spitznamen *marranos*, die Schweine. Das Inquisitionsmonster kroch auf der Iberischen Halbinsel umher und verschlang Menschenopfer. Auch bekehrte Muslime oder Atheisten kamen nicht davon, doch widmete sich das Ungeheuer vor allem den Neuchristen, die verdächtigt wurden, heimlich das verhasste Judentum auszuüben.

Seltsamerweise nahm die Beunruhigung der Regierenden trotz allem nicht ab. Die Inquisition scheint einen gegenteiligen Effekt bewirkt zu haben. Je mehr Menschen verfolgt und bestraft wurden, desto mehr Angst bekamen die Machthaber vor *jüdischem Einfluss*. Ihre Beunruhigung wuchs mit jedem Menschen, der auf dem Marktplatz (auch in Cuenca, auf der Plaza Mayor direkt vor der Kathedrale) vor aller Augen bei lebendigem Leib auf dem Scheiterhaufen verbrannt wurde, sie wuchs mit jeder menschlichen Leiche, die ausgegraben und ins Feuer geworfen wurde, weil sie im Leben nicht christlich genug gewesen war, mit jeder Familie, der man alles nahm, was sie besaß, und die dadurch zu Armenhäuslern und Flüchtlingen wurde. Trotz Verhören, Folter, Denunziationen und erteilten Strafen schienen die Neuchristen niemals christlich genug zu werden. Irgendetwas hindere sie daran, wurde angenommen und geschlussfolgert, dass dieses Etwas die Juden selbst seien.

Noch immer gab es im Land rund einhunderttausend Juden, und ihre bloße Existenz stellte eine ernste Störung dar, weil die Christenheit damit nicht durch und durch rein werden konnte. Deshalb beschlossen Königin Isabella und König Ferdinand, sämtliche Juden aus dem Land zu jagen.

Das Edikt des Königspaares über die Vertreibung der Juden wurde am 29. April 1492 bekannt gegeben. Die spanischen Juden bekamen drei Monate Zeit, um zum Christentum zu konvertieren, das Land zu verlassen oder zu sterben.

Als sich Christoph Kolumbus im August des Jahres auf seine erste Reise begab, mussten seine Schiffe von der kleinen Hafenstadt Palos aus absegeln. Die großen spanischen Häfen waren wegen des Gedränges all der jüdischen Flüchtlinge, die das Land zu verlassen versuchten, nicht benutzbar.

Einige flohen nach Portugal, nach Italien und in die Niederlande, manche wählten Palästina, und viele wandten sich dem Osmanischen Reich zu, dessen Herrscher sie nicht nur aufnahm, sondern sogar willkommen hieß. Sie ließen sich in Nordafrika, in Istanbul, Smyrna, Aleppo und Bagdad nieder. So kam es, dass Katherines Vorfahren zusammen mit zwanzigtausend spanischen Juden in die Stadt Saloniki kamen. Ihre Habseligkeiten hatten sie in Taschen aus grob gewebtem Tuch dabei, irgendwo befanden sich die Schlüssel zu den Häusern, die sie besessen, gezwungenermaßen aber aufgegeben und mit allem, was dazugehörte und sie nicht tragen konnten, den Nachbarn überlassen hatten: Gärten und Äcker, Esel und Ziegen, Möbel.

Ein französischer Diplomat, Nicolas de Nicolay, der Saloniki rund sechzig Jahre nach der Vertreibung besuchte, konnte über seine Eindrücke von den Sepharden berichten: »Überdies findet man unter ihnen viele treffliche Künstler und Handwerksleut, fürnehmlich bei denen, so vor Jahren aus Spanien und Portugal vertrieben worden sind. Diese haben zu der Christenheit großem Schaden und Nachteil die Türken mancherlei Kunst und Kriegsrüstung gelehrt, als da sind grobe Geschütze, Haken- und Handbüchsen, Pulver, Kugel und weiteres Feuerwerk und Waffen. Sie haben auch eine Druckerei errichtet, was bei den Türken ein seltsames Ding ist, dort werden in mancherlei Sprache mit schönen Buchstaben viele Bücher gedruckt, nämlich lateinische, griechische, italienische, spanische und hebräische, was ihre Muttersprache ist.«

Vertrieben werden, vertrieben sein. Das Bekannte war fremd geworden. Das Fremde musste bekannt werden. Die spanischen Juden verfluchten ihr Schicksal und legten gleichzeitig den Grundstein für ein neues Leben. Klage und Arbeit, Arbeit und Klage. Die Rabbiner mussten ihren Gemeindemitgliedern schließlich befehlen, nicht länger ihre Verluste wiederzukäuen. Das Osmanische Reich indes verhielt sich offen und tolerant: Die Sepharden durften ihre Synagogen bauen und ihr spanisches Gemeindeleben leben, sofern sie an den osmanischen Herrscher Steuern zahlten. Als dann im Jahr 1550 die Juden in der Provence verfolgt wurden, bekamen sie aus Saloniki Einladungsbriefe:

Es steht Euch alles offen, lasst Euch hier nieder, Anverwandte, im besten aller Lande! ... die Armen und Bedürftigen ... finden hier ... einen Ort, wo sie ihre Füße ruhen lassen und einen angemessenen Beruf ausüben können. Sie werden weder Hunger leiden noch Durst, sie werden nicht dem brennenden Feuer der Unterdrückung ausgesetzt sein noch gezwungen, ins Exil zu gehen, denn Gott ist uns gnädig und hat uns Unterstützung, Mitgefühl und Würde finden lassen bei jenen, inmitten derer wir leben. [...] Die Türken lassen uns nichts Böses oder Unterdrückung erdulden.

Die Sepharden scharten sich zusammen und hielten zusammen. Ihr Zuhause wurde das Heimweh, und das Exil bewahrten sie wie ein in Trauer gefasstes Juwel, das behutsam von Generation zu Generation weitergegeben wurde. Die Sepharden gingen her und imprägnierten die Verzweiflung ihres Vertriebenseins mit Arbeit. Nur wenige Jahrzehnte nachdem sie sich in Saloniki niedergelassen hatten, war aus der Stadt eine der wichtigsten Hafenstädte des Mittelmeers geworden.

Deshame entrar. Yo me hare lugar. Lass mich herein. Ich werde meinen Platz finden.

Katherine nimmt einen Stadtplan von Thessaloniki zur Hand. Diese Kriegerin hat kein Recht zu ruhen. Das Vergessen nimmt sich nicht frei. Es untergräbt Gebäude und fügt Tagebüchern Wasserschäden zu. Zerreibt mit gleicher Unerbittlichkeit Menschen wie Grabsteine zu Sand, alle Tage, Jahr um Jahr.

Sie fährt mit dem Finger die Linien und Zeichen entlang, die die Stadt symbolisieren. Östlich der Stadtmauer von Thessaloniki gibt es einen Ort, wo Vidal Coencas Vorfahren begraben wurden, den sephardischen Friedhof. Es ist Zeit, ihn zu besuchen. Da soll ein Mahnmal stehen. Der Plan ist allerdings unfassbar verschwiegen. Er ist für Touristen gedacht, und dass diese dorthin gehen, wird ganz offensichtlich nicht erwartet. Auch die Satelliten, die über Katherines Bewegungen wachen, oder die Konstrukteure der digitalen GPS-Karte haben an dem Monument kein Interesse.

Hier stimmt etwas nicht, denkt sie. Es muss ein Gedenken geben. Die Nacht ist die Gedenkstätte des Tages, Träume sind das Gerümpel, das von den Ereignissen, Betrachtungen und Ängsten eines Tages noch übrig ist. Kein Tag ohne Nacht, keine Stadt ohne Vergangenheit. Gleichwohl schweigt der Stadtplan. Sie zerknüllt ihn und wirft ihn in einen Abfallkorb. Ein schlafender Straßenköter zuckt mit dem Ohr..

Warum nach einem zertrümmerten Friedhof suchen? Warum sich darüber ärgern, dass der Stadtplan ein Mahnmal nicht ausweist? Wer ist sie, und was treibt sie da eigentlich?

Eine spanisch-jüdisch-aschkenasisch-christlich-atheistische Don Quijote im Kampf mit dem Vergessen, antwortet sie sich selbst, weil es sonst niemand tut. Mensch und Anti-Mensch zugleich. Kurz gesagt: eine Irre.

Sie geht die Via Egnatia in östlicher Richtung entlang bis zur Aristoteles-Universität. Hier war der Friedhof. Das weiß sie auch ohne Stadtplan. Weil Feiertag ist, werden keine Vorlesungen gehalten, das weitläufige Gelände wirkt verlassen. Ein schwarz gestrichener Eisenzaun hält die Universität in einer gefängnisgleichen Umarmung, und hinter dem Zaun sieht sie weißgraue Flachdachgebäude. Die Abgasluft hat an den Fassaden geflammte Schmutzstreifen hinterlassen. Auf den Fußwegen liegen Kothaufen von Elstern, die mit wippenden Schwanzfedern auf den Bäumen sitzen und kacken. Irgendwo da drinnen steht das Monument für den sephardischen Friedhof, doch sie findet keinen Eingang.

An einem Kiosk kauft sie sich eine Flasche Wasser und merkt, wie ein paar Leute auf ihre Geldbörse starren. Sie sucht weiter. Schließlich fragt sie ein junges Paar, einen Mann und eine Frau mit langen Haaren, nach dem Eingang zur Universität. Sie sehen sie aus blassen Gesichtern ernst an.

Warum, fragt die Frau, wollen Sie da rein? Katherine versteht die Frage nicht. Können sie ihr nicht einfach den Weg zeigen? Das Paar starrt sie an, während sie etwas von einem Monument sagt, das es da drinnen geben soll. Die junge Frau sagt: Wir begleiten Sie. Nein, hebt Katherine an, doch sie unterbrechen sie und bestehen darauf. Stecken Sie Ihre Tasche weg, sagt die Frau mit den langen Haaren. Der Mann nickt, um zu unterstreichen, dass es ernst gemeint ist. Stecken Sie Ihr Handy weg.

Eskortiert von dem Paar, das, wie sich herausstellt, Chemie studiert, betritt sie das Universitätsgelände. Alles wirkt nach wie vor verlassen, doch die beiden Studis schauen verkniffen drein. Katherine hält ihre Sommerjacke so, dass ihre Tasche verdeckt ist, und spannt die Muskeln an, sprungbereit. Weiter drinnen auf dem Gelände bemerkt sie Gruppen junger Männer. Erkennt die ausgebeulten Trainingsklamotten und Caps wieder. Die Leute, die vorhin auf ihre Geldbörse gestarrt haben, sahen genauso aus. Katherine und die Studis gehen zuerst an ein paar Typen vorbei, die für sich allein stehen. Sie begreift, dass sie Schmiere stehen und nach Polizisten oder Konkurrenten Ausschau halten. Dann nähern sie sich dem Zentrum des eigentlichen Drogenhandels. Er läuft ganz ungeniert ab. Tütchen und Scheine wechseln bedenkenlos den Besitzer, die Männer finden sich zu einem Deal zusammen, gehen auseinander und finden sich zu einem nächsten Deal zusammen, je nachdem wie die Kunden mit ihren stecknadelkopfkleinen Pupillen eintreffen.

»Wir werden oft ausgeraubt«, erfährt sie von den Chemiestudis, die sie begleiten.

»Hier?«

»Ja. Sie nehmen uns die Uhren, die Handys und die Laptops weg.«

»Aber das ist doch eure Universität?«

»Wir raten Ihnen ab, sich hier aufzuhalten.«

Katherine möchte protestieren, ausrufen, dass sie sich irren müssen, dass es so nicht gehen könne, doch sie kommt nicht dazu. Die Chemikerin und der Chemiker in spe bringen ein blasses Tschüss vor und verschwinden schnell. Sie haben ihren selbst auferlegten Auftrag, sie auf das Gelände zu führen, erledigt. Jetzt muss sie sich allein zurechtfinden.

Irgendwo geradeaus, nicht markiert und ohne Schilder, die den Weg weisen, ist das Monument für den großen spanisch-jüdischen Friedhof, den es hier fünfhundert Jahre lang gab. Im Laufe der Zeit sollte er mehr als eine halbe Million Gräber umfassen. Irgendwo hier war der Name Maissa in Stein gehauen, ebenso der Name Coenca. Hier lagen einst Katherines Vorfahren begraben, genau da, wo sich jetzt die Aristoteles-Universität und die Drogengeschäfte ausbreiten. Sie folgt einem Weg hinter einige Gebäude, überquert eine Fahrbahn, geht über einen Rasen, der in der Aprilsonne bereits braun wird. Das Gelände ist groß. Es riecht nach Fäkalien. Trockenes Laub und Stofffetzen liegen wie Überreste eines Verbrechens halb verrottet unterm Gebüsch. Im runden Schatten der Baumkronen schlafen Leute, in Wolldecken gehüllt und die Strickmütze tief ins Gesicht gezogen. Ein schwacher Wind bewegt die Bäume, und die Schatten lösen sich in nervöses Laubgeflimmer auf. Als der Wind sich legt, ist wieder alles still, kompakt und übel riechend.

Dieser Ort ist verdammt, denkt Katherine. Hier herrscht der Fluch der verdrängten Erinnerungen.

Sie überquert einen weiteren Asphaltweg. Wie Käfer stehen einzelne Fahrzeuge mit heißem Dach in der Sonne geparkt. Unter Katherines Schritten knacken Kanülen. Da entdeckt sie zwei kurze Treppen, die einen kleinen Hügel hinaufführen. Dort will sie hin. Sie sieht sich um. Gleich daneben, im Gras, liegt von Flaschen und halb vollen Plastiktüten umgeben ein Mann unter einem Baum.

Das Monument besteht der spanisch-jüdischen Tradition gemäß aus einem Grabstein auf einem erhöhten Sockel, der umgeben ist von einem großen siebenarmigen Leuchter, einem großen Davidstern und fünf halb in die rotbraune Erde eingelassenen Grabsteinen. Sie sind alt und mit Blattranken, Marmorblüten, Sternen und sanften hebräischen Zeichen verziert, die Katherine nicht versteht. Aus der Erde sprießt Unkraut voller abgespreizter weißer Blütchen. Rechter Hand stehen weitere Steinplatten mit einem Text in fünf verschiedenen Sprachen: *Te topas en lugar santo.*

Du betrittst heiligen Boden.

Erst vor wenigen Jahren eingeweiht, wurde das zurückhaltende Monument schon öfters mutwillig zerstört. Die Steine wurden ausgegraben, umgeworfen oder zertrümmert, und auf den Marmor wurden Hakenkreuze gesprüht.

Dämonen und Staub. Das Jetzt breitet sich aus wie eine Wüste. Die Stadt hat nicht nur vergessen, sie hat auch vergessen, dass sie vergessen hat. Die Dämonen gehen uniformiert auf der Straße, patrouillieren pünktlich, die Dämonen winseln in den Winden, ziehen durchs Laub der Orangenbäume, sie rascheln mit Kokaintütchen und Euroscheinen, rollen sich unter einem geparkten Auto zusammen, und geht jemand zufällig vorbei, schlagen sie mit ihren Krallen zu. Die Dämonen belagern die Stadt in voller Freiheit, bewaffnet und gewaltbereit und sich ihrer unbedrohten Stellung bewusst. Das tägliche Leben, der tägliche Lärm und das tägliche Licht der Sonne, die mit ihrem täglichen Schein über Thessaloniki scheint, können ihnen nichts anhaben, im Gegenteil. Sie bieten den Dämonen Schutz.

Die Wirklichkeit reicht, die Wirklichkeit ist mehr, als wir bewältigen, denken die Menschen in der Stadt. Was sollen wir mit dem, was unter der Oberfläche begraben und außerhalb unseres Blickfelds liegt? Die Wüste des Jetzt ist Wüste genug.

Der Mann unter dem Baum wimmert und bewegt sich unruhig, wie von einem Albtraum geschüttelt. Mit aufgerissenem Maul und sichtbaren Zähnen geht langsam ein Hund mit aufgequollenem Bauch und zotteligem Fell vorbei.

Den Zorn, Göttin, besinge.

Es ist früher Nachmittag. Die Sonne steht hoch und allsehend, als Katherine die Via Egnatia zum Stadtzentrum zurückgeht und die Aristoteles-Universität hinter sich lässt. Unter ihr bewegt sich ihr Schatten, ein nervöses Dunkel, das sich im Takt ihrer Schritte, mit denen sie auf ihr eigenes Herz tritt, ausdehnt und schrumpft. Die Stadt ist geschlossen, die Rollläden sind heruntergelassen, und niemand bleibt vor den in den Schaufenstern ausgestellten Waren stehen.

Lediglich die Bäckereien haben geöffnet, um die Osterfestfeiernden mit Süßigkeiten zu versorgen. Wenn die Türen aufgehen, entströmt ihnen jedes Mal ein Geruch nach Zucker, und Katherine geht durch eine Wolke von Honig, Mandelmasse und Schokolade.

Schatten unter meinen Schritten, Tausende von Schatten, die sich bewegen, wie sich die Welt bewegt, und doch ganz anders, nervöse Schatten, die das Leben der Menschen nachahmen und trotzdem ihr eigenes Leben leben, unförmig und exakt, der Schatten eines Vogels, der eine Autobahn überquert, überfahrene Flügel, Schatten entlang von Alleen und in Sackgassen, im Innern von Koffern und Häusern und Grabsteinen, Schatten von Gedanken, die sich nachts entfalten, Traumblüten und Dämonen,

Schatten zwischen den Seiten eines Tagebuchs, Schatten, die sich hinter einem Lächeln zeigen, die in der Nacht verschwinden, nur um wieder hervorzutreten, wenn es Tag wird.

Als Vidal Coenca geboren wurde, war die Idee der Nation ungefähr hundert Jahre alt und dabei, die Welt zu erobern. Die Macht sollte nicht mehr in Händen von Dynastien liegen, die behaupteten, Gott habe sie zum Herrschen beauftragt. Stattdessen entstand die Vision einer Gemeinschaft von Menschen in einem bestimmten, abgegrenzten Territorium. Die Nation war das Gegenteil des Imperiums und sein Feind. Ein Heimatland sollte nicht aus vielen Völkern bestehen, sondern aus einem einzigen, dort sollten nicht viele verschiedene Sprachen gesprochen werden, sondern ausschließlich eine, nicht mehrere Götter sollten dort angebetet werden, sondern nur einer. Das einzige Volk der Nation sollte sich in seiner einzigen Sprache an eine gemeinsame Geschichte erinnern, und sein Schicksal sollte vereint sein in Vergangenheit, Gegenwart und Zukunft.

Die Imperien bekamen Risse. Das ausgedehnteste und älteste von ihnen war das Osmanische Reich, ein Koloss, der sechshundert Jahre lang weite Teile der Welt beherrschte. Im sechzehnten und siebzehnten Jahrhundert am mächtigsten, kontrollierten die Türken einen Großteil Südosteuropas, Teile Mitteleuropas, Vorderasiens, des Kaukasus, Nordafrikas und des Horns von Afrika. Das Reich umfasste zweiunddreißig Provinzen und viele Vasallenstaaten. Doch im Innern gab es Bruchlinien und von außen Bedrohungen. Im Laufe der Zeit hatte das Imperium sich verschlossen, es spionierte seine Bürger aus, setzte Abweichler gefangen und unterwarf die Presse einer strengen Kontrolle. Viele Bürger meinten, früher sei es besser gewesen. Und dann war da diese beharrlich umherschwirrende Idee, die einfach nicht mehr verschwinden wollte: die Nation. Zu der Zeit, als Vidal Coenca in Saloniki aufwuchs, hatte sie sich in den riesigen Körper des Imperiums gehackt, sodass ein Stück nach dem anderen davon abfiel.

Als Erstes war Serbien weg, das sich 1815 durch eine Revolte befreite. Danach Griechenland, das 1821 seine Selbstständigkeit erklärte und dann zur Eroberung eines Territoriums einen blutigen Krieg anfing. Russland wusste schon lange um die Schwächen der Streitkräfte des Osmanischen Reichs und nahm kurzerhand die Krimhalbinsel in Beschlag. Später ging auch Armenien an Russland verloren. Und so schritt der Zerfall fort. Der neue ethnische Nationalismus gebar mehrere Kinder, schrumpelige, schreiende Geschöpfe; sie erhielten die Namen Rumänien, Montenegro und Bulgarien und gaben sich selbst, sobald sie die Augen öffnen konnten, neue Stammtafeln, Erblinien und Ursprungserzählungen. So entstand die Welt von Neuem. Zypern verschwand an Großbritannien, und Bosnien-Herzegowina ging an Österreich-Ungarn.

Bald wurden auch die Osmanen von der Idee einer Nation angesteckt. Die politische Bewegung der Jungtürken entstand, zuerst im Geheimen, dann in voller revolutionärer Großartigkeit. Ihren Mittelpunkt hatte die Bewegung in Saloniki. Das osmanische Imperium war ein alter kranker Mann, der langsam, zu langsam starb, bald aber sollte ein neues Reich geboren werden: Türkei hieß der Zukunftstraum der Jungtürken.

Vidal hegte wahrscheinlich einen eigenen Traum von der Zukunft, denkt Katherine. Sollte er den einfachen Schreibwarenladen seines Vaters übernehmen, hatte er schon früh ein Talent für Geschäfte gezeigt? Jedenfalls hatte er die italienische Handelsschule besucht, eine Armenschule zwar, eine Wohltätigkeitsschule, gegründet von italienischen Missionaren, die die Juden am liebsten zum Christentum bekehrt hätten, die aber immerhin sowohl eine Ausbildung in italienischer Sprache als auch in Buchhaltung boten.

Die Veränderung kam ganz allmählich, zuerst in kleinen Wellen und Geplätscher, dann in Form eines fast unmerklich auflaufenden Gezeitenwassers. Ein Wechsel vollzog sich, und die Luft, die Vidal einatmete, mit ihren vertrauten Gerüchen nach Meer, verbranntem Weinstock und Thymian, nach den staubigen Gassen der Stadt und den ketterauchenden Arbeitern der Tabakfabriken enthielt einen bitteren Ton von Umbildung. Die Wohnung, das Haus, die Straße, alles sah beim Erwachen noch genauso aus, wie es ausgesehen hatte, als er eingeschlafen war. Das Meer lag dort, wo es schon immer gelegen hatte, die Minarette streckten sich in den Himmel, die Esel schrien wie gewohnt, die Cafés waren vom Duft nach schwarzem Kaffee erfüllt – und doch hatte sich etwas verändert. Die Farben der Welt waren dunkler geworden, die Worte erschienen schärfer. Es waren mehr Waffen im Umlauf. Was zuvor intakt erschienen war, bekam Risse. Die Wirklichkeit zerbrach, ihre Teile trieben auseinander und stießen wieder zusammen.

Katherine besucht die Konditorei Terkenlis bei der Hagia Sofia und setzt sich, erleichtert, ein Lokal gefunden zu haben, das an diesem Feiertag, der schließlich auch ihr Geburtstag ist, geöffnet hat. Sie bestellt einen Kaffee, um sich selbst zu feiern. Ringsum sind Bauarbeiten im Gang, Straßen sind aufgerissen, um Breitband zu installieren. Die umliegenden Gebäude sind weiß, groß und hoch. Das alte Saloniki, einst die Stadt ihres Großvaters, ist unwiderruflich verschwunden. Doch sie sieht ihn vor sich, einen jungen Mann mit olivfarbener Haut und leuchtend intensiven Augen, und stellt sich vor, dass er sich eine Zigarette anzündet.

Stand Vidal am 24. Juli 1908 auf der Platía Eleftherías, dem Platz der Freiheit, als die Jungtürken von einer jubelnden Menschenmenge empfangen wurden, die Freiheit, Brüderlichkeit und Gleichheit rief, nicht aufhörte zu rufen, nicht aufhörte zu jubeln? Hörte er den Anführer Enver Pascha vom Balkon des Grand Hôtels d'Angleterre eine Verfassung für das Osmanische Reich verkünden, wonach alle gleich viel wert seien?

Es gibt keine Bulgaren, Griechen, Serben, Rumänen, Juden oder Muslime mehr. Unter demselben blauen Himmel sind wir alle gleich und rühmen uns, Osmanen zu sein!

259

Jubelte er ebenfalls? Sie weiß es nicht. Sie weiß nur, dass der Tag, an dem die Jungtürken die Macht übernahmen und ihr Großvater achtzehn Jahre alt war, der Tag war, an dem die Zukunft Vergangenheit zu werden begann. Weder der Menschenmenge auf dem Platz, die sich nach Freiheit sehnte, noch den neuen Machthabern (auch nicht den alten Machthabern, die die Revolte aufmerksam von ihren Palästen in Istanbul aus verfolgten) war klar, dass das, was eine Lebensinjektion zu sein schien, in Wirklichkeit ein Todesstoß war. Das konnten weder die Anführer der Jungtürken noch die jubelnden spanischen Juden noch die euphorischen Muslime oder die idealistischen Christen auf dem Platz der Freiheit wissen – so gut verkleidet war das Ereignis, so unantastbar als Freude der geballten Fäuste maskiert.

Die ersten vier Jahre nach der Revolte der Jungtürken waren eine euphorische Zeit: Gewerkschaften wurden gebildet, Zeitungen gegründet, Frauen erhielten größere Studienfreiheit, die Religion wurde in die Tempel verwiesen, und die Menschen richteten ihren Blick auf Wissenschaft und Fortschritt. Es waren aber auch vier Jahre eskalierender Gewalt. Die neuen Anführer des Osmanischen Reichs haderten mit ihrer Umwelt, die Wirtschaft geriet ins Wanken, und Krieg türmte sich auf. Mit mehreren Ländern standen Konflikte an, und die Jungtürken forderten, dass christliche und jüdische Männer in die Armee eintreten sollten.

Vidal musste fort. Alles schien zu schrumpfen, sich zu verdunkeln und zu verschließen. Die politischen Anführer führten unentwegt die französische Revolution im Mund und waren erfüllt vom Gedanken, ein neues Land zu schaffen, ein wiedergeborenes Osmanisches Reich, mächtiger, größer und schöner als je zuvor. Ihre Anhänger zogen von Raki und Zukunftsglauben berauscht nachts durch die Stadt. Als ein alter Jude mit seinem Joch über den Schultern vorbeigeschlurft kam (er war den ganzen Tag umhergewandert, um *azeite de giungili* zu verkaufen), lachten die Jungtürken. Der Alte erinnerte sie an die alte Ordnung, die doch jetzt umgestürzt und umgestaltet werden sollte, er war eine zitternde und tatterige Erinnerung an die unmoderne, rückschrittliche Zeit, als der Sultan von Istanbul aus regiert hatte und weder moderne Ideen noch neue Technik noch Modernität eingedrungen waren. Damit sollte jetzt Schluss sein, Schluss mit der autoritären Herrschaft des Sultans, mit Spionagezentralen, Zensur und Denunziation. Das Imperium gehörte der Vergangenheit an, lang lebe das Imperium! Sie schubsten den Alten, sodass er fiel und das Sesamöl sich rotbraun und glänzend über die Straße ergoss, sie traten ihn, wie er da lag, vielleicht benutzte auch einer sein Messer, das die Jungtürken oft am Gürtel trugen, und ließen ihn schließlich mit zerschmettertem Schädel liegen. Vidal fand den alten Mann tot vor der Haustür der Familie.

Unmittelbar darauf, am 8. Oktober 1912, erklärte Montenegro dem Osmanischen Reich den Krieg. Auch Bulgarien, Griechenland, Serbien griffen an. Vidal konnte unmöglich bleiben.

Katherine stellt sich vor, wie er reisefertig im Hafen von Saloniki vor dem Zollgebäude steht. Ein junger Mann, gerade mal zweiundzwanzig Jahre, heil und sauber, in einem einfachen Anzug. Sie stellt sich vor, dass er nervös ist, hat er doch noch nie eine so weite Reise gemacht, und neben ihm steht sein Vater Solomon, die Hand auf seiner Schulter. Sie stellt sich vor, dass Vidal raus möchte, um einer Zukunft als zwangsrekrutierter Soldat zu entfliehen. Um ihn herum stehen Hunderte junger Männer, alles spanische Juden, die zur selben Zeit beschlossen haben zu emigrieren.

Vidal Coenca geht an Bord eines Schiffes, fährt hinaus aufs Mittelmeer. Die weiße Stadt mit den roten Dächern, die sich den Hang des Chortiatis hinunterziehen, entfernt sich immer weiter, bekommt immer verschwommenere Konturen. Vidal fährt vorbei an Gibraltar und weiter in Richtung Norden nach Portsmouth in Großbritannien. Manchmal fällt ein Imperium, eine Unerschütterlichkeit wird erschüttert, eine Macht zerfällt in Trümmer, und die Menschen, die sich in ihrer Reichweite befinden, müssen zusehen, nicht zerschmettert zu werden.

Nur wenige Wochen nachdem Vidal Saloniki verlassen hatte, erstürmten griechische Truppen den Platz der Freiheit und erklärten, dass die Stadt Griechenland gehöre. Sie gaben ihr wieder den Namen Thessaloniki, und damit hatte das Osmanische Reich ein weiteres Stück seiner selbst verloren.

In London wartete Vidals älterer Bruder Moise. Vidal dürfe nicht vergessen, ihn Maurice zu nennen, hatte er in einem Brief geschrieben. Vielleicht sollte auch Vidal seinen Namen ändern? Das muss alles verwirrend gewesen sein, denkt Katherine. Sein Bruder hatte Saloniki ein Jahr vorher als türkischer Staatsbürger verlassen. Der Rest der Familie kam ein paar Jahre später als griechische Staatsbürger an. Das Osmanische Reich war zerbrochen, eine neue Welt erstanden, und Vidal fiel in den Spalt dazwischen. Er war staatenlos. Die Immigrationsdokumente bei der London Metropolitan Police von 1912 führten ihn einfach als *Spanish Jew from the Ottoman Empire*.

Er lebte mit Maurice und später auch dem Rest der Familie arm in Mietzimmern in Camden Gardens 2 zusammen. Maurice hatte zur spanisch-portugiesischen Gemeinde und zur Bevis-Marks-Synagoge gefunden. Wie eine verlassene Insel lag das Vertraute in der Fremdheit Londons. In der Familie hielten sie einander fest am Gängelband, während Vidal und sein großer Bruder vorwärtsstrebten, wie es Neuankömmlinge in einem neuen Land eben tun. Maurice arbeitete bei der *Cigarettes Company* in der Foley Street, und Vidal fand als Übersetzer bei der *North British Mercantile Insurance Company* in der Threadneedle Street Anwendung für seine Sprachkenntnisse.

Katherine hält ein Foto von Vidal in der Hand. Vermutlich war er gerade in London angekommen und wollte ein Porträt von sich haben, vielleicht um es Flora und Solomon zu schicken oder weil ein Mensch wenigstens einmal im Leben so etwas macht: in ein Fotostudio gehen und, während der Fotograf die Lampen arrangiert, sich in der vorteilhaftesten Position hinstellen und sich Silberkorn für Silberkorn ablichten lassen. Hundert Jahre später betrachtet sie das Ergebnis: ein junger Mann vor einem schlampig aufgehängten Stück Stoff. Seine Rechte ruht auf einem Stuhlrücken aus gedrechseltem Holz, während der linke Arm am Körper herunterhängt. Sein ernstes Gesicht ist rund wie der Mond. Die Beleuchtung schafft es mit knapper Not, seine Konturen zu erhellen, sodass sich sein Körper vom Hintergrund abhebt. Das Bild trägt den Stempel der Londoner *U. S. A. Studios*. Vidal, mit Seitenscheitel und in einem Hemd mit hohem, gestärktem Kragen, einem ungemusterten, unter die Weste gesteckten Schlips und darüber einer Jacke, musste von Camden Gardens zur Holloway Road spaziert sein.

Es ist ein triviales Foto, das von der Existenz eines jungen Mannes in einer unbekannten Welt nichts verrät, außer dessen Ernst. Und seine Armut – da sind keine Manschettenknöpfe, keine Blume im Knopfloch, kein Extra, kein besonderer Ausdruck seiner Persönlichkeit außer diesem hellgrauen Blick. Er ist ein Einwanderer, ein Immigrant, ein Neuankömmling, ein Fremder. Trotzdem gibt dieses Foto etwas mehr wieder als seine auf einem lichtempfindlichen Stück Papier eingefangene Reflexion – es ist *die* Quittung, der tatsächliche, augenfällige Beweis dafür, dass er sein Schicksal geändert hat. Er befindet sich nachweislich in London. Er ist aufgebrochen. Nach außen hin vermittelt es ein statisches Bild, doch für Vidal Coenca war die Welt in unbequemer Bewegung. Seine Vergangenheit musste er verlassen, und seine Zukunft verschwamm. Nichts stand stabil, der Boden unter seinen Füßen bewegte sich jenseits seiner Kontrolle, und sich in gleicher Richtung zu bewegen, war alles, was er tun konnte. Er sieht starr aus, denkt Katherine, tatsächlich aber befindet er sich mitten im Sprung.

Schon 1916 hatte Flora für ihren ältesten Sohn, Maurice, eine Ehe mit einem wohlhabenden Mädchen aus Saloniki arrangiert. Sie kam nach London, zog in die Mietzimmer mit ein, und bald war das erste Kind da. Flora suchte auch für Vidal eine Frau, doch er bat sie zu warten. Sie brauchten nicht noch mehr Familienmitglieder zu versorgen, noch nicht.

Sehnten sie sich zurück? War die osmanische Armut weniger arm als die britische – oder war es in Wirklichkeit umgekehrt? Hier in London boten sich Möglichkeiten, und die Brüder Coenca ergriffen sie. Vidal gründete ein Unternehmen nach dem anderen. Durch Freunde und Bekannte in Saloniki kaufte er ballenweise duftenden getrockneten Tabak und ließ ihn für den Weiterverkauf nach London transportieren. Im Telefonbuch von 1917 finden sich Spuren seines ersten Versuchs: *Tobacco importer Solomon Coenca*, Gunthorpe Street 89 in Whitechapel.

Es ging nicht gut. Er hatte schnell Englisch gelernt, und lediglich ein leichter Akzent war zu hören, doch womöglich schreckte die Briten sein Name ab? Er gründete ein neues Unternehmen, diesmal mit einem ägyptischen Kompagnon und unter anderem Namen: *C VIDAL business. Fancy goods and cigarettes* in der Paper Street 22. Auch das lief schlecht. Vidal unternahm einen dritten Versuch: Zusammen mit Maurice

265

gründete er *M & V Coenca*. Sie arbeiteten von zu Hause aus. Es war eng, aber es funktionierte.

Im August 1917 las Vidal in den britischen Zeitungen Berichte über Saloniki und den großen Brand, und er weinte. Als die Familie am darauffolgenden Samstag in die Synagoge ging, war der Brand das einzige Gesprächsthema. Alles war vernichtet, was sie gekannt hatten: ihre Gassen, ihre Märkte, die kastilische Synagoge, wo sie immer gebetet hatten, und mindestens fünfundzwanzig weitere Synagogen. Ein Drittel ihrer alten Stadt war in Schutt und Rauch verwandelt worden. Die größte Bibliothek der Welt mit jüdischer Literatur war zerstört, ebenso der Buchverlag, der alle ihre Schulbücher herausgegeben hatte, und das gesamte spanisch-jüdische Melderegister. Das Haus, in dem sie gelebt hatten, war zu Asche geworden. Sogar am Kai vertäute Schiffe hatten Feuer gefangen und waren brennend aufs Meer hinausgeglitten. Zehntausende Bewohner von Saloniki hatten notgedrungen in provisorischen Lagern Quartier bezogen. Die jüdischen Viertel am Meer waren Salonikis dicht bevölkerter Mittelpunkt gewesen. Dort hatten die Cafés gelegen, wo sich die politischen Aktivisten der Stadt trafen, und die vielen Zeitungsredaktionen, die das spanisch-jüdische Leben recherchierten und darüber berichteten, dort hatte es Tempel und Kinos, Banken und Hunderte kleiner Betriebe und Unternehmen gegeben. Nach dem Feuer standen da nur noch Ruinen.

Die Zerstörung war so groß und so schockierend, dass sie zu einer Touristenattraktion wurde. Schwarz-Weiß-Aufnahmen von einem verqualmten Himmel und Resten abgebrannter Häuser wurden gedruckt und mit dem Text *Souvenir de Salonique: l'incendie de 1917* versehen verbreitet.

Die neue griechische Stadtregierung sah ihre Chance gekommen, die Stadt endlich zu hellenisieren. Etwas Neues sollte entstehen. Die Stadt hatte die Nationalität gewechselt, war von einer muslimischen zur christlichen Herrschaft übergegangen, hatte den Namen von Saloniki in Thessaloniki geändert – nun war es auch Zeit, die Bevölkerung auszutauschen. Ein neuer Stadtkern mit neuen Häusern wurde geschaffen, neu gezogene Straßen in einem neuen Raster, mit neuen Plätzen, deren Namen der hellenistischen Geschichte entnommen wurden. Dort zogen die Christen ein. Zehntausend Muslime und fünfzigtausend Juden, die in dem Brand ihr Zuhause und ihre Betriebe verloren hatten, durften nicht mehr zurückkehren.

Da Maurice ein verheirateter Mann mit Familie war, blieb er in London, wo er sich um die tägliche Büroarbeit kümmerte, während Vidal, der Sprachbegabte, als Einkäufer durch Europa reiste. Wo immer er war, kam jemand verloren auf ihn zu und fragte nach dem Weg. Vidal Coenca sah aus, als wäre er überall zu Hause. Er gehörte zu allen Orten, und alle Orte gehörten zu ihm.

Der Erste Weltkrieg brach aus. Die Türkei zählte zu den Feinden Großbritanniens. Mit einem Mal war Vidal von der Internierung in einem Lager und von Ausweisung bedroht. Es gab freilich mildernde Umstände: Bei einigen Bevölkerungsgruppen wurde vorausgesetzt, dass sie zufällig und gegen ihren Willen im Osmanischen Reich gelebt hätten. Wer seine Identität als Grieche, Syrer, Armenier, Palästinenser oder Christ beweisen konnte, galt den Briten deshalb als *friendly alien*. Auch Juden landeten in dieser Kategorie – wenn sie denn in Aleppo und Bagdad gelebt hatten. Für Vidal verstand sich das jedoch nicht von selbst. Den Juden in Saloniki wurden mit den Osmanen stärkere Bande als irgendeiner anderen Minderheit nachgesagt. Bei der Einnahme der Stadt durch Griechenland im Oktober 1912 hatten sie keine Begeisterung gezeigt, im Gegenteil. Ihre Loyalität gegenüber den Türken, die sie einst aufgenommen hatten, als sie vertrieben wurden, gründete tief, und folglich galten die Juden aus Saloniki als Feinde.

Katherines Großvater war weder türkisch noch griechisch noch britisch, er passte nirgends hinein. Auch konnte er seine Identität nicht beweisen. Er hatte nur eine Geburtsurkunde aus dem alten Osmanischen Reich, doch die neuen türkischen Behörden weigerten sich, ihn als Türken anzuerkennen. Die Griechen erkannten ihn nicht als Griechen an. Er befand sich in einem Niemandsland. Die Briten wussten nicht, was sie mit ihm anfangen sollten. Es gab spanische Juden aus Saloniki, die zwangsweise mehrere Jahre in Lagern auf der Isle of Man verbrachten. Unruhe muss ihn gejagt haben, denkt Katherine. Doch in den noch vorhandenen Akten findet sie nichts dazu. Irgendwie gelang es ihm, dass man ihn nicht zum Feind erklärte. Nach alldem wollte er nichts lieber als britischer Staatsbürger werden, ein für alle Mal dazugehören.

Lasst mich herein. Ich werde meinen Platz finden.

Katherine hat alle Dokumente zu seinem Fall gelesen, sprödes, feuchtigkeitsgeschädigtes Papier, das neunzig Jahre im Keller des britischen Nationalarchivs gelegen hat: vorgedruckte Formulare und handgeschriebene Notizen, bürokratische Grüße von einem Beamten zum anderen. Sie hat das Formblatt gelesen, das Vidal 1925 selbst ausgefüllt hat, um die britische Staatsbürgerschaft zu beantragen. Seine Handschrift war zierlich und sehr schön. Sein Englisch perfekt.

Sie liest die maschinengeschriebenen Dokumente vom 18. Januar 1927, als er von der London Metropolitan Police, Scotland House, zu seiner Identität, seinem Leumund und seinen Gründen, Brite werden zu wollen, befragt wurde. Daraus geht hervor, dass er ledig ist. Seine Firma befindet sich in der Faulkner's Alley 3–4, wo er und sein Bruder über zwei Stockwerke verfügen. Das Kontor wurde 1924 von ihrer Mutter Flora Coencas für 1800 Pfund gekauft. Seine finanzielle Lage ist stabil. Einmal geriet er in einen Rechtsstreit mit einem Lieferanten von Zigarettenspitzen in Paris, doch der Fall ist erledigt, und weitere Probleme mit dem Gesetz hat er nicht. Sein Vorname lautet Vidal – nicht Vital, wie es in allen offiziellen Dokumenten sonst steht –, und er bittet um Entschuldigung, dass er ihn bei seiner Ankunft in Großbritannien falsch geschrieben hatte.

Die beiden Polizisten, die ihn befragen, halten fest, er scheine ein respektabler Mann zu sein, der dauerhaft im Land zu bleiben beabsichtige. Er gehöre keiner subversiven Organisation an. Alle Angaben seien kontrolliert und für korrekt befunden worden. Er mache einen ehrlichen Eindruck. Sein Englisch sei hinsichtlich Aussprache, Rechtschreibung und Leseverständnis sehr gut. Anschließend folgen Befragungen von einem Arzt und einem Kaufmann, beide Bekannte von Vidal, die für seine Person, seine Loyalität und seinen guten Charakter bürgen. Es sollte jedoch bis zum 12. April 1927 dauern, bis er fertig gewogen, gemessen und einer Staatsbürgerschaft für würdig befunden wird. Beim allmächtigen Gott schwor Vidal Coenca an diesem Tag vor einem Richter, dass er loyal und Seiner Majestät König Georg V., dessen Erben und Nachfolgern treu ergeben bleiben werde, wie das Gesetz es verlangt.

Zu dieser Zeit lebte und arbeitete er bereits seit fünfzehn

Jahren in London, sorgte für seinen eigenen Lebensunterhalt und den seiner Eltern und jüngeren Geschwister. Zwei Unternehmen hatte er gegründet und betrieb nun ein drittes. Richtete die Familie an diesem Apriltag, als Vidal endlich seine Staatsbürgerschaft bekam, ein Fest aus? Feierten sie mit ofengebratenen Auberginen und Pistazien, mit frischen Tomaten, Käse, Brot und Wein? War er ein glücklicher Mann? Erschien ihm das Dasein nun sicherer?

Nur kurze Zeit später wurde Vidals Vater, Solomon, krank und lag bald im Sterben. Das Wachen am Sterbebett des Vaters nahm das Haus in der Melrose Terrace vollständig ein, das Warten verfinsterte die Räume, und Vidal verzichtete auf alle Reisen. Der Herbst 1928 bestand aus Düsternis und Kummer. Wo würde Vidal eine Atempause bekommen, wo einen Moment für sich, um sich von seiner Trauer frei fühlen zu können? Er musste raus. Vielleicht war das der Grund für *die Begegnung*, dafür, dass sie überhaupt stattfinden konnte? So muss es gewesen sein, denkt Katherine. So kam es, dass er in einen Tanzpalast marschierte, er, der nicht gern tanzte.

Sie erinnerte ihn an einen weißen Pfirsich, hell und fest, sodass er Lust bekam, einen Bissen zu nehmen. Sie war nicht wie die anderen, weder mager noch groß. Ihre Augen waren sehr blau. *Wie unter einem Baum zu stehen und zwischen den Ästen den Himmel zu sehen.* Er war ihr noch nie zuvor begegnet, und schon vermisste er sie. Ein griechischer Pfirsich, ein weißer *siftili*. Er würde den Duft einsaugen, seine Hände würden sich mit Weichheit füllen. Er wollte sie ausziehen, und womöglich errötete er bei diesem Gedanken, während er ihn gleichzeitig zu Ende führte? Ihr Haar war hellbraun wie ein Walnussbaum und so wellig wie dessen Maserung.

Vielleicht ging er ja quer durch den Saal, ohne überhaupt einen Entschluss gefasst zu haben? Das sähe ihm nicht gleich, aber so kann es gewesen sein. Vielleicht war gerade Pause, die Musiker hatten die Bühne für eine Zigarettenpause verlassen, und über dem Tanzboden hing noch der Schweißgeruch der Leute, feucht und schwer von Atem und billigem Parfüm. Und Verlangen. Es stank nach Verlangen. Die Frauen standen Schlange, um sich das Gesicht zu pudern, während die Männer mit ihren trockenen Zigaretten (von schlechter Qualität, wie er bemerkte) locker im Eingang zusammenstanden. Es waren wie üblich viel mehr Frauen da als Männer. Wie üblich tanzten die

Frauen miteinander, wenn es nicht genug Männer gab, und wie üblich waren einige damit am glücklichsten.

Und er, hegte er Hoffnungen? *Claro.* Hoffnungslosigkeit war ein Luxus, den er sich niemals erlaubte.

Gut möglich, dass er innerlich eine andere Musik hörte als die, die soeben gespielt worden war, dass er auf dem Weg zu ihr auf der anderen Seite der Tanzfläche einen anderen Ton hörte, eine andere Stimme. *Ya se viste la morena, de vedre y de you yagi, ansina es la pera con el siftili.* Vielleicht kam es ihm vor, als nähme die Tanzfläche nie ein Ende. Sie stand ein Weilchen ohne Gesellschaft da (war sie mit einer Freundin hier?) – er musste zu ihr kommen. Du trägst Gelb wie die Birne mit der Quitte, du trägst Grün und Rosa wie die Birne und der Pfirsich, das bist du, *morenika*, sang das Lied in ihm. Er mochte diese alten Lieder nicht besonders. Hatte sie ihn denn überhaupt schon gesehen? Würde sie mit ihm reden wollen, die Brünette mit den großen blauen Augen, *la morena? Meine šaftālu, şeftali, siftili.* Ein etymologischer Rausch erfüllte ihn, als wären es mehr die Wörter, die ihn verführten, als ihre weiße Haut.

Das hier sah ihm nicht gleich. Dieser achtunddreißigjährige Mann, der mit großen Schritten über die Tanzfläche ging, war nicht der, der er normalerweise war, doch er ließ sich verändern, er wollte sich verwandeln, er wurde widerstandslos in einen Taumel hineingezogen. *Tu morena y yo grasioso, i ojos pretos tu.* Wie hieß sie? Er wusste es nicht, doch er sprach bereits mit ihr, als wäre sein Name der ihre und ihr Name der seine: Deine Haut ist wie Safran und Pfirsich mit Quitte. Wenn du mich haben willst, dann werden wir eins werden und Kinder bekommen wie Sonne und Mond. Da war sie. Jetzt.

»Darf ich ein paar Worte mit Ihnen tauschen?«

Ihr Name erstaunte ihn nicht. Er hatte ihn nicht gewusst, natürlich nicht, aber er hatte es geahnt. Was hatte er denn geahnt? Irgendwas. Dass die Teile zusammenpassen würden?

»Ihr Name ... Auf Spanisch bedeutet er Perle.«

Mein Name bedeutet Leben, hatte er gesagt. Ihre Augen waren unendlich blau, er konnte seinen Blick gar nicht mehr davon abwenden.

»Hier in England wird er aber immer falsch geschrieben. Ich schreibe mich mit *d*, doch hier schreiben sie immer *t*.«

Warum erzählte er das, was war er eigentlich für ein Mann, dass er dastand und über falsche Schreibweisen redete?

»Ihr Name auch? Die Buchstaben *d* und *t*?«

Dieselben Buchstaben! Jetzt lachten sie. Er lachte. Sie lachte. Die Welt machte sie zu Vital und Rida, während sie Vidal und Rita waren. Das Lachen bildete eine Brücke, ein Tor, einen Eingang, einen Anfang, eine Öffnung, und Vidal wusste, dass das, was geschehen war, die Worte, die sie miteinander getauscht hatten, und das Lachen, das die Worte verband, einen Wendepunkt darstellte. Das hatte er gar nicht geplant. Aber es ist passiert.

Wenn Sie mein t nehmen, dann nehme ich Ihr d, und auf diese Weise korrigieren wir die Welt, solange wir zusammen sind. Er wagte nicht auszusprechen, was er dachte. Stattdessen eine einfache Frage, die einzig praktische:

»Könnten Sie sich vorstellen, sich wieder mit mir zu treffen, irgendwo anders, wäre das möglich? Verzeihen Sie meine Aufrichtigkeit, doch ich glaube, Sie sind das Schönste, was ich je gesehen habe.«

Rida und *Vital* hatten lachend Buchstaben miteinander ausgewechselt und sich in einem gemeinsamen Akt des Gebens und Nehmens, des Sehens und der Blindheit, von Händen, die unter Kleidern nach Haut suchten, weil nichts so berauscht wie Berührung und ein Begehren nichts so von einem anderen unterscheidet wie die Haut des geliebten Menschen, ihre Wärme, ihr Duft, ihre Glätte oder Rauheit und der Geschmack ihres Schweißes auf der Zunge, in verbesserte Versionen ihrer selbst verwandelt. Sie hatten Buchstaben getauscht, was, wie schließlich alle begreifen, ein Akt von größerer Intimität ist, als Ringe zu tauschen. Ringe können jederzeit abgestreift und angesteckt werden, sie symbolisieren Versprechen, die gehalten oder gebrochen werden können. Die Buchstaben dagegen, die getauschten Buchstaben, dieses gegenseitige Geschenk, veränderten nicht nur den Klang ihrer Namen. Sie wurden, wie es ursprünglich gedacht war, zu *Rita* und *Vidal* und damit voneinander abhängig. Allein des einen Mangel konnte die andere ganz machen und umgekehrt, so hatten sie die Sache gesehen, darauf hatten sie sich geeinigt. Was falsch geschrieben war, sollte richtig werden, was in Unordnung war, geordnet, was ein Leerraum war, sollte gefüllt werden, und was kaputt war, heil.

275

Eine Frage ist geblieben – und sie muss gestellt werden: Was wäre geschehen, wenn Vidal Coenca Saloniki nicht verlassen hätte?

Katherine rechnet nach: 1942 wäre er zweiundfünfzig Jahre alt gewesen und zweifellos ermordet worden. Aber, denkt sie, ist es angemessen, die Geschichte seines Lebens von einem Völkermord aus zu schreiben? Ist es berechtigt, die Zeit zu einem Dunkel zusammenzupressen?

Auf der anderen Seite, argumentiert sie, was lässt sich schon als angemessen betrachten, wenn es um Völkermord geht? Die Wörter *angemessen* und *Völkermord* können nicht im selben Satz stehen. Die Begriffe bilden einen Gegensatz und haben außer der Tatsache, dass sie einander ausschließen, nichts gemein. Es ist berechtigt, die Zeit zu einem Dunkel zusammenzupressen, weil dieses Dunkel erwiesenermaßen stattgefunden hat. Vidal ist der Völkermord nicht widerfahren, doch er ist geschehen. Er wäre ihm widerfahren, wenn er geblieben wäre. Der Völkermord war ein Teil von ihm, wie er auch ein Teil von ihr selbst ist. Räume aus Licht, Wände aus Schatten. Sie sucht sich selbst in einem Luftstrom toter Menschen. Ist sie da? Sie ist da.

Der Platz der Freiheit, Platía Eleftherías, liegt ein Viertel weiter. Sie weiß, dass Vidal Coenca 1942 nicht dort war. Während der Bombardierungen lebte er zu dieser Zeit in Worcester, vorübergehend evakuiert. Er wollte sich für sein neues Heimatland einsetzen, war für eine Rekrutierung aber schon zu alt, also hielt er nachts Brandwache. Wegen des Krieges konnte die Firma aus Frankreich keine *briar* beziehen, darum experimentierten er und Maurice mit anderen Materialien. Ließen sich Pfeifen aus englischen Kirschbäumen herstellen? Sie kochten das Holz, trockneten und testeten auch Birnbaum und Fichte. Sie lavierten sich durch.

Vidal Coenca war am 11. Juli 1942 also nicht in Thessaloniki. Wäre er in der Stadt geblieben, hätten ihn die Nazis an diesem Tag zum Platz der Freiheit geführt und gezwungen, dort stundenlang in der Hitze zu stehen. Andere Männer desselben Namens, andere Coenca, waren an diesem Samstag auf dem Platz, sie bluteten nach Gewehrkolbenschlägen auf den Kopf.

Die Frau im Archiv der jüdischen Gemeinde Thessalonikis hatte Katherine eine Telefonnummer gegeben. Fragen Sie diesen Mann, hatte sie gesagt. Katherine greift jetzt zu ihrem Handy und ruft ihn an, bittet für die Störung um Entschuldigung und erklärt ihr Anliegen.

»Da brauchen Sie den Apotheker«, antwortet der Mann freundlich.

»Den Apotheker?«

»Er ist es, der die Nachforschungen betreibt«, antwortet der Mann. »Manchmal helfe ich ihm dabei, aber die eigentliche Arbeit macht der Apotheker. Haben Sie Papier und Stift?«

Katherine bekommt die Nummer. Sie ruft an.

»Was soll ich machen?«, fragt der Apotheker rhetorisch. »Ich würde Ihnen gern helfen, aber leider kann ich nicht. Ich stehe dreizehn Stunden am Tag in meiner Apotheke, und außerdem habe ich Familie, wir haben soeben Zwillinge bekommen.«

»Gratuliere«, sagt Katherine, »das sind ja wunderbare Neuigkeiten.«

»Ja. Aber ich bin allein. Ich kann nicht alles allein bewältigen.«

Er klingt müde. Er scheint der Einzige zu sein, der die Erinnerungssplitter sammelt, und das auch noch in seiner Freizeit.

Er hat keine Zeit, Katherine zu treffen, nennt allerdings einige der exakten Koordinaten: in der Mauer um den Weißen Turm, auf dem kleinen Platz vor dem Königlichen Theater, auf dem Navarinou-Platz, in der Orfanos-Kirche und in der Demetrios-Basilika.

»Die sind überall!«, stößt er aus, und sie sieht ihn vor sich mit den Händen an die Stirn greifen, in einer Geste, die Verzweiflung ausdrückt, aber auch das Unvermögen, all das zu begreifen, was, wie er weiß, wahr ist. Obwohl sie sich nie treffen, versteht Katherine, dass sie die Wut teilen.

Die Sonne brennt Thessaloniki weiß. Vor Katherine glänzt das Porzellan der Kaffeetasse, die zerkratzte Tischfläche spiegelt einen zerkratzten Himmel, neben einer Reihe glänzender Autos liegt das stahlblaue Meer, das stahlhart die Sonnenstrahlen zurückwirft, als wären es Speere.

Die spanischen Juden decken ihre Gräber mit einem liegenden Stein ab, der so groß ist wie das Grab selbst. Seine Inschrift richtet der Stein gen Himmel. Oft ruht er auf einem Sockel aus Marmor oder Ziegeln, erhöht, als wäre Gott kurzsichtig und brauchte einen geringeren Abstand zu den Buchstaben. Von Weitem gleicht ein sephardischer Friedhof einer Ansammlung weißer liegender Häuser – einer Steinstadt für die Toten, einer Nekropolis. Das unterscheidet die Sepharden von anderen Juden, die den Stein am Kopfende des Grabs aufrecht hinstellen. Trotz des Unterschieds haben alle jüdischen Grabsteine ein Wort gemeinsam, das hebräische *nefesh*. Es bedeutet Seele. Einen Grabstein zertrümmern heißt eine Seele zertrümmern.

Katherine weiß nicht, welche Individuen bis zu ihr geführt haben. Es hat natürlich eine Kette von Menschen gegeben. Kinder wurden geboren, die dann heranwuchsen und Eltern wurden und immer so weiter in einer unmessbaren, fächergleichen Unendlichkeit. Von kaum einem all dieser Menschen, die sich verliebt, miteinander gevögelt und einander verlassen haben, *die bis zu unserer eigenen Existenz geführt haben, wissen wir etwas.* Das Wissen, das Katherine trotzdem in diversen Archiven in London, Thessaloniki, Budapest und Jerusalem aus hinterlassenen Zetteln und unsortierten Dokumenten herausfiltern konnte, macht ihr nur noch mehr bewusst, was sie alles nicht weiß. Sie hat jedoch zwei Namen aus Spanien, von denen sie ausgehen kann.

Coenca.
Maissa.

Sie schreibt sie immer und immer wieder. Wenn sie könnte, würde sie sie von einem Ende zum anderen in Blattgold fassen, damit die Namen wie Dinge bewahrt würden, wie Objekte, wie Träger von Geschichten, die niemand mehr erzählen kann, wie Kapseln von Leben, das längst vorbei ist, eine verlorene Vergangenheit – kurz, wie Reliquien. Die Namen sind auch ihre Schlüssel zur Stadt Thessaloniki, die einst Saloniki hieß und in der es im Osmanischen Reich vor Sprachen und vom Meer rauschte. Katherine, die Kriegerin verlorener Erinnerungen, weiß nicht, wer ihre Vorfahren waren, doch sie weiß, dass sie in der Stadt gelebt haben, in der sie jetzt umhergeht. Sie weiß, dass sie hier gestorben sind und folglich hier begraben wurden, auf dem großen sephardischen Friedhof östlich der Stadtmauer Thessalonikis. Sie weiß nicht, wie viele Grabsteine Inschriften mit den Namen Coenca und Maissa getragen haben, doch sie weiß, dass irgendwo auf dem riesigen Friedhof ein Teil ihrer eigenen Kette von Menschen lag, die geliebt, gehasst und gevögelt haben, sodass genau sie dabei herausgekommen ist.

Die Besucherinnen und Besucher Thessalonikis flanieren am Kai entlang, ohne zu merken, dass die Stadt sich in nur vierundzwanzig Stunden von der Nebensaison auf die Hochsaison umgestellt hat. Gestern gingen noch keine Schiffe zum Strand von Peraia, vermerkt Katherine, heute fahren sie auf Hochtouren. Gestern waren die Eiscafés noch geschlossen und verstaubt, heute öffnen sie. An diesem späten Apriltag beginnt die Touristensaison, und die Stadt ist bereit, die einträgliche Flut von Eislattekäufern und Instagrammerinnen mit geschürzten Lippen zu empfangen. Ihre kaugummirosa Plastiksandalen knallen auf die Gehsteige.

Katherine liest einen Text des Historikers Leon Saltiel, der in Archiven geforscht hat, denen sie nicht beikommt, weil sie kein Griechisch kann. Sie ist wieder zweigeteilt – ein sonnenwarmer Mensch auf einer Bank am Kai und gleichzeitig die Kriegerin, die mit Blattgoldnamen in der einen Hand und einem Schwert in der anderen durch die Zeitschichten hinabsteigt.

Black Sabbath wird jener Samstag, der 11. Juli 1942, genannt.

Die Nazis zwangen 8500 jüdische Männer, sich in der Sommerhitze auf dem Platz der Freiheit mitten in Thessaloniki aufzustellen. Sie wurden gezwungen, demütigende Gymnastik zu treiben, und misshandelt, wenn sie sich ausruhen, rauchen oder in die Hocke gehen wollten. Die übrige Bevölkerung der Stadt stand auf den Balkonen der umliegenden weißen Häuser und schaute zu. Einige fotografierten. Die Nazis führten die Aktion auf einen Vorschlag von Thessalonikis Finanzbehörde hin aus. Wie viele der Männer hießen Coenca, wie viele Maissa? Wer weiß. Es spielt keine Rolle.

In den folgenden Wochen wurden Tausende spanisch-jüdischer Männer aus Thessaloniki zur Zwangsarbeit in Gruben und beim Straßenbau herangezogen. Sie hungerten und lebten unter schwierigen Verhältnissen. Viele starben. Die jüdische Gemeinde der Stadt versuchte einzugreifen und sie zu schützen. Einige wurden freigelassen, nachdem die Gemeinde den Nazis ein Lösegeld gezahlt hatte. Als der Winter kam, verschlimmerten sich die Verhältnisse für die Gefangenen noch, und die Nazis schlugen vor: Gegen eine ordentliche Zahlung könnten die Sklaven durch gewöhnliche griechische Arbeitskräfte ersetzt werden, für deren Lohn ebenfalls die jüdische Gemeinde Thessalonikis aufzukommen hätte. Die Gemeinde akzeptierte die Bedingungen.

Was sollten sie auch sonst tun?

Der nazistische Verwaltungsleiter der Stadt, der deutsche Jurist Max Merten, verlangte für die Zustimmung zu diesem Arrangement zwischen drei und fünf Millionen Drachmen. Die Juden Thessalonikis konnten die Summe unmöglich aufbringen, und Max Merten wandelte seinen Vorschlag ab: Zahlt drei Millionen Drachmen und gebt euren Friedhof auf. Überlasst das Areal der Stadt Thessaloniki.

Die Toten opfern, um die Lebenden zu retten?

Nach jüdischer Tradition ist es verboten, einen Friedhof zu zerstören. Dieselbe jüdische Tradition sagt aber auch, dass das Leben heilig sei und geschützt werden müsse. Das eine steht gegen das andere. Im Oktober 1942 akzeptierte die Gemeinde, dass ein Teil des alten sephardischen Friedhofs an die Stadt Thessaloniki überging. Sie bekamen einige Wochen Zeit, um ihre Toten zu verlegen.

Der Friedhof lag, wo er lag, und das schon über fünfhundert Jahre. Archäologische Spuren führten bis in die Römerzeit zurück. Unter den Begrabenen gab es Menschen, die 1492 direkt aus Spanien gekommen waren, da waren Dichterinnen und Buchdrucker, Mütter und Theologen, Sängerinnen und Rabbiner, da lag das Mädchen, das erst wenige Wochen zuvor unter eine Straßenbahn geraten war und dessen Mutter und Vater täglich das Grab besuchten. Die jüdische Gemeinde versuchte Steine zu versetzen, manche Gräber zu öffnen und die Toten umzubetten, und einige Rabbiner schafften es, Tausende Inschriften von besonderem historischem Wert zu sammeln. Dann war die Zeit um. Nichts durfte mehr gerettet werden. Abkommen war Abkommen. Und Erpressung Erpressung. Die Zeit war bemessen, und jetzt war sie abgelaufen.

Es gab eine letzte Besprechung. Daran nahmen neben Naziführer Max Merten Vertreter der jüdischen Gemeinde teil, die den Friedhof schützen wollten, und zwei Vertreter der Stadt Thessaloniki, die forderten, den gesamten Friedhof zu beseitigen. Ein junger Rabbiner, Michael Molho, hielt genau fest, was gesagt wurde.

Der Naziführer hörte sich die Argumente beider Seiten an und schien dem Standpunkt der jüdischen Gemeinde etwas abzugewinnen. Er schwenkte um. Nachdem er zuerst den gesamten Friedhof als Teilzahlung für die Freilassung der jüdischen Sklavenarbeiter gefordert hatte, verkündete er plötzlich, die Juden könnten, wo sie es doch so gerne wollten, ein Stückchen ihres alten Friedhofs behalten, *Hand drauf*. Die Sache war geklärt, er sprang in ein wartendes Auto und fuhr davon. Im selben Moment, in dem der Wagenschlag zuknallte, befahlen die Griechen, die die Stadt Thessaloniki vertraten, alles zu zerstören.

Fünfhundert griechische Arbeiter standen bereit. Für ihre Löhne hatte die jüdische Gemeinde aufzukommen.

Die Arbeit begann am 6. Dezember 1942. Einen Monat später war der sephardische Friedhof in Fragmente und Schutt verwandelt und glich, laut den Aufzeichnungen des Rabbiners Michael Molho, einer zerbombten Stadt. Die Arbeiter, fügte er hinzu, zeigten eine erstaunliche Begeisterung für ihren Auftrag.

Der amerikanische Konsul vor Ort, Burton Berry, berichtete der Zentrale in Washington, dass »Arbeiter die Gräber zu demontieren und die Toten zu exhumieren begannen. Die Zerstörung des Friedhofs ging so schnell vonstatten, dass es nur sehr wenigen Juden gelang, die Überreste ihrer Familien und Verwandten zu finden. Erst kürzlich begrabene Leichen wurden den Hunden zum Fraß vorgeworfen.«

An dem Tag, als die jüdischen Männer vor den Augen der gesamten Bevölkerung der Stadt stundenlang auf dem Platz der Freiheit stehen mussten, am 11. Juli 1942, schrieb die griechische Zeitung *Nea Evropi*, dass »es Zeit war, dem Versuch der Juden, Thessaloniki zu einer jüdischen Stadt zu machen, Einhalt zu gebieten«. Eine Reihe von Straßen dort trugen Namen von Personen, die zur Entwicklung der Stadt beigetragen hatten, etliche davon jüdisch. Die sollten weg, forderte die Zeitung. Nur wenige Wochen später ordnete der griechische Bürgermeister der Stadt an, diese Namen zu beseitigen. *Allatini, Misrahi, Morgentau, Modiano, Baron Hirsch* und weitere neun Straßen wurden nun nach griechischen Bergen, Seen und Flüssen sowie dem einen oder anderen Helden aus der griechischen Mythologie benannt.

Im Februar 1943 wurden die Juden der Stadt in ein abgegrenztes und geschlossenes Areal nahe dem Bahnhof am westlichen Stadtrand gezwungen. Die Griechen erhielten die Erlaubnis, sich aus den verwaisten Häusern und Firmen der Juden zu holen, was sie wollten. Und sie holten sich. Unter den eingeschlossenen Juden breitete sich aufgrund der miserablen hygienischen Verhältnisse Typhus aus. Rund zweihundertfünfzig Menschen gelang es, in die umliegenden Berge zu fliehen, wo sie sich der Widerstandsbewegung anschlossen. Die Übrigen erfuhren, dass sie nach Polen verlegt würden, wo das Leben besser wäre. Sie wurden darüber informiert, dass es in Krakau reichlich regne. Sie kauften Regenschirme.

Der erste Zug fuhr am 15. März 1943 ab. Insgesamt 48 974 Menschen wurden in insgesamt neunzehn versiegelte Güterzüge gezwungen. Achtzehn Züge fuhren nach Auschwitz-Birkenau, einer nach Bergen-Belsen. Fünf Monate später gab es in Thessaloniki keine Straßen mit jüdischem Namen mehr, es gab keinen jüdischen Friedhof, und es gab keine spanischen Juden mehr. Überhaupt keine Juden.

Das Interessante am Urknall – einer anderen Ganzheit, die einst gesprengt wurde –, ist, dass sich die Anzahl der hinterlassenen Fragmente messen lässt, die sich weiterhin durch den Weltraum bewegen: die Sterne, der Schrott, die Photonen, alles, was wir Licht nennen. Was einst jenseits des menschlichen Verstandes zu sein schien, ist heute begreiflich, was unmöglich zu berechnen schien, ist eingefangen und exakt in einer Gleichung platziert. Astronomen haben die Sterne gezählt und das Licht gemessen. Wir kennen also die genaue Menge an Licht, das zu allen Zeiten im Universum geleuchtet hat. Jenseits der Berechnungen gibt es nur das Dunkel, so unmessbar wie unerbittlich.

Die Kriegerin verlorener Erinnerungen hat die Ägäis im Rücken, als sie den Touristenstrom am Kai in Thessaloniki verlässt. Die Menschen wandern ziellos umher und benutzen ihre Daumen und Handys, um einander Nachrichten hin- und herzuschicken. Das Meer ist gleichgültig wie das Universum. Schneckenhäuser, Seesterne, Ertrinkungstod, alles hat den gleichen Wert, das Seichte und das Abgrundtiefe bedeuten gleich viel. Die Ägäis wird der Kriegerin auf ihrer Wanderung durch das Vergessen zu einer Richtmarke, einem Orientierungspunkt jenseits der geografischen Karte, ein Platz ohne böse Absichten, überhaupt ohne Absichten.

Sie geht etwa fünfzig Meter bis zum Königlichen Theater. Es ist ein niedriges Gebäude mit heller Steinfassade und hellen gepflasterten Terrassen, von wo aus die Theaterbesucher in den Pausen aufs Meer schauen können. Die Kriegerin folgt den Weisungen des Apothekers. *The square outside*, hat er gesagt und den Link einer an dieser Stelle markierten Karte geschickt. Sie braucht nicht lange zu suchen. Es reicht, halb um das Haus herumzugehen, schon sind *sie* da, unter ihren Sandalen: die Steine. Sie geht auf *ihnen*. Alle können auf *ihnen* gehen.

Ebendiese Steine zwischen all den anderen Steinen zu erkennen, die zum Bau des Theaterhauses verwendet wurden, ist nicht schwer. Sie sind aus Marmor – einer metamorphen Gesteinsart, einem Kalkstein, der seine Gestalt gewechselt hat, der eine innere kristallisierende Bewegung durchlaufen und sich verwandelt hat. Dadurch erinnert die Oberfläche von Marmor an Zucker. Wenn er außerdem drei- oder vierhundert Jahre in Regen, Wind und Sonne gestanden hat und Menschen Tränen auf ihn vergossen und ihn mit Händen berührt haben, besitzt er eine andere Schattierung als frisch gebrochener Stein. Er wird honigfarben oder grau, uneben und verwittert. Marmor unterscheidet sich darin nicht von einem Menschen, denkt die Kriegerin. Altern ist sichtbar.

Sie richtet die Kamera nach unten und fotografiert jeden Schritt. Wer lag unter diesem Stein begraben? Und diesem? Und diesem? Sie geht einen weiteren Schritt und macht ein weiteres Foto von einem weiteren Grabstein des zertrümmerten sephardischen Friedhofs. Kann hier der Name Coenca eingeritzt gewesen sein, hat der Stein ihren Vorfahren gehört? Durchaus möglich. Jetzt liegt er hier auf einem Theaterplatz, und sie tritt darauf.

Eine Frau, möglicherweise eine Angestellte des Theaters, hat sie durch eine Glastür beobachtet. Nun kommt sie heraus auf die Treppe, die zum Platz herunterführt. Die Frau blickt kritisch, fragend, mit leicht gerunzelten Augenbrauen, und hat einen entschlossenen Schritt.

Komm du nur. Frag, was ich da mache. Ich werde antworten. Ich werde erzählen, was ich fotografiere. Ich werde von dem weißen Platz vor deinem weißen Theater erzählen. Hier unter meinen Füßen liegen die Grabsteine meiner Vorfahren, und jetzt treten die Theaterbesucher ihre Zigaretten darauf aus, jetzt pinkeln hier Hunde.

Die Frau macht auf der Treppe noch zwei Schritte nach unten – und bleibt dann stehen. Vielleicht fällt ihr das kampflustige Blitzen im Blick der Kriegerin auf.

Komm nur.

Die Frau scheint es sich anders zu überlegen, macht kehrt und verschwindet durch die Glastür. Katherine merkt, dass sie die Luft angehalten hat.

Eine Kriegerin will Krieg haben, das ist eine alte Wahrheit. Die Frau auf der Treppe ist allerdings nicht ihre eigentliche Gegnerin, sondern lediglich ihrem Theaterhaus, ihrem Arbeitsplatz, ihrem brötchengebenden Revier gegenüber loyal. Die Frau hat vielleicht vergessen, doch sie ist nicht das Vergessen, nur dessen Konsequenz.

Katherine geht vom Theater aus in Richtung Weißer Turm. Auf der anderen Seite des Golfs steht der Olymp als Zeuge der Verwandlung der Zeit, der Metamorphose des Marmors und des Menschen von einem Zustand zu einem anderen, Zeuge dessen, wie alles sich unablässig bewegt, selbst das, was stillzustehen scheint, und dessen, wie alles auch stillsteht, obwohl es sich zu bewegen scheint.

Rings um den Weißen Turm hat man Mäuerchen errichtet und Rasen angelegt, geeignete Plätze für Besucher, die ihren Füßen Ruhe gönnen wollen. Da sitzen sie nun, die Touristinnen und

Touristen, und gehen die Nachrichtenernte auf ihren Handys durch. Skatende Jugendliche donnern mit ihren Brettern gegen die Mäuerchen, stürzen und filmen einander, und das alles auf den *Grabsteinen*, dem als Füllmaterial und Baustein dienenden Marmor. Die Kriegerin fotografiert. Niemand achtet darauf. Sie geht weiter. In ihrem Innern verdunkelt sich der Himmel über Thessaloniki, obwohl es an diesem Spätnachmittag noch immer heiß, hell und wolkenlos ist.

Sie verlässt die großen Verkehrsadern und die Schaufenster der Geschäfte voller weißer Sneakers mit weißen Sohlen – alles, was sie sieht, ist weiß, weißer Stoff, weiße Schnürsenkel, weißes Reinigungszubehör, damit das Weiß für immer sein Weiß behält. Sie biegt in eine kleinere Querstraße ab und dann in eine weitere. Hier war sie schon mal, hier gibt es ein Lebensmittelgeschäft, wo sie Joghurt und Kirschmarmelade gekauft hat. Irgendjemand hat zu Hause in einer Küche gestanden und das Ganze eingekocht, malt sie sich aus, doch in dem Geschäft spricht niemand Englisch, sodass sie nicht fragen kann. Die Marmelade, tief dunkelrot vor Süße, hat ganze Kirschen und einen leichten Bittermandelgeschmack und wird in Plastikgläsern über die Theke verkauft. Die Kriegerin hat Glück, ein Glas ist noch da. Sie greift gierig zu, bezahlt an der Kasse, tritt hinaus in die Hitze der Straße und macht sich auf den Weg zum nächsten Ort auf der Liste des Apothekers: Hagios Demetrios. Sie geht an mehreren Apotheken vorbei und denkt an diesen unbekannten Mann, der seine begrenzte Freizeit damit verbringt, Grabsteine zu dokumentieren.

Vor ihr öffnet sich ein Platz, auf dem Kinder Fußball spielen, umgeben von Mäuerchen und Bänken unter dem Laubwerk von Platanen. Der Ball schnellt wie die Kugel in einem Flipperspiel umher. Auf den Mäuerchen sitzen einander zugewandt Studis und beugen sich über Notizblöcke, Bücher und Handys. Der Platz ist so geplant, dass die Leute sich hier aufhalten und spielen. Wie heißt er, will die Kriegerin wissen. Als sie das Straßenschild sieht, fragt sie sich, ob sie den Namen richtig liest. Sie vergleicht ihn mit der Liste des Apothekers: Ja. Es ist der Navarinou-Platz. *A popular meeting place*, hat er ihn genannt.

Die Kriegerin nimmt ihre Kamera und wandert um den Platz mit den freundlichen Bäumen und dem sanften Schatten herum. Und dann sieht sie es. Nichts ist verborgen, alles liegt offen, nicht einmal die hebräischen Zeichen sind abgeschliffen. In einem der Mäuerchen entdeckt sie vier jüdische Grabsteine. Der Marmor weicht durch seinen Schimmer, seine gealterte Oberfläche und die Blattgirlanden ab, die vor Hunderten von Jahren sorgfältig herausgemeißelt wurden. Die Kriegerin macht Foto auf Foto. Als ob ein einziges Bild nicht reichen würde, als wäre ihr eigener Blick nicht genug, als wäre schwer zu glauben, was sie sieht. Was steht auf den Steinen? Wessen Grabstein ist das gewesen? Der eines Kindes, einer geliebten Frau, einer Schwester, einer Tochter? Grünes Sprühdosengekrakel windet sich wie eine sterile Weinranke an dem Mäuerchen entlang, wo alle Steine gleich aussehen, bis auf die der Toten, die marmorweißen, die schimmernden, die verdrängten.

Die Kriegerin erinnert sich, Fotos von einem Schwimmbassin gesehen zu haben, das die Nazis in Thessaloniki hatten ausheben lassen. Sie kleideten es statt mit Fliesen mit jüdischen Grabsteinen aus: Die Namen der Toten, ihre Geburts- und Todestage waren für alle, die mal eben ins Wasser gingen, deutlich sichtbar. Hier auf dem Platz jedoch spielen Kinder, machen Jugendliche Hausaufgaben, trinken Eltern Kaffee – das ist etwas anderes als Nazis.

Der Apotheker hat ihr die Orfanos-Kirche genannt, deren Treppe, die zum Portal führt, aus jüdischen Grabsteinen besteht, doch die streicht sie von ihrer Liste. Weitere Grabsteine liegen im Gehsteig der Stratou Avenue, wo sie aber nicht hingehen will. Der Apotheker arbeitet mit einem Rentner zusammen, einem der wenigen Leute, die noch Ladino lesen können. Sie deuten die Inschriften der Steine und nehmen Kontakt mit der archäologischen Abteilung der Stadt auf. Manchmal wird ein besonderer Grabstein ausgehackt und in einen jüdischen Friedhof am Stadtrand gebracht, meistens aber geschieht nichts. Es gibt kein Geld. Es gibt keine Ausdauer. Die Steine gibt es überall. Als der Fußballclub der Stadt, PAOK, sein altes Stadion renovieren ließ, wurde dazu Marmor vom Friedhof verwendet. Man musste nur die billigste Eintrittskarte kaufen, um auf einem jüdischen Grabstein Platz nehmen zu dürfen, bitte sehr! Die Kriegerin hat auch schon Grabsteine fotografiert, die bei der berühmten Rotunde mitten in der Stadt aufgehäuft liegen, und im Vorort Panórama sind sie ganz üblich, dort finden sich in den Gartenmauern und Fundamenten mancher Villen bis zu fünfzehn Grabsteine.

Hier auf dem Navarinou-Platz ist die Erinnerung deutlich sichtbar, doch niemand will sie sehen. Genug, denkt Katherine. Nur ein Ort steht noch verpflichtend auf ihrer Liste: Hagios Demetrios. Die dem Schutzpatron der Stadt gewidmete Basilika ist ein Wallfahrtsort für alle orthodoxen Christen der Welt. Dorthin wird sie gehen.

Wie lange brauchen fünfhundert Männer, um einen fünfhundert Jahre alten Friedhof auszugraben? Ungefähr fünf Wochen.

Im März 1943, zur selben Zeit, als der erste Zug mit den Juden der Stadt nach Polen abfuhr, forderte die Stadt Thessaloniki hunderttausend Ziegelsteine aus dem zertrümmerten sephardischen Friedhof an und bekam sie vom Generalgouverneur bewilligt. Die Stadt erhielt jedoch den Bescheid, dass ihre Transporteure sich beeilen müssten. Die Ziegel wurden derart schnell gestohlen, dass sie allmählich zur Neige gingen.

Der Grundschule Ioannidis wurden für den Bau von Schultoiletten hundert Quadratmeter marmorne Grabsteine zugeteilt.

Am 15. Mai 1943 beschloss die Stadt Thessaloniki, auf dem christlichen Friedhof Hagia Fotini eine Kapelle zu errichten. Baumaterial: jüdische Grabsteine. Ein halbes Jahr später war Nachschub erforderlich. Bewilligt.

Im August 1943 wurde das Königliche Theater Thessaloniki gegründet. Der Theaterdirektor wandte sich an die nazistische Verwaltung, um Zugang zu Baumaterial zu bekommen. Bewilligt. Im November 1943 wurde der Platz mit Fußwegen und Gehsteigen ergänzt, wobei weitere zweihundertfünfzig Quadratmeter jüdischer Grabsteine zum Pflastern verwendet wurden.

Am 1. Oktober 1943 wurden der Kirche Koimiseos Theotokou sechshundert Quadratmeter Marmor für einen neuen Fußboden bewilligt.

Die Kirche Ypapanti forderte hundert Quadratmeter Marmor an, und das Städtchen Filyro gleich nördlich von Thessaloniki wünschte dreitausend Ziegelsteine.

Für Hagios Demetrios, die Kirche, zu der die Kriegerin jetzt unterwegs ist, forderte die Gemeinde zuerst zwanzigtausend Ziegelsteine aus dem jüdischen Friedhof an. Dann wurde die Bestellung um fünfhundert marmorne Grabsteine erweitert. Bewilligt.

Die Demetrios-Basilika steht auf einer Anhöhe, fünfzehn Treppenstufen über den umliegenden Häusern. Die Kriegerin umkreist das Gebäude, zögert angesichts seiner Erhabenheit. Gibt einer Bettlerin Münzen. Kauft eine Flasche Wasser und leert sie, als wäre es die wichtigste Aufgabe des Tages, ihren Durst zu löschen. Als das Wasser die Flasche nicht mehr von innen gespannt hält, zieht sich das dünne Plastik mit hartem Knistern zusammen.

Vor der Kirche haben sich Grüppchen festlich gekleideter Menschen versammelt. Womöglich hat es mit dem orthodoxen Ostern zu tun, sie weiß es nicht. Vor dem Kirchenportal hat jemand einen Korb voller Hefegebäck auf einen Holztisch gestellt. Ein Mann trägt vorsichtig einen Säugling auf dem Arm. Eine Taufe, denkt sie. Zwei etwa achtjährige Mädchen in weißen Kleidern gehen mit feierlicher Miene an der Hand einer Frau an ihr vorbei in die Kirche. Hinter ihnen wird das Portal geschlossen. Das Gebäude verrät nichts von dem, was drinnen geschieht. Ehrfurcht ergreift die Kriegerin, sie zögert. Wer ist sie, hineinzugehen, die Heiligkeit zu zerteilen und die Gebete zu stören?

Dann erinnert sie sich jedoch an Schwarz-Weiß-Aufnahmen von 1947, vom selben Standort aus aufgenommen, wo sie jetzt steht, ein wenig verschwommen, als hätte die Kamera eine Sekunde lang vor Scham gewackelt. Sie hatte sich über die Fotos gebeugt und sie genau studiert. Die Kirche musste nach dem Krieg instand gesetzt werden. Der Putz bröckelte ab, und im Innern fielen Mosaiksteinchen auf den Boden, sodass die Ikonen die äußerste Spitze eines Zeigefingers oder die Pupille eines Auges einbüßten. Die Fotos sind drastisch und registrierend, sie zeigen Baumaterial. Aufeinandergestapelte große helle rechteckige Marmorsteine, gebrauchsfertig, Grabstein auf Grabstein auf dem Platz vor dem Holzportal, direkt vom spanisch-jüdischen Friedhof herbeigeschafft. Ein hebräischer Segenswunsch nach dem anderen würde nach unten gedreht werden, sodass die Namen der Toten fürderhin nur von der Unterwelt aus zu lesen wären.

Die Kriegerin tritt durch die schweren braunen Holztüren ein. Drinnen ist es heller, als sie erwartet hat. Sie sieht roten Samt, hängende Goldleuchter und an den Wänden goldene Märtyrer. Christliche Heilige tragen Schwerter des Zorns, der Gerechtigkeit und der gebrochenen Herzen. Gleich links, in der ersten Halle der Basilika, findet die Kindstaufe statt. Die Eltern haben ihr ernstestes Gesicht aufgesetzt. Selbst das Kind ist still, während der Priester in einem uralten Ritual Segenswünsche spricht, womit unter den Augen der Kriegerin eine weitere Seele Zutritt zur Herde Gottes erhält.

»Hagios Demetrios gilt aus religiösen, historischen und künstlerischen Gründen zweifellos als Thessalonikis wichtigste Kirche«, liest sie in einer Touristenbroschüre.

Sie geht weiter ins Innere. Mit geschlossenen Augen sitzen Menschen auf Holzstühlen, ihre gemurmelten Gebete steigen zur Decke, wo sie sich sammeln. Die Heiligkeit und das Gold der Kirche dämpfen die Stimmen der Leute. Sie bewegen sich anders als draußen, scheinen den Umfang ihres Körpers verringern, seine Masse begrenzen zu wollen. Sie bekreuzigen sich, legen eine Münze in eine Schale, nehmen eine weiße schmale Stearinkerze und entzünden sie vor einem Heiligenbild, dann stehen sie wortlos davor. Alles ist vertraut, selbst wenn es zum ersten Mal vollzogen wird. Die Rituale stehen hinter den Samtvorhängen bereit und warten darauf, in Gebrauch genommen zu werden; sie verbinden alle Gläubigen miteinander: diejenigen, die nicht mehr leben, diejenigen, die in diesem Moment im Kirchenraum beten, und diejenigen, die künftig zur Taufe getragen werden.

»Das ungewöhnliche sechseckige Heiligtum (Ziborium) der Kirche ist von besonderem Interesse, und die älteren Mosaike aus dem fünften Jahrhundert sind einzigartig an Wert und Schönheit«, steht in der Broschüre.

Gehen Sie nach links, in die Krypta hinunter, hat der Apotheker gesagt.

Unter der Kirche werden die Reliquien verwahrt, die Wrackteile der Märtyrerschaft, Dinge, die die nach Myrrhe duftende Heiligkeit des Heiligen tragen. Es reicht, in ihre Nähe zu kommen, um daran teilzuhaben. Einst hat dort ein römisches Bad gelegen, wo Sankt Demetrios höchstpersönlich gefangen gehalten worden sein soll, ehe er von einem Speer durchbohrt seinen Märtyrertod starb – und dann wurde an der Stelle eine Kapelle errichtet. Aus der Kapelle wurde eine Basilika, die man in eine Moschee umwidmete und hinterher wieder in eine Kirche.

Die Kriegerin steigt die unregelmäßigen Stufen zur Krypta hinunter. Die Decke formt sich zu einem niedrigen Gang, sodass sie sich ducken muss. Die Luft steht still. Dann öffnet sich groß und labyrinthisch der Raum: römische Relikte, byzantinische Erinnerungsmale, Reliquien in ihren Vitrinen. Die Leute schwärmen langsam mit erhobenem Handy umher, doch die Kriegerin schaut nach unten. Wieder steht sie auf den Steinen der Toten.

Hier ein schimmernder heller Carrara-Marmor, auf dem die sanften hebräischen Zeichen notdürftig zerhackt wurden, dort ein hellgrauer Marmorstein mit sorgfältig gemeißeltem Laubwerk, das sich als Relief um die Ränder windet. Daneben liegen in den Boden gemauert mehrere weiß leuchtende große Steinstücke mit kräftig gezogenen Steinmetzzeichen, der Schönheit wegen. Der ganze Boden der Krypta ist eine Wanderung auf den Toten. Wer sehen will, für den bietet sich das Vergessen völlig offen dar und wartet darauf, erinnert zu werden.

Sie hält die Ehrfurcht der Touristen vor den Reliquien, die geschmackvoll mit Spotlights angestrahlt werden, um ihre Heiligkeit noch zu unterstreichen, nicht aus, trampeln sie doch gleichzeitig mit staubigen Schuhen auf den Grabsteinen herum. Sie muss weg, schleunigst, egal wohin, nur nicht hierbleiben, nicht in dieser Kathedrale der großen Gleichgültigkeit.

Mit großen Schritten steigt sie die schmale Treppe hinauf, zurück zu den Gewölbebogen im Kirchenraum, zu Weihrauch und Samt, doch auch hier erträgt sie die fortwährende Ehrfurcht nicht, die Geschlossenheit der gefalteten Hände unter den vor Gold blinden Ikonen. Sie findet eine Tür zum Hinterhof der Kirche, wo eine Reihe mobiler Toilettenhäuschen steht. An die zehn Frauen und Kinder und zwei ältere Herren warten darauf, an die Reihe zu kommen. Ein schwacher Uringeruch hängt in der Luft, leicht vermischt mit dem Parfüm und dem Schweißgeruch der Besucher. Große Bäume spenden Schatten, hier kann sie innehalten, denkt die Kriegerin, hier kann sich ihre Übelkeit legen. Doch da sieht sie die Steine wieder: unter den Sohlen der Leute, unter der Schlange der Leute vor den Klos, unter ebendiesen Klos, unter ihren eigenen Sandalen. Jüdische Grabsteine. Der ganze Hof ist damit ausgelegt. Ihre Übelkeit lässt nicht nach, im Gegenteil, sie gewinnt die Oberhand, während das Vergessen vor den Toiletten Schlange steht und sein blödes Siegesgelächter lacht, in der Gewissheit, dass sie, die Kriegerin verlorener Erinnerungen, eine Niederlage erlitten hat, von der sie sich nicht mehr erholen wird.

Thessaloniki, deine weißen Wände und weißen Straßen und bewusstlosen Hunde, die mit weißen Bäuchen, gespannt wie Ballons aus Haut, auf dem Rücken schlafen, du bist so blendend, dass sogar der Schatten denselben Weißton angenommen hat wie die jüdischen Skelette, die in den Thermaischen Golf geworfen wurden. Du bist mit Bleichmitteln imprägniert. Königin des Balkans hat man dich genannt, eine Perle des Mittelmeers, und ich habe nichts dagegen, ganz und gar nicht, jedes Wort ist wahr. Es bedarf keiner überzeugenden Rede über den Berg und das Meer und das Grün und die Bläue, es genügt festzustellen, dass das mürbe Lammfleisch vor karamellisiertem Fett trieft, all die Oliven vor Salzigkeit, all der Honig vor Süße, all der Wein vor Einfachheit und all die Tomaten vor sonnenwarmer Reife – das bist du. Du bist das am Olymp geerntete gelbe Berg-Gliedkraut, du bist die schwarzen Ströme von Tintenfischblut, das über den Fliesenboden des Fischhändlers rinnt. Espressobars und Mikrobrauereien, Hipsterbärte und Sonnenbrillen mit falschen Diamanten, all das bist du. Ich verliebe mich in deine weiße Oberfläche, das fällt nicht schwer, bei dir ist das Wetter schön, weiß wie die Sonnenreflexe auf der obersten Oberfläche des Meeres. Die Schiffe im Golf sind metallweiß, die Wolken über den weißen Berggipfeln sind wolkenweiß, und der Marmor unter den Sanda-

len ist marmorweiß. Die Seevögel, die von den Tischen der Restaurants mit ihren weißen Tischdecken Essen klauen, sind folglich seevogelweiß. Mich blendet der Mangel an Schwärze. Am liebsten würde ich dich mit einer weiteren weißen Tiara krönen, dir einen weiteren Titel verleihen, dir, die du alle, die dich besuchen, mit deinem schattenlosen Gesicht anlächelst. Ich ernenne dich zur Hauptstadt des Vergessens.

Im Dunkel unter dem Vergessen gibt es jedoch eine Stadt in der Stadt, eine Bevölkerung in der Bevölkerung, ein Heer von Schatten, die in den Leerräumen weilen; sie atmen in den Gassen, atmen die Angst, die sie packte, als sie den Schritt taten in Zug eins, Zug zwei, Zug drei, Zug vier, Zug fünf, Zug sechs, Zug sieben, Zug acht, Zug neun, Zug zehn, Zug elf, Zug zwölf, Zug dreizehn, Zug vierzehn, Zug fünfzehn, Zug sechzehn, Zug siebzehn, Zug achtzehn und Zug neunzehn, der sie in ihren Tod transportierte, sie atmen in den Zwischenräumen auf deinen weißen Straßen, Thessaloniki, sie atmen und wandern und gehen heimatlos in deinem Raster von Vierteln umher, in deiner Stadtplanung. Sie suchen nicht ihr Zuhause, in das Christen eingezogen sind, sie suchen nicht die Straßen mit den jüdischen Namen, die ausgelöscht wurden, sie forschen nicht einmal nach dem großen Friedhof, sie suchen nur einen Ort, wo die Erinnerung bewahrt ist, eine Höhle im Erdboden, eine Gedankenhöhle, worin sie sich ausruhen können, sie suchen die Erinnerung an sich selbst, neunundvierzigtausend Tote suchen ihre Erinnerung, weil du einst ihre weiße Königin warst, Thessaloniki, und jetzt forschen sie nach einem Riss in deiner Oberfläche, durch den die Erinnerung dringen und sichtbar werden kann, doch vergeblich, sie finden nichts.

Nach dem Zweiten Weltkrieg konnte Vidal zusammen mit Rita und den Töchtern Sally und Yvonne aus Worcester nach London zurückkehren. Er kaufte das Haus in der Grange Park Avenue in Winchmore Hill, und sie zogen dort ein. Nach und nach nahmen er und Maurice den Import von *briar* aus Saint-Claude wieder auf. Die Tätigkeit der Firma *M & V Coenca* mit Sitz im ersten Stock in der engen Gasse Faulkner's Alley 3–4 konnte nach dem Krieg zum Alltag zurückkehren. Jeden Morgen ging Vidal von seinem englischen Zuhause in einem englischen Vorort, wo er Frau und Kinder und einen *front garden* und einen *back garden* hatte, zur U-Bahn, und jeden Abend kam er wieder. Obwohl das Schweigen zwischen ihm und Rita beharrlich gegenseitig war und ihr Streit ums Geld ihn ermüdete und seine Töchter ihm fremd und unbegreiflich erschienen, hielt er das Leben für gut.

Zweimal im Jahr, einmal im Juni und einmal im Dezember, nahm er die U-Bahn zur Holland Park Synagoge in Notting Hill, um an ihren Todestagen feierlich seiner Mutter Flora und seines Vaters Solomon zu gedenken. Seine Kippa hatte er in der Aktentasche dabei. Hier war ein Ort, der eine Verbindung zu seinem alten Zuhause schuf, wo die Familienbande hochgehalten wurden, wo die Namen nach Sepharad, Spanien, zurückführten, wo die Sprache noch immer dieser mittelalterliche kastilische Dialekt war, der seine Heimat bildete. Hier gab es Gerüche, die an die alten Gerüche erinnerten, die mit Zitronen und Pistazien gewürzten Speisen. Die Gebete wurden auf Ladino und Hebräisch gesungen, so, wie sie schon in seiner Kindheit gesungen worden waren. Der Schrein mit der Thorarolle wurde vom Rabbiner geöffnet und die in dunkelblauen Samt mit Goldstickereien gehüllte Rolle in einer singenden Prozession durch den Raum getragen. Alle Männer streckten die Hand aus, um sie zu berühren, so, wie sie es immer gemacht hatten. Die Frauen standen eine Treppe höher, auf der Galerie, sangen und klatschten im Takt. So hatten sie es in Kastilien, Aragonien und in Valencia gemacht, so hatten sie es im Osmanischen Reich, in Saloniki gemacht, und so machten sie es in London.

Mitten im Gottesdienst kamen Vidal die Tränen. Eine unbändige Trauer brach sich tief aus seinem Innern Bahn und ließ seinen Körper erbeben. Er weinte so heftig, dass er Aufmerksamkeit erregte, der Rabbiner bemerkte das Weinen, und auch der Mann, der für die Finanzen der Gemeinde zuständig war, sah es. In stiller Übereinstimmung hofften sie, dass Vidal, der mittlerweile ein wohlhabender Mann war, es schaffte, Geld zu spenden, bevor seine Trauer vollends die Oberhand gewann. Vidal war nicht tiefgläubig, doch zweimal im Jahr nahm er am spanisch-portugiesischen Gottesdienst teil. Zweimal im Jahr weinte er so, dass er erbebte.

Im Herbst 1949 wurde Vidal klar, dass er allmählich ein alter Mann wurde, mit weit mehr gelebten als ungelebten Tagen. Er hatte Diabetes, und sein sechzigster Geburtstag näherte sich. Rita, zehn Jahre jünger, würde ihn aller Wahrscheinlichkeit nach überleben. Es war Zeit, seine Schuldigkeit zu tun. Flora war längst tot, seine Geschwister würden es nicht übel nehmen, und die Gemeinde brauchte es im Übrigen nicht zu wissen. So kam es, dass Vidal nach zwanzig Jahren Ehe Rita einen Heiratsantrag machte. Gehen wir es an, hatte er gesagt. Eines Tages bin ich nicht mehr da, um mich um dich zu kümmern.

Rita hatte seinen Vorschlag akzeptiert. Sie vereinbarten bei der Stadtteilverwaltung in Enfield einen Termin am 30. November 1949 und gingen anschließend in Ritas Lieblingsrestaurant, um bei Roastbeef, im Ofen gebratenen Kartoffelspalten und Rosenkohl zu feiern. Zwei Glas Rotwein.

Vidal Coenca wusste nicht, was mit den Gräbern und Grabsteinen seiner Vorfahren geschehen war. Keine britische Zeitung brachte etwas über die Zerstörung von Thessalonikis großem sephardischem Friedhof. Dagegen wusste er, dass sein Volk in Thessaloniki von den Nazis deportiert worden war. Ungefähr achthundert haben überlebt. Er wusste, dass auf diese Weise

307

eine Sprache geschlachtet wird, dass auf diese Weise eine mehrhundertjährige Geschichte ausgelöscht und ein Menschenherz gebrochen wird.

DER TAG IST VORÜBER. Die Tauben sind verstummt, nur das Meer schlägt gegen den Kai. Der Himmel ist ein tiefblaues Rechteck aus Sternen. Mir bleiben noch ein paar Stunden in Thessaloniki. Morgen werden die Mauersegler wieder pfeifen, doch dann wird jemand anderes unter ihren weiten Flugbogen auf dem Balkon sitzen.

Anfang des neunzehnten Jahrhunderts lebte in der Stadt Kotzk in Polen ein geistlicher Führer und Rabbiner namens Menachem Mendel. Er soll gesagt haben, dass es nichts gibt, was so heil ist wie ein gebrochenes Herz. Als ich diese Worte zum ersten Mal hörte, schrieb ich sie mir auf den Arm. Ich suche keinen geistlichen Führer, keinen Trost und keine Versöhnung. Der Rabbiner ist längst tot, doch seine Worte sind als Tätowierung geblieben: *Nichts ist so heil wie ein gebrochenes Herz*. Sie haben mich irritiert. Wenn sie verblasst sind, habe ich sie mit blauer Tinte nachgezogen.

Das gebrochene Herz ist für alles offen, lässt alles ein und hat folglich für alles Platz..

Liebe hat Platz und der Verlust der Liebe.
Das vermessene Licht im gesamten Universum und
die exakte Anzahl toter Sterne.
Alle aluminiumempfindlichen blauen Hortensien
samt den rosa und weißen.
Die Anzahl toter Insekten in einer Tonne Regenwasser.
Das berechnete Gewicht eines Geheimnisses,
das vom nächsten ersetzt wird.
Alles hat Platz in einem gebrochenen Herzen.

Jedes schwarz hingeschmierte Wort des Hasses in grünen eng-
lischen Parks.
Jede Gruppe von Schulmädchen, die den Rücken zuwenden.
Die exakt bemessene Tiefe des Abgrunds, in den ein Kind fällt,
wenn die Eltern es verraten.
Die unzähligen Male, die das Wort Jude verschwiegen wird.
Alle, die bei lebendigem Leib auf dem Scheiterhaufen ver-
brannt werden.
Alles hat Platz in einem gebrochenen Herzen.

Die Anzahl unter einer Fichte vergrabener Plastikspielsachen.
Alle Arpeggien in Beethovens fünftem Klavierkonzert, auch
Kaiserkonzert genannt, samt jeder Pause.
Jede Taufe, jede Beschwörung und jede Lüge.
Tausende Millionen Körnchen abgeschliffener Schnecken,
Bernsteine und niedergegangener Meteoriten an einem Sand-
strand.
Ein Kind, das im Regen von Johann Sebastian Bach unterm
Klavier sitzt.
Alles hat Platz in einem gebrochenen Herzen.

Jeder Schritt, den ein Junge mit einem auf die Jacke genähten gelben Stern im Budapester Ghetto macht.
Jede Minute, die sein Vater lebt, bis er ermordet wird.

Sämtliche fünfhundert Männer, die binnen fünf Wochen einen fünfhundert Jahre alten Friedhof ausgruben.
Jeder Regenschirm, der vor der Zugfahrt nach Auschwitz gekauft wurde.
Jeder Grabstein, der nach unten gedreht wurde, sodass die Namen der Toten nur von der Unterwelt aus zu lesen sind.
Jede Verlassenheit.
Die ganze Verlassenheit.
Alles hat Platz in einem gebrochenen Herzen.

Und die Unverzeihlichkeit?, fragt die Kriegerin aus ihrer Rüstung heraus. Auch die Unverzeihlichkeit. Das gebrochene Herz ist groß. Darin hat eine Schlucht niemals gewährter Verzeihung Platz, ein Bergmassiv aus Nein. Es expandiert vor Schmerz. Wie Universen. Wie meines. Spür den Schlag.
    Denn ich bin K, ich bin die Kriegerin, ich bin Katherine.

Ich verzeihe nichts.

Dank der Autorin

Während der zwei Jahre, die ich an diesem Buch gearbeitet habe, haben mir viele Menschen geholfen. Archivarinnen und Archivare rund um die Welt haben in ihren Sammlungen gesucht, Forscherinnen haben mir Essays und neue Buchtipps oder Mailadressen von anderen Forschern geschickt. Es ist unmöglich, alle zu nennen, und ebenso unmöglich, die Verfasserinnen und Verfasser der Bücher und Artikel aufzuzählen, die ich während der Arbeit gesammelt habe. Einige aber müssen genannt werden.

Das in Teil 2 zitierte Gedicht, »Jemandem nahe sein«, stammt aus der Feder des ungarischen Dichters Endre Ady und wurde von Ildikó Márky och Gunnar D. Hansson ins Schwedische übersetzt.

Die Bücher des Historikers David Nirenberg *Neighbouring Faiths. Christianity, Islam and Judaism in the Middle Ages and Today* und *Communities of Violence* waren mir wichtige Quellen für die Schilderung der Stellung der Juden in Spanien. Um von der spanischen Inquisition zu erzählen, verschaffte mir *A Drizzle of Honey. The Life and Recipes of Spains' Secret Jews* von David M. Gitlitz und Linda Kay Davidson großen Genuss.

Unverzichtbar für die Schilderung von Saloniki ist *Salonica: City of Ghosts* von Mark Mazower und *Jewish Salonica. Between the Ottoman Empire and Modern Greece* von Devin E. Naar sowie die Autobiografie *Farewell to Salonica. City at the Crossroads* von Leon Sciaky.

Die Beschreibung der Zerstörung des jüdischen Friedhofs in Thessaloniki fußt auf Leon Saltiels Essay *Dehumanizing the Dead. The Destruction of Thessaloniki's Jewish Cemetery in the Light of New Sources,* Yad Vashem Studies, Vol. 42, 2014.

Die genaue Zahl der 1943 aus Thessaloniki deportierten Juden festzustellen, ist unmöglich. Die genannte Zahl basiert auf Angaben aus den Lagern Auschwitz-Birkenau und Bergen-Belsen über die Anzahl der eingetroffenen Gefangenen, veröffentlicht in Leon Saltiels *The Holocaust in Thessaloniki.* Womöglich fehlen bei den Angaben einige Zugtransporte. Womöglich waren unter den Gefangenen auch Juden aus den Dörfern um Thessaloniki. Wahrscheinlich starb eine Anzahl von Menschen auf dem Transport. Achthundert der zirka 49 000 Gefangenen, die in den Lagern ankamen, haben überlebt.

Eine große Hilfe im Laufe der Arbeit war mir Leon Saltiel, der sich die Zeit genommen hat, Fragen zu beantworten und Behauptungen auf ihren Wahrheitsgehalt zu überprüfen.

Dank an den Historiker Devin E. Naar, der in der Volkszählung, die nach dem Brand in Thessaloniki 1917 abgehalten wurde, nach der Familie Coenca gesucht hat. Die Volkszählung wird im *YIVO Institute for Jewish Research* in New York aufbewahrt und ist in Solitreo geschrieben, einer Art, Ladino zu schreiben, die nur eine Handvoll Menschen auf der Welt lesen kann.

Ich möchte der Historikerin Gila Hadar von der Universität Haifa danken, die sich sehr großzügig gezeigt hat und die mit ihren Texten über die Frauen und das Familienleben in Saloniki einen wichtigen Beitrag geliefert hat.

Dank an die Filmemacherin Yaël Perlov, die mir die Möglichkeit bot, den Dokumentarfilm ihres Vaters David Perlov *In Search of Ladino* zu sehen.

Vielen Dank an den »Apotheker« Iosif Vaena in Thessaloniki für seine Arbeit und seine Hilfe.

Vielen Dank an Rabbi Abraham Levy in London, der Fragen zum spanisch-jüdischen Gemeindeleben beantwortet und seine Erinnerungen an Vidal Coenca wiedergegeben hat.

Ich möchte auch das Jüdische Museum in Thessaloniki und das Archiv der jüdischen Gemeinde Thessalonikis erwähnen. In London haben Angestellte von *The National Archives, London Metropolitan Archives, Newham Archives* in Stratford und *Tower Hamlets Local History Archives* große Geduld aufgebracht.

Um in Griechenland, Deutschland, Spanien und Großbritannien recherchieren zu können, war das Arbeitsstipendium von *Natur och Kultur Stiftelse* entscheidend. Außerdem ermöglichte *Svenska Institutet* die Arbeit und Recherche in Paris.

Ein herzlicher Dank an die Leserinnen und Leser, die an den verschiedenen Stadien des Textes teilgehabt und kluge Anmerkungen, Ermunterung und unschätzbare Kritik beigesteuert haben: Karen Söderberg, Martin Kaunitz, Magdalena Hedlund, Emi-Simone Zavall, Johar Bendjelloul und Johan Hilton. Unschätzbar sind auch die Redakteurin Annika Hultman Löfvendahl und der beste aller Lektoren Stephen Farran-Lee. Danke.

Schließlich möchte ich meiner Familie danken: meinen Eltern und meinen Schwestern, die alle mit Erinnerungen und Reflexionen beigetragen haben. Meinen schönen Söhnen, die mir zugehört, mich unterstützt und angespornt haben. Meinem geliebten Mann, der den Text in verschiedenen Versionen gelesen, ständig zur Arbeit ermuntert und mit mir Qualen wie Freuden geteilt hat. Danke.

Stockholm im April 2020
Elisabeth Åsbrink

Dr. Edith Eva Eger
mit Esme Schwall Weigand

Ich bin hier,
und alles ist jetzt
Warum wir uns jederzeit
für die Freiheit entscheiden können

480 Seiten, btb 75696
Aus dem Englischen von Liselotte Prugger

»Wir können uns kein Leben ohne Leid aussuchen. Aber wir
können uns aussuchen, dass wir frei sein wollen, dass wir die
Vergangenheit hinter uns lassen, egal, was uns zustößt, und
dass wir das Mögliche wagen.«

**Die außerordentliche Geschichte einer Holocaust-
Überlebenden, die als Psychologin und Therapeutin
anderen hilft, ihre Traumata zu überwinden.**

»Ein wichtigeres Buch für die heutige Zeit kann man sich
kaum vorstellen. Egers Buch ist ein Triumph.«
New York Times

btb